邊際效用
學派的興起

[美] RICHARD・HOWEY 原著
晏智傑 譯

譯序

　　本書問世已半個世紀，其學術價值仍未消減，至今仍是該領域的經典和權威之作，未來恐怕也難有可取代者。凡研究和關注經濟邊際主義尤其是其起源問題者，莫不從此專著中獲益良多。誠如斯蒂格勒所說：「對於1871—1890年這段邊際效用理論的形成時期來說，豪伊的這部著作仍然是標準的來源。」

　　本書作者豪伊教授是一位資深學者，其學術功力之深，態度之認真，全書可鑒；他在為中譯本撰寫的序言中，著重地對批評意見作出善意的回應，這有些出人意料，但尤顯其做人與做學問之謙虛謹慎和仁慈寬厚。

　　本書此次出版，得益於出版社領導的大力支持和編輯同仁的認真細緻工作，還有幸得到黃秋錦和張俊輝等先生的友情襄助，謹在此一併致謝！

晏智杰

2019年2月20日

譯者前言

我在1987年發表的專著《經濟學中的邊際主義》一書中曾經指出，邊際主義已有兩個半世紀的歷史，它在19世紀末期和20世紀初期發展成為西方經濟學的主流，並對後來經濟學的發展產生了深刻的影響；而在這漫長的歷史中，邊際效用學派於19世紀70年代到80年代末的興起，在經濟學領域佔有非常重要的地位。

呈現在讀者面前的這部書，正是對這段歷史的專門研究，它以其資料豐富翔實、分析嚴密周到和論述準確生動而備受讀者好評，甚至被視為經典性的著作，成為研究西方經濟學及其歷史特別是邊際主義經濟學史的必讀參考書；該書於1960年由美國堪薩斯大學出版社出版，迅速售罄，學者們往往欲求而不可得，成為書中珍品。有鑒於此，美國哥倫比亞大學出版社於1989年再版了這部書。

本書作者理查德・豪伊（1902年生）是著名的美國經濟學（史）家，他於1926年獲哈佛大學經濟學學士學位，1929年獲南加州大學經濟學碩士學位，1955年獲芝加哥大學經濟學博士學位；1929年起任教於堪薩斯大學，歷任經濟學講師、助理教授、副教授和教授，前後長達44年之久，直到1973年退休。豪伊教授還是一位聞名遐邇的經濟學文獻收藏家。

1984年，譯者赴美研修期間有幸與豪伊教授建立了聯繫，並獲贈一

冊他的這部名著。在得知本書譯事之後，他又應約於1987年8月為中譯本寫了一篇學術評論性的序言；同時寄來了他的一篇題為《邊際主義的起源》的論文，該文是作者於1971年夏在義大利白拉吉紀念邊際效用學說問世100週年學術討論會上的發言稿。豪伊教授在來信中說：「這篇論文是對我的著作（即指本書）的補充。一方面，我的書只寫到1960年，而這篇論文涉及的範圍擴及1971年；另一方面，這篇論文充分利用了《瓦爾拉斯通信及論文集》中的資料，這部論文集是賈菲教授的不朽之作，三大卷，1965年出版於阿姆斯特丹。」本書擇譯了作者的這篇論文。

在本書問世之際，我要特地向北京大學西語系王文融教授、東語系楊康善教授、經濟系範家驤教授表示感謝，他們在百忙中熱情和認真地協助我翻譯了原著中為數不少的法文和德文語句，從而使本書得以圓滿譯成。全書文責當然應由譯者自負。歡迎讀者指正。

晏智杰

譯者補記

本書原由美國堪薩斯大學出版社於 1960 年出版，中譯本即據該版本譯出。

1989 年美國哥倫比亞大學出版社以作者「早期著作」之名出了再版本。與原版相比，再版本增加了一篇喬治·斯蒂格勒教授撰寫的前言，並將上文提到的豪伊教授本人的《邊際主義的起源》一文作為再版本的緒論，正文則全部是 1960 年版的內容。

豪伊教授於 1989 年 12 月給我寄來一冊剛問世的再版本，我據此補譯了斯蒂格勒教授的前言，並將《邊際主義的起源》一文的全譯文作為緒論，正文譯文則保持原樣。

索引的頁碼為原文頁碼；原文頁碼以【1】【2】【3】……插在相應譯文處。原書各章的註釋集中排在全書正文之後，為了讀者閱讀方便，我將註釋移到各頁正文之下。由於做了這個調整，在同一頁上的原書註釋的頁碼同原書正文的頁碼就不連貫了，提請讀者注意。

晏智杰補記於 1990 年 3 月

作者：中譯本序言

《邊際效用學派的興起（1870—1889年）》問世後，有幸頗受世人評說。在這個序言中，我想對1960—1965年在各種學術雜誌上發表的對本書的評論作一小結，我相信這對晏智杰教授的中文譯本的讀者是有意義的，就像往昔的遊記對今日的旅遊者有用一樣。

評論者對一本書通常總是既有讚許也有貶抑。前者超過後者，可謂肯定的評論，反之，便是否定的；而肯定的評論極易超過否定的評論。本書問世後五年間先後獲得的署名評論中，屬於肯定的評論有11篇，屬於否定的評論有3篇。

肯定的評論的評語、作者、出處及日期如下：

「在當代經濟學家中，也許沒有人能像理查德·豪伊那樣熟悉該學科浩瀚的文件了。」R. M. 羅伯遜，《維多利亞時代研究》，1961。

「一部出色的作品……一篇惹人喜愛的歷史記載。」J. E. 巴塞爾，《南方經濟雜誌》，1961。

「資料可信，文筆優雅。」P. 阿爾特，《科學與社會》，1963。

「作者在這個研究中並沒有自命不凡，而是以一種毫不矯飾和平實的方式獲得了豐富的成果。遺憾的是，這種學者風度與作風正在學術界迅速地消失。」R. 達塔，「Arthaniti」，1961.

「總之，這是一本內容非常豐富的著作，很難相信它只有271頁。」E. 菲爾斯，《國民經濟與統計年鑒》，1962。

「在近期關於著名經濟理論的產生和形成的歷史研究中，豪伊的這

本書應被看作是最值得注意的貢獻之一。」A. 蒙塔納，《施穆勒年鑒》，1965。

「一般來說，豪伊所用的不是思辨的方法，而是根據最精確安排的事實材料進行研究的。」M. 斯特林塞，《國民經濟學雜誌》，1963。

「這是一部關於邊際效用理論起源的非常精確和深入的歷史著作，它出自一位忠實和博學的作者之手。」E. 詹穆斯，《經濟評論》，1964。

發表類似評論的還有荷蘭的雜誌（M. 愛斯金斯，《經濟學評論》，1960；P. 亨尼普曼，《經濟學家》，1962）以及丹麥的刊物（K. E. 斯文森，《國民經濟學評論》，1961）。

G. H. 布斯凱、C. W. 季爾鮑德和 E. 考德發表的評論則是否定的。他們的觀點與本書顯然不一致。他們對本書的某些部分看來是讚成的，但總的來說都提出了不同的觀點，對此不應忽視。

布斯凱評論的開頭是一句釋疑的話：「這是一部易讀的有教益的著作，它介紹了一段我們科學的有趣的歷史。」（《政治經濟學評論》，1961）。布斯凱早在 1927 年就發表過一部常見的經濟學史，我在本書第 216 頁〔見中文譯本附錄註釋（24）〕提到過這本書。

在一番略顯恭維的介紹之後，布斯凱聲稱，我的這本書不是他所寫的那一種：他的書論述的範圍更大，開頭比 1870 年早得多，而結尾是在 1889 年之後很久。此外，他還更多地注意到戈森等重要人物，而不太重視拉韋利和奧托這些相對來說不甚重要的人物。

　　我起初是想寫一部布斯凱所說的那種著作。我深知這樣寫的優點，但我改變了主意，寧可犧牲廣泛的涵蓋範圍，也要做更詳盡的研究，以闡明邊際效用理論進入經濟學主體的過程。

　　第二篇否定的評論是季爾鮑德提出來的，他勉強承認本書作者「看來閱讀了大量著作，這些著作甚至在大多數歐洲國家都早被人遺忘了……書末的註釋也是一份很有用的文獻書目單」（《經濟學家》雜誌，1961）。季爾鮑德（他是 A. 馬歇爾的侄子）對我的下述結論非常不滿：他叔父認為他自己先於杰文斯表述了邊際效用思想的說法是錯誤的。季爾鮑德的這種怨恨使他不能公正地評價本書的其他方面。

　　F. M. 鄧恩從新南威爾士給我來信，對季爾鮑德的攻擊有以下評論：「季爾鮑德的評論是蓄意中傷，不單是因為他對你的整個著作的辱罵，遠遠超出了有關馬歇爾是否為首創者這個次要和部分來說無關緊要之點。既然任何認真和不抱偏見的研究均已表明，馬歇爾所謂他惠及於其他人的種種說法，都不過是精心和審慎編造的謊言，所以它也就不僅是一種不真實的說法了。季爾鮑德真正的失誤在於，在這樣一個大多數出版物簡單地、不加分析地重複別人言論的學科中，他的確碰到了一本書，這本書的嚴肅批評必定分辨出了某些新穎和富於首創性的東西，而他的唯一目的就是把這些東西一筆抹殺。」

　　鄧恩接著說：「你可以聊以自慰的至少是時間在你這一邊。熊彼特寫《經濟分析史》時，起初輕率地接受了有利於馬歇爾的種種要求，後

來又仔細解釋這些要求為什麼不可能是對的。你則干得直截了當，因而受到了中傷。」

考德是第三篇否定的評論的作者，他長期致力於寫作《邊際效用史》，此書於1966年出版。我在第8~9頁（中文譯本第一章第v節）曾提到他的一篇多次被援引的文章（發表在1953年的《經濟學季刊》上），指出他「把價值解說的分歧同經濟學家的宗教背景聯繫起來」。

考德評論的第一段以三句讚揚的話結束：「為收集資料付出了極大的努力，」「充分地解釋了數學理論，特別是瓦爾拉斯、威斯蒂德、奧斯皮茨·里賓的觀點，」「作者以出色的英語寫作，還用了一些辛辣的措辭。」（《世界經濟文獻》，1961）

但他接著說：「儘管有這些優點，本書仍然是不值得推薦的。」他認為，我關於杰文斯的「一位論教派」的背景對其邊際效用思想的影響的說法是錯誤的。他還挑出關於奧地利學派的各章，列舉了我所犯的至少四個錯誤。

由於某種原因，我一直未得到這個評論的副本，對考德的評論也不知曉，直到O.摩根斯坦的一封來信才使我得以瞭解。摩根斯坦先後就讀和任教於維也納大學。他在來信中說：「直到最近我才讀到您的大作《邊際效用學派的興起》，我覺得這是一部極有意義的和令人鼓舞的著作。您肯定對有關著作（特別是奧地利人的著作）有深入的瞭解。考德在《世界經濟文獻》上發表的文章是我迄今所看到的唯一的評論您的著

作的文章。在我看來，此文有失公允，儘管我也覺得書中有一兩處錯誤，但這對此類著作來說不足為怪。您能告訴我還有其他人的評論嗎？」

我立即做了答復，並附寄了許多評論的複印件。他回答說：「我非常高興地收到您 5 月 12 日的來信和有趣的附件。我認真閱讀了這些評論，尤其對菲爾斯的那一篇感到高興，他對您著作的理解有獨到之處。考慮到季爾鮑德同馬歇爾的關係，完全沒有料到他竟會做出這樣的反應。接到您的來信之前，我同巴塞爾（Basel）大學的埃德加·塞林教授談過您的書，並把您的書給他看了。他此前一直沒有注意到這本書。他對該書深感興趣，發現它是極富有啟發性的。」

理查德·豪伊（榮譽教授）

1987 年 8 月 14 日

斯蒂格勒：前言

豪伊教授的這篇博士論文，在問世 30 年後的今天，理應獲得再版的殊榮。無論是在他以前還是在他以後，都無一人如此廣泛和精心地論述過邊際效用理論從杰文斯、門格爾和瓦爾拉斯提出到 1890 年的演進。豪伊以其精深的學識，非常細緻地追蹤了這些經濟學家及其同時代人對這一理論的研究。

豪伊的研究沒有什麼需要後人補充和修正的，他的論述只是在某些更具技術性的細節上不大準確。例如，互補性問題只一帶而過；威斯蒂德衡量邊際效用的方法（第 131~132 頁），只對附加的效用函數才是正確的。除去這些次要點之外，他的論述仍舊是十分可取的。

在邊際效用理論出現大約 100 週年時，人們曾集會慶祝。讀者如想瞭解該理論在這個時期的其他方面和後來的發展，可參閱專題論文集《經濟學的邊際革命》（刊於《政治經濟學史》1972 年秋季號），還需參閱戈森的那部令人驚異的著作《人類關係法則》（英譯本，麻省理工學院出版社，1983）。[①] 不過，對於 1871—1890 年這段邊際效用理論的形成時期來說，豪伊的這部著作仍然是標準的來源。

喬治·J. 斯蒂格勒[②]
芝加哥大學，經濟與國家研究中心

[①] 這裡提到的兩本書都已有了中文譯本：《經濟學的邊際革命》，商務印書館，1987 年版。戈森：《人類交換規律與人類行為準則的發展》，商務印書館，1997 年版——譯者註。

[②] 喬治·J. 斯蒂格勒（George Joseph Stigler, 1991）美國著名經濟學家和經濟學史家，1982 年諾貝爾經濟學獎獲得者。1958 年以來任教於芝加哥大學，本書出版時任該大學美洲研究所查爾斯·沃爾格林講座傑出教授。主要著作有：《生產和分配理論》（1941 年）《經濟學史論文集》（1965 年）《價格理論》（1942 年、1952 年、1966 年）《工業組織》（1968 年）以及《市民與國家》（1975 年）《經濟學家和說教者》（1982 年）等——譯者註。

原序

1890年以後，經濟學學術研究的課題與1870年以前相比是大不相同了。在這20年間，經濟學經歷了像以前各時期一樣劇烈的變動。造成這種差別的原因，是邊際效用學說進入了經濟分析。1871年前，沒有哪位經濟學家對邊際效用做過任何重要和公認的應用，而在1889年以後的較長一段時間裡，大多數經濟學家則感到不得不利用邊際效用，或者不得不讚成利用它。因此，要想很好地理解1871—1889年經濟學的現代化，就必須理解邊際效用學派興起的作用不可。在說明現代經濟學演進的一個特點方面，邊際效用學派興起的歷史具有普遍的意義。

本書限於研究這20年，以囊括邊際效用學派興起的大部分階段，甚至包括某些細微和附帶的方面。對1871—1889年邊際效用的完整研究，使早先的斷代史研究得到補充，而這段重要的歷史以往卻被忽視了。這個研究應為其他的研究，特別是為精雕細刻地研究邊際效用思想後來的歷史以及它最終局部的復歸，提供更堅實的基礎。

除了介紹許多新資料以外，本書還想對有關著作所提出的各種不甚重要的和少數重要的解釋加以評說。主要更正在於，排除了以為邊際效用思想很快就會被人們接受這個論斷。實際的情況確非如此。邊際效用思想進入經濟學家們的頭腦中是非常緩慢的，它不得不靠逐漸地克服惰性和更緩慢地克服對立面來贏得勝利。有些經濟思想史著作常給人留下

一個印象，似乎傑文斯、門格爾和瓦爾拉斯的著作一問世，他們的觀點就傳遍了全世界，經濟學家們的思想和觀點就起了明顯變化。但思想上的突破並不是這樣取得的。邊際效用學派形成於我們所研究的這20年之末，但在整個這20年之內，邊際效用思想作為一種新的然而是次要的經濟思想，是與舊的學說同時並存的。

本書第一部分（第1~5章）帶有緒論性質，主要追溯了傑文斯、門格爾和瓦爾拉斯1871年以前的思想發展，他們於19世紀70年代初分別發表的著作標誌著邊際效用學派興起的開端。第二部分（第6~7章）比較了效用學說在傑文斯、門格爾和瓦爾拉斯的里程碑式著作中所起的作用，以揭示邊際效用學說的起源，以及他們的劃時代著作的內容。第三部分（第8~25章）考察他們思想的緩慢擴展和偶爾的再發現。最後的第26章與附錄是結論和對有關邊際效用學派興起的經濟思想史著作的詳細研究。

目 錄

早期著作版緒論：邊際主義的起源 ----15

第一章　杰文斯的邊際效用觀點的形成 ----34

第二章　杰文斯關於效用的最初著述 ----49

第三章　門格爾為《原理》所做的準備 ----56

第四章　瓦爾拉斯受惠於其父 ----60

第五章　瓦爾拉斯（1858—1873） ----65

第六章　杰文斯《理論》、門格爾《原理》、瓦爾拉斯《綱要》所闡述的邊際效用理論（一） ----71

第七章　杰文斯《理論》、門格爾《原理》、瓦爾拉斯《綱要》所闡述的邊際效用理論（二） ----82

第八章　對杰文斯《理論》的評論 ----91

第九章　杰文斯論效用（1871—1882） ----99

第十章　馬歇爾 ----105

第十一章　埃杰沃思 ----121

第十二章　克拉克 ----137

第十三章　威斯蒂德 ----145

第十四章　威斯蒂德的《經濟科學入門》 ----158

第十五章　德國的雜誌文獻及門格爾的著述（1871—1889）----165

第十六章　維塞爾 ----170

第十七章　龐巴維克 ----181

第十八章　奧地利學派的其他成員 ----188

第十九章　維也納大學的經濟學 ----201

第二十章　瓦爾拉斯後來的貢獻 ----206

第二十一章　季德和法國人對價值的爭論 ----213

第二十二章　拉韋利 ----218

第二十三章　勒瓦瑟和奧托：法國人對邊際效用的批判 ----220

第二十四章　法國經濟文獻中的邊際效用（1871—1889）----226

第二十五章　邊際效用學說在荷蘭和義大利 ----229

第二十六章　經濟思想史著作對邊際效用學派興起的描述 ----236

附錄：1890年後經濟思想史著作對邊際效用的描述 ----244

期刊譯名對照表 ----251

人名譯名對照表 ----253

索引 ----265

早期著作版緒論　邊際主義的起源①

I

【xiii】② 約翰・霍布森在《工業與財富》（1914年）一書中首創「邊際主義」一詞，用以概括經濟學家們所接受的邊際效用論和邊際生產力論③。它首次出現在「『邊際主義』在學術界已被普遍接受」這句話中。當然，接受的是思想而不是「邊際主義」這個詞。從上下文來看，霍布森是在貶義上用這個詞的，因為他發現這個概念有缺點，而且其政治結論也不受歡迎。他在《工業與財富》中用了七次「邊際主義」這個詞。霍布森在1909年曾把使用邊際分析的經濟學家叫作「邊際主義者」④。

「邊際主義」這個詞在霍布森首創之後的25年中不常被使用。在評論霍布森《工業與財富》的人中，沒有人視「邊際主義」一詞為新詞。該詞得以流傳，完全是霍布森一人之功，他在自己的著作《社會科學中的自由思想》（1926年）中，插入了題為「新古典經濟學中的邊際主義」一章。兩年後，《國家學說袖珍辭典》第四版的整個索引中，在『邊際主義』主題條目下只有一處提到霍布森。「邊際主義」和「邊際主義者」這些詞在《社會科學百科全書》（1930—1935年）中很少見到⑤。

---

①　此文採自《經濟學的邊際革命》中文譯本(商務印書館,1987年,於樹生譯)，收入本書時做了必要的校改——譯者註。
②　方括號內的數字系原書頁碼，下同。
③　第174～175、331頁。
④　霍布森：《工業制度》，紐約，1909年，第114頁。
⑤　第1卷，第166、175、176頁，第10卷，第609頁。

邊際成本、邊際收益、邊際替代率以及邊際消費傾向等概念在20世紀30年代的廣泛使用，引起理查德·萊斯特的抱怨，他在1946年的一篇文章中說：「邊際主義的詳情細節」充斥著美國教科書的1/3～1/2①。他的抱怨標誌著「邊際主義」這個詞【xiv】再次被作為貶義詞使用。翌年，萊斯特在一篇文章的標題中用了「邊際主義」一詞，使它更顯突出②。麥克洛普為反邊際主義者準備了最長的答復，他在答復的第一部分採用了這個詞，從而接受了它③。

　　萊斯特在1946年發起的那場邊際主義論戰，到1961年告一段落，「邊際主義」一詞經此論戰而有了新的含義。例如，在美國經濟協會編製的《經濟論文索引》（其前身是《經濟刊物索引》）的主題索引中，「邊際主義」只限於指研究邊際成本或邊際生產力在經濟分析中的作用，此項索引在「邊際主義」項下沒有列出1925—1945年的任何一篇文章，卻大量列舉了1946—1961年關於萊斯特論戰的文章，從1962—1966年在「邊際主義」項下又沒有列出任何文章。但至少有兩位作者指出，「邊際主義」是非馬克思主義經濟學的精髓④。

　　「邊際主義」一詞之新穎，從辭典中可以明顯看出。這個詞首次進入普通的英文辭典是在1966年，當時《威伯斯特辭典》第3版把「邊際主義」解釋為「一種經濟分析，它強調邊際特性在決定均衡中的作用」。在其他文種的辭典中，只有《葡萄牙文辭典》不是僅僅用其「特性」之一來解釋「邊際主義」。

　　公認的和連續的邊際主義史，是隨著現今被稱為「邊際效用」的這種「特性」的出現而開始的。已經有了若干有關邊際效用起源（從而有關邊際主義的諸種起源之一）的研究著作問世⑤。按照一般的說法，以後來經濟學家可

---

① 萊斯特：《在工資—就業問題上邊際分析的缺點》，《美國經濟評論》第36卷（1946年）第63頁。
② 萊斯特：《邊際主義，最低限度工資和勞動市場》，《美國經濟評論》第37卷（1947年）第135～148頁。
③ 麥克洛普：《邊際分析和經驗主義的研究》，《美國經濟評論》第36卷（1946年）第518～554頁。
④ 對邊際效用歷史的篇幅較長的論述有：斯蒂格勒：《效用理論的發展》，《政治經濟學雜誌》第58卷（1950年）；豪伊：《邊際效用學派的興起》，勞倫斯，1960年；考德：《邊際效用理論史》，普林斯頓，1965年。賈菲：《里昂·瓦爾拉斯的通信和有關材料》，阿姆斯特丹，1965年，一套三大卷，本書是一部關於邊際效用史的內容豐富的原始資料著作。本書論述的許多問題的更詳細的資料，可以從中找到（通過查閱標題和索引）。
⑤ 克佩爾：《邊際理論和馬克思主義》，萊比錫，1930年；勒曼：《邊際理論》，東柏林，1968年。

以接受的形式來說，邊際效用學說是在1862—1874年，由杰文斯、門格爾和瓦爾拉斯首次成功地和各自獨立地提出來的。【xv】人們一般也都同意說，1871年是這些年中最富有成果的一年，在這一年，杰文斯和門格爾分別發表了他們關於這個問題的著作。

邊際生產力是霍布森的「邊際主義」所包含的第二種「特性」，它也有許多的先兆。然而直到1890年以後它才被人們完全發現和認識，也就是說，直到邊際效用已被眾多的有潛在影響的經濟學家接受了以後，邊際生產力理論才被系統地考慮。

這種接受是極為重要的。邊際主義的第一種「特性」並沒有很快被人們接受，它需要杰文斯、門格爾和瓦爾拉斯有意識地努力以爭取支持者，但遭到相當多人的冷遇和一些人的反對。現在，也許最終成功的時機已經到來。1870年以後，在以往作為流行邊際主義的唯一場所的大學，邊際主義得到了迅速發展，而且被接受為經濟學研究的一項課題。

II

杰文斯（1835—1882）是19世紀60年代發表邊際效用理論的唯一的作者。1860年2月19日，杰文斯在日記中寫到，他已經做到了對「價值的真正理解」①。他當時24歲，在澳大利亞工作5年後剛回到倫敦，就讀於大學學院。該年晚些時候他寫信給他的兄弟說：「最重要的公理之一是，隨著一個人必須消費的……任何商品的數量的增加，從所使用的最後一部分所獲得的效用或利益在程度上減少。」他又說：「我不想讓這些東西束之高閣，坐等別人利用，我將設法於來年春季公之於世。」②

但是，杰文斯的首次公開陳述推遲至1862年10月7日才發表，時年他已27歲。那一天，在劍橋舉行的英國科學促進會F組的會上，該會的秘書宣讀了杰文斯的《簡論政治經濟學：一般數學理論》。除了這位秘書以外，還有誰聽到了這篇論文，尚不得而知。該文的一篇摘要於次年刊登在《英國科學促進會第32次會議報告》（1863年）上。【xvi】此後10年無人提及這篇摘要。

顯然，無論將杰文斯引向邊際主義的是什麼情況，它們都肯定在他年屆

---

① 拉諾茨：《杰文斯的效用理論的概念》，《經濟學家》雜誌第20期，1953年，第357頁。
② 哈里斯·杰文斯：《威廉·斯坦利·杰文斯通信與日記》，倫敦，1886年，第151~152頁。

24歲時的前後幾個月對他產生了影響。此前他有過想要取得成功的衝動。他22歲時寫給姐姐的一封信中說：「我有一種想法，不妨對你說，我認為我對人類知識的基礎和性質的認識，比大多數人或作者更為深刻。我覺得我的使命就是致力於研究這個課題，並且打算幹起來。」① 他同一封信中還談到，他發現政治經濟學是「一種模糊的數學，用以計算人類勤勞的原因與效果」。他想要利用數學的意向是認真的，因為，當他準備從澳大利亞回國，而且念念不忘自己的使命和政治經濟學的性質時，就曾寫道：「我特別希望成為一個精通數學的人。我相信，沒有數學家，什麼都不可能做得非常透澈。」②

杰文斯也養成了一種同樣重要的偏好，即將效用與經濟分析聯繫起來。他對效用的興趣似乎部分地來自邊沁的著作，他可能是在回到英國、進入大學學院時熟悉邊沁的著作的。邊沁對杰文斯的影響，首次出現在公開發表的杰文斯報告的摘要中，他在那裡雖未提及邊沁，但他用了邊沁的話，例如邊沁的「行動的源泉」一詞。杰文斯說，在他9歲時，聽母親為他讀理查德·威特利的《貨幣問題通俗講話》（1833年）時，便接觸了效用概念。杰文斯後來說，他從這本書上學到了「最初的政治經濟學概念」③。據威特利傳記的作者說，威特利認為他自己的《貨幣問題通俗講話》「比他的一些更大的著作具有較多的實際重要性。」④ 相隔15年之後，杰文斯對威特利的下述公理的含義及其生動的說明【xvii】也許仍然記憶猶新，並對他自己1860年最初幾個月的研究起著指導作用。威特利說：「不是勞動使物品具有價值，而是它們有價值才值得它而勞動。」⑤

關於他自己的能力，杰文斯寫道：「給我一些事實或資料，我便能將他們構成一種安排得很好的成熟的理論結構，或者將它們造成某種形式新穎之物。」⑥ 杰文斯在未到倫敦之前已經看到了一些「事實或資料」。不久又找到了一些。除了研究哲學，他還報名參加了奧古斯塔斯·德·摩根的微積分班和雅各布·威利的政治經濟學班，威利是摩根的數學高才生。在威利的研究班上，杰文斯發現有機會思考約翰·穆勒《政治經濟學原理》的細節，當然，他從

---

① 哈里斯·杰文斯：《威廉·斯坦利·杰文斯通信與日記》，倫敦，1886年，第101頁。
② 哈里斯·杰文斯：《威廉·斯坦利·杰文斯通信與日記》，倫敦，1886年，第119頁。
③ 哈里斯·杰文斯：《政治經濟學》，紐約，1878年，第5頁。
④ 威特利：《神學博士理查德·威特利的生平與通信》，倫敦，1866年，第1卷，第377頁。
⑤ 威特利：《貨幣問題通俗講話》，倫敦，1833年，第33頁。
⑥ 哈里斯·杰文斯：《威廉·斯坦利·杰文斯的通信與日記》，第96頁。

摩根那裡也學到了他所渴求的微積分知識。1860年初，杰文斯把他所有的「事實或資料」發展成一種他認為「頗為新穎」的「成熟的理論結構」。

III

卡爾·門格爾（1840—1921）和杰文斯不同，他沒有留下什麼通信和日記，能夠揭示《國民經濟學原理》（以下簡稱《原理》）（1871年）中新思想的來源，此書是他的第一部也是最後一部關於邊際主義的著作。儘管不知道有什麼東西能夠直接否定下述推測，即認為《原理》是早已出現的一些思想發展的結果，但《原理》中的一個說法卻似乎表明它是在1869年前不久完成的，當時他需要一項「具體成果」，以便取得維也納大學講師之職。門格爾說過，他研究的範圍「在不小的程度上……是德國政治經濟學『新近發展』的結果。」① 這『新近的發展』是指德國學者持續進行到1869年的一場關於價值問題的討論②，門格爾顯然想對這場討論做最後的補充。

德國學者要求門格爾做出「具體成果」，而他們使他面對的卻是一個不能令人滿意的非勞動價值論。為了改進這一理論，門格爾加進了關鍵的邊際主義觀點，即「價值」等於「由全部可以獲得（的物品）數量所提供並能以任何相等部分取得的滿足之中最不重要的那個滿足的意義」③。【xviii】類似觀點在門格爾讀過的德國學者的著作中還找不到。對杰文斯和瓦爾拉斯來說，關鍵的觀點是數學的，他們也都承認微分學同邊際效用表述的關聯，但門格爾卻從未公開將他的說法同微分學聯繫起來。由於這一點，加上他對方法論所發表的顯然反對在經濟學中使用數學的看法，所以人們一直推測數學在門格爾1871年前關於經濟學看法的發展中沒有起什麼作用。熊彼特試圖解釋門格爾的數學，他說：「奧地利的效用價值論者，由於使用了邊際效用概念，實際上發現了微積分學。」④

然而，有證據表明，門格爾對邊際效用的表述可能並不是熊彼特所暗示的那種簡單的微積分的再發現。如果門格爾在1869年以前熟悉微積分學（情況

---

① 門格爾：《經濟學原理》，格論科，伊理諾斯州，1950年，第49頁。
② 門格爾：《經濟學原理》，格論科，伊理諾斯州，1950年，第306頁。
③ 門格爾：《經濟學原理》，格論科，伊理諾斯州，1950年，第139頁。
④ 熊彼特：《經濟分析史》，紐約，1954年，第18頁。

似乎就是如此），就不會是這樣了。他熟悉微積分，有他寫給西格斯蒙德·菲爾博根的一封信為證，後者在《經濟學家》雜誌（1911 年）上發表了這封信的法文譯文①。門格爾在信中寫道：「哲學和數學向來是我喜愛的科目。」門格爾給瓦爾拉斯的第一封信中，有他熟悉數學的進一步的證據。瓦爾拉斯是 1883 年 6 月 22 日從奧尼斯·德·布瓦伊的來信中第一次知道門格爾的，當時，布瓦伊剛剛看到門格爾的《原理》（即在該書問世 12 年以後），認為它是「一部純理論的書，有數學概念（即不同數量的比較），並由此提出了交換價值的學說」②。瓦爾拉斯於是連忙開始和門格爾通信。門格爾在復信中討論到數理經濟學，如果他對數學毫無興趣，或者缺乏數學知識，他似乎不會寫這樣的信③。門格爾在信中列舉了他本人收藏有關政治經濟學的 10 種數學著作，並表示願意借給瓦爾拉斯。如果門格爾同數學只有淡淡的關係，他自己斷不會收藏這麼多數學書，即使他是一位收藏家。此外，在上述 10 種書中，有一種是古爾諾的。門格爾在給菲爾博根的信中說過古爾諾的著述「對我的思想發生了特殊的影響」。

【xix】遺憾的是，我們對他同他的弟弟（年齡比他略小）的關係一無所知，特別是考慮到他的數學。他的弟弟安東·門格爾出於愛好於 1867 年開始研究數學，1891—1894 年以朱利葉斯·伯格博姆博士的筆名發表了若干篇關於改革微積分學的研究論文。門格爾在 1867—1871 年可能受到他弟弟對數學濃厚興趣的影響。

IV

直接注意到里昂·瓦爾拉斯（1834—1910）邊際分析的第一位政治經濟學家是約瑟夫·加尼爾，他是《經濟學家》雜誌老資格的主編。瓦爾拉斯於 1873 年（時年 38 歲）把他即將出版的《純粹政治經濟學要義》的樣張 60 頁寄給加尼爾，請求發表④。

兩個月後，瓦爾拉斯再次試圖引起人們對其即將問世著作的注意，他向道

---

① 門格爾：《經濟學家》雜誌，第 6 卷第 31 期，1911 年，第 56~57 頁。
② 賈菲：《里昂·瓦爾拉斯通信集》，第 1 卷，第 766 頁。
③ 賈菲：《里昂·瓦爾拉斯通信集》，第 1 卷，第 768~769 頁。
④ 賈菲：《里昂·瓦爾拉斯通信集》，第 1 卷，第 318~319 頁。

德與政治科學院宣讀了一篇題為《交換的數學理論原理》的論文提要。這是他首次公開發表自己的主要觀點，他在給友人的一封信中談及此事時說：「我在我的科學領域有了一項重要的發現，我在暑期向學會作了匯報。人們對整個報告的反應冷淡。」①

研究院稍後於 1874 年 1 月的《會議與工作》上發表了瓦爾拉斯的論文，這是他的邊際主義研究成果的首次問世。他意識到他的論文如果不在其他刊物上發表，就很少有人看到，因此他再次請求加尼爾發表他的一部分手稿。加尼爾拖延了一段時間，最後還是拒絕了，理由是「我們的讀者 99% 都不會歡迎和欣賞這種著作」②。加尼爾往常是善待瓦爾拉斯的，這一次也不例外，他在拒絕的同時，又答應給他其他幫助，說是「考慮到您是已故政治經濟學教授奧古斯特·瓦爾拉斯的哲嗣，富有才華，雖然脾氣大了些」③。瓦爾拉斯立即表示接受加尼爾的好意④。於是加尼爾在《經濟學家》雜誌 1874 年 4 月號上轉載了瓦爾拉斯發表在《會議與工作》上的論文，這是他應允給瓦爾拉斯幫助的一部分。杰文斯從這一轉載的手稿中得知瓦爾拉斯持有和自己相似的觀點。

【xx】瓦爾拉斯從 1873 年就開始爭取古爾諾的支持了，由於過去受惠於他，所以瓦爾拉斯邀請他來研究院聽自己的報告，同他磋商彼此的觀點，請他出面同出版商哈歇特聯繫，還請他幫著寫一篇數理經濟學的論文⑤。古爾諾（1877 年去世）願意幫忙，但他無能為力，他忙於自己的家務和出書事宜，而且，他發表了《財富理論的數學原理的研究》（1838）之後不久，患上嚴重的眼疾，以致在後來 30 年間放棄了一切數學研究⑥。

據瓦爾拉斯自己說，他對政治經濟學的興趣，緣起於 1848 年偶然聽父親閱讀政治經濟學文稿。他回憶說：「我 14 歲時已得知土地及其產品有一種內在的價值，該價值來自與效用相結合的效用。」⑦ 這種認為價值與效用之間有一種合理聯繫的看法，可能促使他走向邊際主義。然而，瓦爾拉斯把自己看作政

---

① 賈菲：《里昂·瓦爾拉斯通信集》，第 1 卷，第 354 頁。
② 賈菲：《里昂·瓦爾拉斯通信集》，第 1 卷，第 350 頁。
③ 賈菲：《里昂·瓦爾拉斯通信集》，第 1 卷，第 350 頁。
④ 賈菲：《里昂·瓦爾拉斯通信集》，第 1 卷，第 351~352 頁。
⑤ 賈菲：《里昂·瓦爾拉斯通信集》，第 1 卷，第 326、330~332、366~367、375、421~422 頁。
⑥ 賈菲：《里昂·瓦爾拉斯通信集》，第 1 卷，第 331~332 頁。
⑦ 瓦爾拉斯：《政治經濟學的先驅者——奧古斯特·瓦爾拉斯》，《評論報》，1908 年，第 6 期，第 181 頁。

治經濟學家卻是大約 10 年之後的事了。這個轉變發生在 1858 年夏，當時，他在浪費了 4 年光陰和 7000 法郎而未能當成工程師，並得到父親諒解之後，瓦爾拉斯開始了自己的教授生涯，答應繼續他父親在政治經濟學方面未完成的工作①。25 年後，他在給母親的信中談到自己的學術經歷時說：「這有點像是父親為我提供了鉛筆初稿的一幅油畫。」②

所謂「鉛筆初稿」的內容是什麼呢？它強調效用及其同稀缺性的關係，結果就有了「稀缺性」的概念，這個概念表現為一種比例，但這還不是邊際主義。其中還有奧古斯特·瓦爾拉斯的未經解釋的鼓勵在政治經濟學中使用數學的思想。這個草圖留下了不少需要填充和修正之處。

瓦爾拉斯在 1858—1870 年雖經多方努力，【xxi】但未能在政治經濟學方面獲得立足之地。在巴黎的 12 年中，他未能把數學和效用之間的重要關係加到那草圖上去，儘管他在 1860 年和 1869—1870 年嘗試過兩次③。

假如瓦爾拉斯不曾被意外地聘為洛桑大學的教授的話，他的生活也許就會這樣繼續下去。這一任命減輕了他的一些舊的義務並得到了新機會。這無疑改變了邊際革命的進程。他於 1870 年 12 月 11 日到達洛桑，為此他的父母付出了 3000 法郎，雇人替他服兵役。在這新的環境中，他再次努力把政治經濟學和數學結合起來。他到達洛桑不久寫信給妻子說：「星期日早晨我去拜訪了另一位同事、研究院的數學教授蓋伊先生，並和他探討了幾個政治經濟學問題。」④

瓦爾拉斯什麼時候第一次獲得邊際效用這個難以捉摸的基本概念呢？賈菲查閱了所有的通信和有關文件（含未發表的），得出的結論是：「無論在里昂·瓦爾拉斯到洛桑以前的文件中，還是直到 1872 年 10 月 19 日為止的工作計劃中，都沒有任何一點效用最大化理論的跡象。」⑤ 關於這個日期的一點「暗示」，是他在給一位同事的一封信中，提到他正在和洛桑的機械學教授安東·保羅·皮卡德研究他的即將出版的著作，「擬修改一些代數公式」⑥。皮卡德早些時候向瓦爾拉斯提出過一個評註，賈菲說這個評註「對於使瓦爾拉斯運用數學觀點

---

① 賈菲：《里昂·瓦爾拉斯通信集》，第 1 卷，第 2 頁。
② 賈菲：《里昂·瓦爾拉斯通信集》，第 1 卷，第 761 頁。
③ 賈菲：《里昂·瓦爾拉斯通信集》，第 1 卷，第 216~221 頁。
④ 賈菲：《里昂·瓦爾拉斯通信集》，第 1 卷，第 264 頁。
⑤ 賈菲：《里昂·瓦爾拉斯通信集》，第 1 卷，第 309 頁。
⑥ 賈菲：《里昂·瓦爾拉斯通信集》，第 1 卷，第 307 頁。

起了非同尋常的作用」①。如果說皮卡德使得瓦爾拉斯運用「數學觀點」，那麼，瓦爾拉斯的《要義》一書臨近出版還沒有講到邊際效用，是因為他已經有了一份手稿，並開始找出版者。一個多月前，他在寫給出版商吉約曼的一封信中曾說，他的關於純經濟學的著作「今天已經差不多全部完成了」，而且是一種「完全新的形式」，意思是說他運用了數學方法②。

V

【xxii】前面幾節意在說明邊際主義是在 1862—1873 年由政治經濟學領域的新人逐漸發展形成的。這些新人（杰文斯、門格爾和瓦爾拉斯）具有年輕人的觀點，覺得不必拘泥於當時流行的但阻礙進步的關於政治經濟學的見解。各人也都有一種使命感。各人經歷了不同的環境，最後都擴大了慾望或者效用在對經濟學的瞭解方面所起的作用。這三個不同國籍的人將他們的慾望概念或者效用概念和微分的基本概念結合起來的時候，邊際效用就出現了。

從 1873 年直到 19 世紀 80 年代的大部分時期中，邊際主義進一步發展的歷史是尋求人們接受和支持邊際效用的歷史。邊際主義，作為得到人們承認的經濟學的一部分，直到有人支持和接受以後才開始。杰文斯、門格爾特別是瓦爾拉斯，是這種爭取承認的奮鬥史中的主要人物。他們是新人這一事實，使得他們長期沒有助手。

杰文斯和瓦爾拉斯不久就彼此相知，但是差不多 10 年後瓦爾拉斯和門格爾才開始通信。有人很快向他們指出已經有過前輩。主要的前輩是赫爾曼·海因里希·戈森，他的發現在 1878 年杰文斯就寫信告知瓦爾拉斯了③。瓦爾拉斯和杰文斯一致承認戈森走在他們前面。關於其他的前輩，他們的意見不盡一致。喬治·弗里德利希·科納普於 1874 年提出約翰·海因里希·馮·杜能，要瓦爾拉斯注意④。羅伯特·亞當森則於 1876 年向杰文斯提出⑤。瓦爾拉斯發現，杜能的著作沒有什麼東西使他感興趣，最後在一封給杰文斯的信裡說：

---

① 賈菲：《里昂·瓦爾拉斯通信集》，第 1 卷，第 308 頁。
② 賈菲：《里昂·瓦爾拉斯通信集》，第 1 卷，第 298 頁。
③ 賈菲：《里昂·瓦爾拉斯通信集》，第 1 卷，第 581 頁。
④ 賈菲：《里昂·瓦爾拉斯通信集》，第 1 卷，第 401 頁。
⑤ 賈菲：《里昂·瓦爾拉斯通信集》，第 1 卷，第 508 頁。

「不管怎樣，我懷疑是否有多少東西可取。」① 杰文斯始終沒有對瓦爾拉斯的評價表示意見，但是他在《政治經濟學理論》一書的 1879 年版本裡僅僅提了一下杜能的名字，而用了差不多 7 頁敘述戈森②。夏爾‧勒托爾 1874 年在評論瓦爾拉斯的《要義》時提出朱爾‧杜皮特的名字③。和對杜能一樣（但原因不詳），瓦爾拉斯不承認杜皮特是前輩。瓦爾拉斯於 1874 年【**xxiii**】對杰文斯關於《杜皮特先生的回憶錄》作了評價，他說：「杜皮特事實上已經接觸到效用的數學表達方式問題，但是他什麼也沒有解決。」④ 後來杰文斯寫信給瓦爾拉斯說：「不可能不承認杜皮特對這門學科有很深的理解，並在效用的基本概念方面比我們先走了一步。」⑤ 瓦爾拉斯立刻復信說他不同意杰文斯「對杜皮特先生的回憶錄的評價的意見」⑥。

　　卡爾‧門格爾似乎不大費力就獲得了一些支持者。然而，他所費的氣力可能被低估了，因為人們對他的結果知道得較多，而對他的活動知道得較少。表面上他單憑他的《原理》一書的優點就首先取得兩個主要支持者龐巴維克和維塞爾的忠誠擁護。然而，奧地利學派的創立延遲了，因為維塞爾在 1884 年以前完全沒有發表什麼關於邊際主義的東西，而龐巴維克直到 1886 年才開始。關於門格爾在這些著作方面的作用，人們知之不多。

　　杰文斯認識到他必須想辦法傳播他的見解。因此，他於 1866 年發表了一篇比他原來論文長的文章，刊登在一個比較引人注意的地方——《皇家統計學會會刊》上。晚些時候，他準備了一部篇幅較大可以出書的精細作品，他的《政治經濟學理論》，由麥克米倫公司於 1871 年出版。1875 年杰文斯寫信給他已經認為是盟友的瓦爾拉斯說：「我毫不懷疑我們的努力最後會取得成功，但必須經過一些鬥爭。」⑦ 在他的《政治經濟學理論》第 2 版中，杰文斯為邊際主義提供了他最初的歷史和文獻目錄，這兩者有助於奠定這個問題的地位，並增進人們的理解。可是杰文斯忙於其他的事情，沒有興趣加以推動，而且不幸於 1882 年去世。他始終不知道門格爾有同樣的觀點。

---

① 賈菲：《里昂‧瓦爾拉斯通信集》，第 1 卷，第 532 頁。
② 杰文斯：《理論》，第 35~42、44 頁。
③ 賈菲：《里昂‧瓦爾拉斯通信集》，第 1 卷，第 458 頁。
④ 賈菲：《里昂‧瓦爾拉斯通信集》，第 1 卷，第 456 頁。
⑤ 賈菲：《里昂‧瓦爾拉斯通信集》，第 1 卷，第 533 頁。
⑥ 賈菲：《里昂‧瓦爾拉斯通信集》，第 1 卷，第 535 頁。
⑦ 賈菲：《里昂‧瓦爾拉斯通信集》，第 1 卷，第 474~475 頁。

瓦爾拉斯在有系統地和不斷地尋求人們的承認和支持方面，是三人中干勁最足的一個。賈菲編排得極好的三大本《里昂·瓦爾拉斯通信和有關文件》中，有很大一部分敘述了瓦爾拉斯為確保新經濟學被人接受，從1873—1909年所做的不懈努力。

瓦爾拉斯認為他知道必須怎麼辦。他有一個科學革命的計劃，那不僅是宣告此項革命性的發現。【xxiv】瓦爾拉斯在1883年寫給他母親的信中說：「有了發現還不夠，必須懂得如何造成一種形勢，使這些發現能被人理解。」① 他有足夠的革命熱情，肯用他自己的錢資助邊際革命。1901年瓦爾拉斯估計他已經從繼承的家財中花掉了5萬法郎（等於他最高年俸的10倍）推廣他的學說②。從一開始起，瓦爾拉斯就估計到法國的政治經濟學家會忽視他的著作。瓦爾拉斯的想法推動了要把邊際效用引進政治經濟學的鬥爭的國際化。這種國際化是有助於取得鬥爭的最後勝利的一個因素，因而也有助於邊際主義的興起。

國際化的計劃第一次出現於1873年，當時瓦爾拉斯告訴加尼爾，如果法國人固執地把我當作「一個夢想者」而不予理睬，他將訴諸「外國公眾的評判」③。他於1874年3月12日確實開始有系統地尋求外國支持者，他寄了內容相同的信給「一個在英國的朋友和一個在德國的朋友」（這兩個人和他都是合作運動的成員），以及一位在日內瓦的大學教授（此人熟悉義大利的情況）④。在這三封信中，他請對方提供一個精選的教授和主編的名單，以便他可以把他在《經濟學家》雜誌上發表的文章的單行本送給這些人，希望以後「和他們發生關係，這些人會深入鑽研我的思想，加以討論」⑤。瓦爾拉斯在一封信中解釋為什麼「在發表時略有更改」，他說因為他的著作是「很科學的但不太通俗」，他不得不向遠處去尋找即使是一小批的讀者⑥。他又進一步說明讀者對他特別重要，因為他的出版人只有在他的新著的第一部分的銷數確實可以保證不賠本以後才會印製第二部分，這項協議把瓦爾拉斯的《要義》的第二部分延遲到1877年才付印⑦。他估計他的《要義》會有成功的機會，如果

---

① 賈菲：《里昂·瓦爾拉斯通信集》，第1卷，第761頁。
② 賈菲：《里昂·瓦爾拉斯通信集》，第1卷，第187頁。
③ 賈菲：《里昂·瓦爾拉斯通信集》，第1卷，第344頁。
④ 賈菲：《里昂·瓦爾拉斯通信集》，第1卷，第359~361頁。
⑤ 賈菲：《里昂·瓦爾拉斯通信集》，第1卷，第360頁。
⑥ 賈菲：《里昂·瓦爾拉斯通信集》，第1卷，第360頁。
⑦ 賈菲：《里昂·瓦爾拉斯通信集》，第1卷，第361頁。

能在法國、英國、德國和義大利找到 30 個人「能夠閱讀、評判，並公開予以支持」①。

【**xxv**】瓦爾拉斯最初的三封信找到了兩個義大利的、七個德國的和十六個英國的有希望的對象；但是只有一個義大利和兩個英國的通信者對瓦爾拉斯的倡議作出反應。這個義大利人是阿爾貝托·埃雷拉，他使得義大利向邊際主義開放。杰文斯是給了復信的第一個英國人，他說已經讀過《經濟學家》雜誌刊登的瓦爾拉斯的文章。他 1874 年 5 月 12 日寫道：「我感到滿意的是，我的關於交換的理論，儘管在英國發表時不是被人忽視就是受人批評，而實際上被你的研究成果所肯定。」②瓦爾拉斯和杰文斯之間這種目的一致，加強了創造邊際主義的力量。關於他們在新發現方面的巧合，瓦爾拉斯在寫給另一個通信者的信裡說，他希望「這種巧合的奇特會引起您的好奇心，使您想深入瞭解杰文斯先生和我兩人的著作」③。另一個寫來復信的英國人是克利夫·萊斯利教授，他指出杰文斯有一種類似的理論，他本人和約翰·穆勒都不同意④。

瓦爾拉斯在他的《要義》（1874 年）的第一部分出版時，為了爭取和感興趣的經濟學家取得通信關係，又採取了同樣的做法，即「向歐洲差不多所有的政治經濟學教授寄贈一份」⑤。這一次，杰文斯給瓦爾拉斯提供了六位可能有反應的經濟學家的姓名⑥，其中僅僅與 G. H. 達爾文一人通了信。瓦爾拉斯寄出《要義》（1877 年）第二部分時效果也不好。實際上，他爭取讀者的計劃結果得到的人數一定比他預想的少得多；經過種種努力，到 1881 年他只數出三個「值得提名的學生」：奧尼斯·德·布瓦伊、馮·溫特費爾德和德爾·佩佐⑦。

1881 年以後，前途呈現光明。1881—1890 年，承認和支持邊際效用概念的著作家幾乎每年都在增加。1882 年，杰文斯死後，成為瓦爾拉斯的主要英國顧問的赫伯特·薩默頓·福克斯威爾，寄給瓦爾拉斯一張列出可能成為對象的十二個英國人⑧。根據這張名單，瓦爾拉斯才能夠和馬歇爾及埃奇沃斯開始

---

① 賈菲：《里昂·瓦爾拉斯通信集》，第 1 卷，第 361 頁。
② 賈菲：《里昂·瓦爾拉斯通信集》，第 1 卷，第 393 頁。
③ 賈菲：《里昂·瓦爾拉斯通信集》，第 1 卷，第 420 頁。
④ 賈菲：《里昂·瓦爾拉斯通信集》，第 1 卷，第 395 頁。
⑤ 賈菲：《里昂·瓦爾拉斯通信集》，第 1 卷，第 424 頁。
⑥ 賈菲：《里昂·瓦爾拉斯通信集》，第 1 卷，第 427 頁。
⑦ 賈菲：《里昂·瓦爾拉斯通信集》，第 1 卷，第 681 頁。
⑧ 賈菲：《里昂·瓦爾拉斯通信集》，第 1 卷，第 738~739 頁。

通信，這在某些方面是令人鼓舞的。1883 年，布瓦伊使門格爾和瓦爾拉斯有了接觸，結果邊際革命的範圍又增加了一個國家。門格爾在寫給瓦爾拉斯的第一封信中說，【xxvi】他早已知道有了瓦爾拉斯的一些著作，但是不知道自己的觀點和瓦爾拉斯的觀點相似的程度①。或許是沒有這種認識，因為門格爾不以為有相似之處。另外，瓦爾拉斯在寫信給門格爾時卻強調他們觀點的相似點，他說：「先生，我們顯然遇到了同樣的問題，並且顯然採取了同樣的方法來解決。」②

門格爾被介紹給瓦爾拉斯以後的一年，維塞爾發表了他的《經濟價值的起源和主要規律》（1884 年）。這是一本以門格爾的觀點為根據的書，也是將要出現一個奧地利學派的最初跡象，並且書中第一次使用了「邊際」一詞。它流通的範圍狹小。瓦爾拉斯在 1886 年還不知道這本書③，直到 1887 年才得到一本④。夏爾·吉德 1885 年向瓦爾拉斯建議創辦一種「接受批評意見」的法國新雜誌，說明瓦爾拉斯早已感覺到的法國人那種冷漠態度有了一些好轉⑤。1886 年，龐巴維克的《經濟貨物價值理論大綱》一文在《國民經濟學與統計學雜誌》上發表，這個雜誌是德國關於經濟學的專家意見的主要論壇。瓦爾拉斯立即寫信給龐巴維克談到「初步的和匆促的檢查已使我意識到該書的極端重要性」⑥。就在這一年瓦爾拉斯寫出第二次的邊際主義史，放在他的《貨幣論》（1886 年）的序言裡。1887 年晚期，瓦爾拉斯找到一位俄國數理經濟學家拉迪斯勞斯·馮·博爾基韋茲，此人成為一個受到重視的通信者和可靠的辯護人⑦。

瓦爾拉斯曾於 1884 年第一次接到菲利普·亨利·威斯蒂德來信，信中說：「我現在正以極大的興趣閱讀您的《要義》。」⑧ 四年過去，瓦爾拉斯才再次接到他的信。繼續向瓦爾拉斯提供有著英國經濟學家的意見的福克斯威爾，於 1886 稱讚威斯蒂德「很能幹，是杰文斯的一個熱情的信徒」，1888 年又說他是「令人欽佩的著作家」，並且「正在寫一篇對杰文斯先生的《政治經濟學理

---

① 賈菲：《里昂·瓦爾拉斯通信集》，第 1 卷，第 768~769 頁。
② 賈菲：《里昂·瓦爾拉斯通信集》，第 1 卷，第 771 頁。
③ 賈菲：《里昂·瓦爾拉斯通信集》，第 2 卷，第 152 頁。
④ 賈菲：《里昂·瓦爾拉斯通信集》，第 2 卷，第 187 頁。
⑤ 賈菲：《里昂·瓦爾拉斯通信集》，第 2 卷，第 42 頁。
⑥ 賈菲：《里昂·瓦爾拉斯通信集》，第 2 卷，第 152 頁。
⑦ 賈菲：《里昂·瓦爾拉斯通信集》，第 2 卷，第 229~237 頁。
⑧ 賈菲：《里昂·瓦爾拉斯通信集》，第 2 卷，第 12 頁。

論》的導言」①。威斯蒂德送給瓦爾拉斯一本他的《經濟科學入門》（1888年），【xxvii】瓦爾拉斯回信說他「極其愉快地」拜讀了佳作②。次年，他又用了「極其愉快地」這完全相同的詞句來形容他看了馬費奧·潘塔萊奧尼寄來的一本《純經濟學原理》（1889年）以後的心情③。1889年邊際主義在奧地利佔有的地位，可以從那一年出現的三本其他運用邊際分析的書這一事實中看出。這三本書是：魯道夫·奧斯皮茨和理查德·利本的《關於價格學說的研究》、龐巴維克的《資本與利息》（第二部分）和《資本實證論》，以及維塞爾的《自然價值》。

VI

在1862—1887年，這種研究效用的新方法被賦予各種不同的名稱。杰文斯在尋求一個令人滿意的名詞時杜撰過「效用的最後程度」「最終效用」和「極限效用」這些表達方式。門格爾用「最不重要的滿足的重要性」來表示同樣的概念。瓦爾拉斯使用了「內涵的效用」「稀少性」和「得到滿足的最後需要的強度」這三種說法來指同一概念。到1887年的時候，似乎「最終效用」可能成為標準的名詞，至少在英語中是這樣。甚至維塞爾在《起源》（1884年）中用過的「Grenznutzen」（邊際效用）一詞，也被譯為「final utility」（最終效用）。

1888年末出現一個詞，它終於取代了英語中的「最終效用」，並大概也將取代其他語種中以前使用過的名詞。它就是「邊際」這個詞，由菲利普·亨利·威斯蒂德在他的《入門》中首先採用，在這本書的每一頁上平均出現兩次：就初次使用而言，這是大量出現了。別人接著採用的現象發展緩慢。例如，「邊際」一詞在1888年埃奇沃斯對《入門》一書的評論中就找不到④，在該年晚些時候埃奇沃斯對英國科學促進會的F組發表的會長就職演說中也找不到，儘管他談到威斯蒂德的《入門》，並多次提起「最終效用」和「最終的無效用」⑤。

---

① 賈菲：《里昂·瓦爾拉斯通信集》，第2卷，第160~161、259頁。
② 賈菲：《里昂·瓦爾拉斯通信集》，第2卷，第307頁。
③ 賈菲：《里昂·瓦爾拉斯通信集》，第2卷，第331頁。
④ 《研究院》，第35期（1889年），第71頁。
⑤ 《英國科學促進會第五十九次會議報告》，倫敦，1890年。

不難推測，這個詞是威斯蒂德從維塞爾的書裡借用的。維塞爾曾於 1884 年首先把「最終效用」譯為「邊際效用」，這簡直不是確切的翻譯。但是，在《入門》中或者在其他地方，沒有證據表明威斯蒂德在引用「邊際」這個詞時曾受到維塞爾的《起源》或者其他著作家偶爾使用「邊際效用」一詞的影響。
【xxviii】還可以加上一句說，「邊際效用」是一種「非直譯」。而且也未必是一種靠得住的譯法，特別是因為「最終效用」這個說法曾經越來越多地作為同義詞用了 17 年。1890 年的《美國政治與社會科學院記事》雙月刊登載了龐巴維克的文章的兩篇譯文，其中「邊際效用」一詞不出人們所料每次都被譯為「最終效用」①。「Grenze」（邊際）這個詞在門格爾的《原理》一書裡也有，但是應該並且在英文版裡確實是譯為「極限」而不是譯為「邊際」。

埃奇沃思在他為帕爾格雷夫的《政治經濟學辭典》（1869 年）所寫的《（經濟學中的）邊際》一文中說，威斯蒂德首先使用「邊際」這個詞，而不是「最終效用」。另一個可靠的報導者詹姆斯・博納 1889 年說：「『邊際主義』是威斯蒂德使用的一個巧妙而恰當的詞語。」② 埃奇沃思和博納都沒有使人聯想到和維塞爾有任何關係。奇怪的是，威斯蒂德在他為帕爾格雷夫的辭典所寫的《效用的最終程度》那篇文章裡始終沒有提到「邊際效用」。威斯蒂德的文章的結尾中有一句話說：「杰文斯所謂『效用的最終程度』就是奧地利學派的『邊際效用』。」

包括「邊際」這個詞的第二本書是馬歇爾的《經濟學原理》（1890 年）。馬歇爾對這個詞的使用不像威斯蒂德那樣頻繁，平均每 15 頁使用 1 次。人們可能以為馬歇爾是從威斯蒂德那裡學到「邊際」這個詞的，然而並沒有人這樣說過。在《原理》第一版中，馬歇爾親自說明了這個詞的來源。他寫道：「『邊際』增量這個詞是我從杜能那裡借來的，現在德國經濟學家一般都使用。杰文斯的《理論》問世時，我採用了他的『最終』這個字眼，但是我逐漸地終於相信『邊際』比較好。」③ 馬歇爾的說明在某些方面是不確切的。杜能並沒有使用「『邊際』增量」一詞；就這個詞來說，馬歇爾除了上面引述的這段話以外也沒有使用過。杜能只使用了「邊際」這個名詞一次，而這一次指的是「極限」，超過這個極限雇主就不會增雇任何工人④。

---

① 第 1 期，第 244~271、361~384 頁。
② 《經濟學季刊》第 3 期（1889 年），第 344 頁。
③ 馬歇爾：《經濟學原理》（倫敦，1890 年），第 X 頁。
④ 杜能：《孤立國》（羅斯托克，1850 年），第 178 頁。

【xxix】馬歇爾覺得自己的說明不恰當，於是在第二版裡把腳註改成這樣：「『邊際』增量這個詞是和杜能的思想方法協調一致的，並且是由於受了他的啟發，雖然他沒有實際使用。由於維塞爾教授所提倡，奧地利經濟學家一般已經使用了一個時期，而且已經被威斯蒂德採用。杰文斯的《理論》出現時，我採用他的『最終』這個字眼，但是我逐漸地終於相信『邊際』比較好。在第一版裡，這個腳註錯誤地把這個詞以及『邊際增量』的概念追溯到杜能。」① 這簡直不是改進。他所謂「採用」是什麼意思呢？馬歇爾在第二版的索引中也兩次引用「維塞爾首先使用了『邊際效用』」這句話。此後的版本中都刪掉了這可能引起誤解的一句。

在龐巴維克的《資本實證論》(1889年) 由威廉·斯馬特於1891年譯成英文時，「邊際」這個新詞的確曾作為德文「Grenze」的英譯而出現（或許是第一次出現）。在克里斯琴·馬洛赫1893年翻譯的維塞爾的《自然價值》(1893年) 一書中，也是這樣處理的。但斯馬特以及他的學生馬羅赫一定是從馬歇爾的《原理》而不是從一些德、英辭典中學到「邊際」這個詞的。

「邊際」這個詞被威斯蒂德應用於10個不同的詞，被馬歇爾應用於13個不同的名詞。威斯蒂德和馬歇爾兩人都用「邊際」這個詞來修飾的唯一名詞只是「效用」。威斯蒂德的其他名詞是慾望、被向往性、效果、效力、有用、價值、使用價值、需要和值得。馬歇爾的其他名詞是資本、生產成本、需求價格、勞動的無效用、投入量、生產要素的效率、努力、費用、增量、產品、報酬、供給價格和貨幣的效用。

很可能，「邊際」這個詞被採用，不是作為「Grenze」的譯名，而是作為「最終」一詞的比較方便的代用語。「邊際」這個詞比較靈活。尤其是因為它還可以用在例如「在邊際」或者「在邊際上」的意義上。威斯蒂德和馬歇爾都利用了這一有利條件。威斯蒂德使用「邊際」這個名詞24次，馬歇爾用了12次。這是有吸引力的，因為它使邊際分析符合英國政治經濟學中長期存在的一種分析類型，其內容包括把注意力集中在「耕作邊際」的情況上。【xxx】威斯蒂德和馬歇爾寫書時，人們認為「邊際」在這一意義上廣泛使用。西蒙·帕頓1889年說：「『耕作邊際』這種說法，由於長期使用，已經成為一種標準方式，表達經濟學上一些最基本的概念之一。」②

---

① 馬歇爾：《原理》，第2版，第XIV頁。
② 《經濟學季刊》第3期 (1889年)，第356頁。

「耕作邊際」這種說法曾被托馬斯·查默斯在他的《論政治經濟學與社會的道德狀況及道德前景》（1832年）一書中引用。他學習「愛德華·韋斯特爵士和馬爾薩斯先生」，從考慮「耕種的終極限度」開始他的探討①。查默斯重複了這種說法，然後未做解釋就改用「耕種的終極邊際」，這另一種說法他只用了兩次②。他也用了「最後和最遠的邊際」③。「邊際」這個詞用了3次以後，他又恢復使用他原來用的名詞「限度」，頻繁地使用，常常寫出「終極限度」「某種限度」「自然限度」「最小可能的限度」或者「存在的限度」。「限度」的一種德文譯語是「die Grenze」。

僅僅查默斯一個人或許還不能把「邊際」這個詞引進政治經濟學的詞彙。在得到約翰·穆勒的讚成時，引進後發生效力了。穆勒所著《政治經濟學原理》（1848年）中，把查默斯博士包括在「最著名的和重大成就的著作家」之列，這是他通常得不到的地位④。穆勒說查默斯具有善於表達意見的優點，「用他自己的語言，往往說出人們慣用的詞句只會隱蔽的真理的某些方面」⑤。穆勒寫道：「查默斯博士說得好，政治經濟學上許多最重要的教訓必須在終極的耕作邊際才能認識到。」⑥穆勒在許多別的時候提到「邊際」，認為這是查默斯最先採用的。「邊際」這個詞被譯為德語的經過很有趣。阿道夫·澤特貝爾在他所譯的穆勒的《原理》的德文本（1852年）裡，把「在極終的邊際」譯為「auf dem aussersten Rande」⑦；把穆勒的「終極限度」解釋為「die ausserste Grenza」⑧。這樣，「邊際」這個詞（以及因此「邊際主義」這個詞），【xxxi】恰好就像它應該的那樣，把杰文斯、門格爾及瓦爾拉斯的著作和韋斯特、馬爾薩斯及穆勒的著作聯繫起來了。在這一意義上，邊際主義似乎是兩股分析之流的匯合。

---

① 托馬斯·查默斯：《論政治經濟學與社會的道德狀況及道德前景》，第2頁。
② 托馬斯·查默斯：《論政治經濟學與社會的道德狀況及道德前景》，第21、45頁。
③ 托馬斯·查默斯：《論政治經濟學與社會的道德狀況及道德前景》，第32頁。
④ 穆勒：《政治經濟學原理》，第1卷，第82~83頁。
⑤ 穆勒：《政治經濟學原理》，第1卷，第94頁。
⑥ 穆勒：《政治經濟學原理》，第2卷，第234頁。
⑦ 穆勒：《政治經濟學原理》，第2卷，第149頁。
⑧ 穆勒：《政治經濟學原理》，第2卷，第206頁。

VII

把邊際主義包括在一般經濟學的論文之內，標誌著邊際主義起源方面的最後或得到承認的階段。為了簡明扼要，這裡只考察美國的教科書。

理查德·伊利的《經濟學大綱》（1893年）是出書後40年中經濟學教授們最廣泛選用的一本美國課本，這本書是作為作者的《政治經濟學緒論》（1889年）的修訂本處理的，《緒論》中原來簡直沒有邊際主義的跡象。《經濟學大綱》中包含了略多一些的邊際主義。他在一段簡短的經濟學史中介紹了杰文斯、門格爾和瓦爾拉斯，並評論當時在美國已經有人知道的奧地利學派。此書的索引中列出了「邊際主義」，但是正文裡只有關於邊際效用這一概念的簡略介紹，而且沒有提到這個名詞本身。

伊利的《經濟學大綱》的第一版從1893—1907年適應了當時的需要。在這15年中邊際分析進入了一些其他競爭的課本，這些書的作者中有：A. T. 哈德利（1896年出版）、C. J. 布洛克（1897年出版）、H. J. 達文波特（1897年出版）、E. T. 迪瓦因（1898年出版）、F. W. 布萊克默（1900年出版）、F. A. 費特（1904年出版）、H. R. 西格（1904年出版）和 E. R. A. 塞利格曼（1905年出版）。這些課本多半僅僅討論邊際效用，雖然哈德利和塞利格曼的著作裡也有邊際生產力這個項目。

伊利的《經濟學大綱》修訂本（1908年）的出現，反應了邊際主義方面的變化。在修訂本的編訂者加上了邊際生產力作為對回到勞動和資本的一部分收入解釋以後，沒有其他的課本再把它排除在外。伊利的《經濟學大綱》後來於1916年、1923年、1930年和1937年先後印了四版，關於邊際主義保持著差不多同樣的內容。

從1908—1936年這一段時期的其他主要的美國課本，其內容範圍都和伊利的著作基本上相同。這些書的作者是阿爾文·約翰遜（1909年出版）、F. W. 陶西格（1911年出版）、歐文·費希爾（1911年出版）、F. M. 泰勒（1911年出版）、J. R. 特納（1919年出版）、H. 克萊（1919年出版）、T. N. 卡弗（1919年出版）、O. F. 布克（1925年出版）、萊昂內爾·伊迪（1926年出版）、L. A. 魯菲納（1927年出版）、F. B. 加弗和 A. H. 漢森（1928年出版）、P. F. 格米爾（1930年出版）、F. R. 費爾柴爾德（1930年出版）、布羅德斯·米契爾（1932年出版）和 F. S. 戴布勒（1936年出版）。【xxxii】這

是一段28年的穩定時期，邊際效用和邊際生產力都已經被人接受。在這些課本中，邊際分析沒有其他的用處。

20世紀30年代中，邊際概念被引進一些刊物和專業文獻。「邊際效用」已經失寵。邊際替代率取而代之，部分地作為 J. R. 希克斯和 R. G. D. 埃倫的《價值論的再商討》（1934年）一書的直接結果①。邊際成本和邊際收益，長期以來出現在個別事例中的對最大限度化的兩項指標，開始在愛德華·張伯倫的《壟斷競爭經濟學》（1933年）和羅賓遜的《不完全競爭經濟學》（1933年）中廣泛使用。凱恩斯的《就業、利息和貨幣通論》（1936年）開始把一些邊際名詞異乎尋常地作為常用詞使用。

這些變化在1937—1947年影響了課本。兩本教科書，第一本是邁耶斯寫的，第二本是麥克艾薩克和史密斯合著的，都已於1937年出版，其中第一本清楚地表明張伯倫和羅賓遜的概念被人接受了。1947年出版的洛里·塔布斯寫的教科書，把凱恩斯式的邊際名詞放在顯著的地位。

代表1947年以後美國課本的新特徵的一本書是薩繆爾森的《經濟學》（1948年），這是當時銷售日益增多的一本書。1970年修訂時此書仍在風行。這個修訂本包括基本上和第一版相同的邊際主義題目，但用了一倍以上的篇幅。當時流行的其他教科書中，邊際主義的數量與性質大致和薩繆爾森的書中相同。

美國課本中的邊際主義經歷了三個逐步取得人們認可的穩定時期：第一個時期，1893—1907年；第二個時期，1908—1936年；一段時間的間歇，1937—1947年；第三個時期，1948年至今。

---

① 《經濟學家》雜誌，第1期（1934年），第52~76、195~219頁。

第一章　杰文斯的邊際效用觀點的形成

I

【1】一件物品對其消費者的效用或滿足的概念，在 1871—1889 年的經濟學研究中首次處於關鍵地位。這個概念的引入標誌著經濟學家觀念的急遽變化。過去的經濟學家雖沒有完全忽視效用，但也沒有有效地利用它。這是因為，一般來說他們沒有從實用的觀點，而主要在其最不實用和最明顯的形式上考察它，亦即考察一個人從一定量消費中所獲得的總效用。採用「邊際的」觀點，即把注意力集中於總效用相應於消費量的變動而出現的變動，為有效地利用效用概念開闢了道路。後來，當經濟學家嚴格和全面審視他們的課題時，他們便來研究效用的節約（最大化），而過去他們卻一直在研究成本的節約（最小化）。

新的「邊際」觀點通常被認為發端於威廉·斯坦利·杰文斯、卡爾·門格爾和里昂·瓦爾拉斯的同時問世的主要著作①。研究這些有影響的著作是如

---

① ［225］杰文斯：《政治經濟學理論》（倫敦，1871 年，第 2 版 1879 年，第 3 版 1888 年，第 4 版 1911 年，第 5 版 1957 年）。法譯本：《政治經濟學理論》，H. E. 巴洛特與 M. 阿法薩譯（巴黎，1909）；《政治經濟學理論》，見《經濟學家叢書》第 3 類，第 II 卷（1878 年），第 173～312 頁，G. 勃卡多編。義大利譯本：《政治經濟學理論》，O. 溫伯格譯，耶拿，1924 年。日譯本出版於 1913 年。

門格爾：《國民經濟學原理》（維也納，1871 年），由其子 K. 門格爾編輯的第 2 版《國民經濟學原理》（維也納，1923 年），R. 舍勒作序。倫敦經濟學院重印了該書第 1 版，作為《經濟學和政治科學珍本著作重印叢書》第 17 種（1934 年）。在 M. 潘達里奧尼的指導下，由 G. 愛維靈和 B. 阿茄諾合譯：《經濟學基本原理》，作為《經濟學家》雜誌（1906—1907 年）的增補；後來出版單行本（潘達里奧尼作序），埃穆拉，1909 年。第 2 版還是在潘達里奧尼指導下，由 B. 阿茄諾與 N. 包尼利合譯，書名改為《政治經濟學基本原理》（巴里，1925 年）；《經濟學原理》，J. 丁沃爾與 B. 霍斯利茲合譯，F. 奈特作序，（格林克，1950 年）；日譯本出版於 1937 年。

瓦爾拉斯：《純政治經濟學綱要》（洛桑，1874—1877 年）；第 2 版，1889 年；第 3 版，1896 年；第 4 版，1900 年；第 5 版即最終版 1926 年（重印本 1951 年）。英譯本《純經濟學原理》，W. 賈菲譯（倫敦，1954 年）；日文節譯本出版於 1933 年。

何寫成的，從這些作者中的第一人開始可能比較方便。因為杰文斯遠在他的主要著作問世10多年前（1860年2月19日）即已發現了邊際效用的意義。拉惱澤依據杰文斯的未發表的日記（保存在杰文斯兒子手中）確定了這一日期①。2月3日到5日，杰文斯還曾寫到，他「幾乎完全埋頭於政治經濟學的一本著作……價值建立在勞動的基礎上……」從而表明他此時還追隨著英國古典學派的先驅者。但在兩週以後，1860年2月19日，杰文斯寫道：「整日在家，主要研究經濟學，並且得出了我認為是對價值的真正理解。關於價值概念，我不久前說過許多錯話。」拉惱澤認為，這裡所說的「許多錯話」指的是他先前讚成勞動價值論，【2】而「對價值的真正理解」則指效用價值論。

　　杰文斯本人在1860年6月1日致其兄弟赫伯特的信中確認了他發現的大致日期。他說：「在最後這個學期，我在政治經濟學方面做了大量工作；幾個月來，我幸運地提出了無疑是真正的經濟學理論，這個理論是如此透澈和一貫，以致我現在讀到這方面的其他著作時不能不深感憤怒……我從一些數學原理引出了政治經濟學家們先前已經得出的全部主要規律，我只是把他們搞成一系列精確和有聯繫的定義、公理和理論，就像許多幾何學問題一樣。最重要的公理之一是，隨著一個人所消費的任一商品（例如進餐）數量的增加，得自所用的最後一部分商品的效用或福利在程度上是減少的。進餐的開頭和結束之間享樂的減少可以作為一個例證。我認為，一般來說，效用的比例是商品數量的某種連續的函數。事實上，政治經濟學家們在更複雜的形式上，以供給與需求規律名義已經提出了這個效用規律。不過一旦以簡單的形式對它加以適當表述，它便揭示出了問題的全部……我不想把這些東西束之高閣而讓別人占先，因此我想在明年春季把它發表出去。」②

　　這是邊際效用學派基本原理的最早陳述。它是完全準確的。它無疑表明，遠在門格爾和瓦爾拉斯注意到這個問題之前，杰文斯已經制定了該學派的基本原理。

　　是什麼原因使倫敦大學的這位24歲的學生把邊際效用思想引進他自己的經濟學構想？本章沒有選用有關杰文斯創新的個別材料，而是列舉了一系列不連貫的情況，這些情況程度不同地增進了做出這種創新的可能性。

---

① 拉惱澤：《杰文斯效用論的內容》，《經濟學》，新編，第XX卷（1953年），第356~358頁。
② 《杰文斯通信和日記》，H. A. 杰文斯（倫敦，1886年），第151~152頁。

Ⅱ

杰文斯雖沒有暗示是誰引導他得出了效用論，但他確實普遍讚揚了許多作者，認為這些人的著作有助於他思想的形成①。其中之一是西尼爾，他是牛津大學第一位「德魯蒙德政治經濟學教授」（1825—1830）。西尼爾德魯蒙德講席的繼任人威特利（1830—1832）【3】和勞埃德（1832—1836）可能對杰文斯也有影響，儘管杰文斯沒有提及。也許還可以加上都柏林三一學院的第一位「威德利教授」朗菲爾德（1833—1838）②。這些人都被譽為邊際效用學派的先驅者，我們可以很容易地指出杰文斯受到了他們的影響。他們的著作出現在杰文斯誕生前後不久；他們的效用觀點正期待著 1859 年從澳大利亞歸來，並準備投身於價值論研究的杰文斯的發現。

杰文斯沒有意識到他直接受惠於「德魯蒙德」和「威德利」教授們關於效用的著作。他曾提及西尼爾與效用論的關係，但沒有為我們提供什麼根據，可以使人相信他知曉西尼爾關於邊際效用的著作是在他自己獨立發現邊際效用（1860 年）之前。不過，杰文斯在少年時代曾有機會接觸威特利的觀點，這可能為他日後把效用論作為基本工具的想法做了準備。杰文斯接受經濟學教育，按照他妻子的說法，開始於他的母親為他讀威特利大主教的《貨幣通俗講話》③。他本人在他去世前不久說過：「我在孩提時代曾從這些講話中學習了最初的政治經濟學。」④ 如果真是這樣，我們可以大致不差地說，杰文斯接受邊際效用價值論應部分地歸功於這位大主教，因為威特利（如下所述）拒絕勞動價值論，而接受了一種不太嚴密的效用論。

威特利說：「當所需要的任一物品由勞動獲得，而且沒有勞動便得不到時，我們當然會發現為得到它而付出的人的勞動；如果這些物品有很大的價值，則通常會發現它花費了很多勞動。這使得一些人認為，給它價值的正是花在它上面的勞動。但這是完全錯誤的。不是任一物品所花費的勞動才使它以較高價格而售賣，相反地，正是為了高價售賣才使人為得到它而勞動。例如，漁

---

① 羅伯遜：《杰文斯及其先驅者》《計量經濟學》，第 XIX 卷（1951 年），第 232~238 頁。該文討論了杰文斯在其效用理論上對其他作者的繼承性。

② 塞利格曼：《若干被忽視的英國經濟學家》，《經濟雜誌》，第 XIII 卷（1903 年），第 356~363、525~533 頁；鮑利：《西尼爾和古典經濟學》，倫敦，1837 年，第 2 章；布萊克：「都柏林三一學院和價值理論（1832—1863 年）」，《經濟學》，新編，第 XII 卷（1945 年），第 140~148 頁。

③ 《杰文斯通信和日記》，第 5 頁。

④ 杰文斯：《政治經濟學》，紐約，1878 年，第 5 頁。

夫之所以出海，在惡劣氣候下艱苦勞作捕魚，為的是賣得好價錢；但是，如果某漁夫雖然夜以繼日地干，卻只捕到1條小魚，而另一漁夫也許因為落潮而在淺灘上抓到1000條魚，則前者不可能以後者1000條魚的同樣價格來售賣他的1條魚。1條大馬哈魚和1條鱘魚也許偶然蹦到船裡，雖然沒有花費任何勞動，【4】但沒有理由說它們的價值較小。如果一個人在吃牡蠣時，偶然發現了一顆晶瑩的珍珠，那麼這顆珍珠的售價絕不會少於他花一整天時間潛水而得到的珍珠的價格。

因此，不是勞動使物品具有價值，而是它們有價值才值得為它而勞動。」① 威特利的這段話對一個9歲少年該有多大的影響啊！難怪35年後杰文斯還會想起當時的情景！

杰文斯為什麼會忽略牛津和都柏林的教授們關於效用的著述呢？主要的理由是，當時英國教授們的地位比現在要低，在經濟學和英國大學教育上都是這樣②。學生們難得去聽這幾位教授所開的課程，其他許多人的講課就更不在話下了。據說西尼爾第一次講座（在牛津）結束時，聽眾只剩下一個人③。杰文斯開始著述時，「德魯蒙德教授」實際上都不住在牛津。這些教授的微賤地位使其著作不被杰文斯注意。

牛津和都柏林的教授們對效用的偏愛是從何而來的（這種偏愛得到了如此充分的發揮，以致其中的一位對邊際效用在價值論中的作用做了幾乎完整的說明）？最大的可能是，早期的這批效用經濟學家有著一致的看法，這又因為他們師承西尼爾或威特利。支配這批人的是一個人，而不是一種思想。西尼爾在經濟學界的聲望比威特利高；不過，也有許多證據表明，威特利可能影響了

---

① 威特利（都柏林大主教）：《貨幣問題通俗講話》（倫敦，1833年），第32~33頁。

② 奧曼對牛津的教授們在19世紀的特殊作用做過扼要說明，見其《維多利亞時代牛津回憶錄》，倫敦，1941年，第258頁。休厄爾是劍橋的一位碩士，對經濟學有濃厚興趣，他對英國當時大學教育計劃做過全面論證，見其《英國大學教育原理》（再版，倫敦，1838年），他還對教授在其中所起的次要作用有所解釋（第66~70頁）。羅杰斯是後來的德魯蒙德政治經濟學教授，他也概述了同樣的制度，特別是晚些時候牛津的制度，【226】見其《牛津的教育：它的方法、資助和獎勵》（倫敦，1861年）。下面這本指導學生通過牛津課程的書，對教授在英國大學教育制度中的作用持有同樣的估價，見鮑羅斯：《及格與課程。通過牛津課程指南，人文、數學、自然科學、法學和現代史》（牛津，1860年）。大學有時進行議會調查。牛津的下述報告多處談及教授在19世紀英國所起的微不足道的作用：大不列顛牛津大學委員會《女王陛下的官員關於牛津大學及學院的狀況、訓練、研究和收入的報告，附證言及附件》（倫敦，1852年）。瓦汗的《牛津改革和牛津的教授》（倫敦，1854年）一書來自對上述報告的研究。該書維護教授的態度又引起了普賽的下列著作：《學院的專業的教學與訓練：對瓦汗教授的責難（主要是責備與法國和德國的學院相抵觸）的回答》（牛津，1854年）。

③ 萊維：《西尼爾：現代資本主義的預言家》（波士頓，1943年），第114頁。

西尼爾觀點的形成，而不是相反。這是自然的，因為西尼爾初次遇到威特利是在他於 1811 年聘威特利做他的家庭教師時。西尼爾還可能把他自己選擇教授職業歸功於威特利，以致後來在西尼爾的講授中還不忘恩師的觀點。毫無疑問，這批早期效用理論家的中間聯繫紐帶是威特利，而不是西尼爾。威特利在挑選勞埃德這位明星的效用經濟學家方面肯定起了作用。威特利在都柏林及時建立了以他自己命名的講席，並且支配著人選的任用。

威特利和西尼爾在價值問題上的言論不多。西尼爾最初論及價值（非常簡略，沒有涉及效用），【5】是在他匿名發表的對兩篇農業論文的評論中①。第二次是為威特利《邏輯原理》②所做的附錄（1826 年）談到「價值」一詞的定義。他不贊成李嘉圖把價值與成本相聯繫的觀點，但他也沒有提供一種思路，表明正確的聯繫應是價值同效用。他最後一次回到價值問題是在 1826—1827 年的講義中（這些講義 10 年後才出版）。西尼爾寫道：「在價值的三個條件即效用、可轉移性和供給有限性中，最後一條是最重要的。」③ 這不太像是一位效用經濟學家的說法。當然，西尼爾還進而提出了效用遞減原理，但是，他把這個原理同他對為什麼「我們向往的不是數量而是品種多樣性」的解釋聯繫起來④。除了前面引證的段落外，威特利再沒有談及效用與價值理論的聯繫。但它足以同西尼爾在此問題上所寫的一切相媲美，而且先於西尼爾。

在勞動價值論佔有牢固地位的情況下，威特利或西尼爾何以能夠使其他的「德魯蒙德教授」或「威德利教授」轉到效用價值論上呢？這種轉變的發生，多半是因為這些作者（甚至包括西尼爾在內，至少在 1825 年）並不完全懂得李嘉圖經濟學，從而難於接受李嘉圖的學說體系。英國的這些早期經濟學者在知識的廣度和深度上同今天的經濟學家相比有很大的差距。就他們中間的大部分來說，研習經濟學只占他們生活的一小部分。他們幾經選擇，終以教授為業，是基於動機，而不是基於他們對當時經濟文獻的瞭解。他們在授課和出版發表其一部分作品的同時，仍繼續他們的主業，或任律師（西尼爾、朗菲爾德），或任教會牧師（威特利、勞埃德），而且一般來說他們在教授任期屆滿

---

① 西尼爾：《關於農業狀況的報告》，《每季評論》，第 XXV 卷（1821 年），第 466～504 頁。
② 威特利：《邏輯原理》（倫敦，1826 年）。
③ 西尼爾：《政治經濟學大綱》（倫敦，1836 年），第 133 頁。這是作者為《首都百科全書》所寫條目「政治經濟學」的單行本。作者先前多次講演的內容大都包括在內（列維編：西尼爾的《工業效率和社會經濟》〔紐約，1928 年〕，第 2 卷，第 383 頁）。
④ 西尼爾：《政治經濟學大綱》（倫敦，1836 年），第 133 頁。

後發表的經濟學方面的東西很少。

沒有誰能從這些早期英國政治經濟學教授們的任何一人的著作中找到證據，表明他們確實曾經認真地通讀過李嘉圖的《原理》。他們之所以能提出一些創見，多半因為他們不懂得李嘉圖價值論的內容，而較少因為認識到了這一理論的缺點而要加以補救。他們所要求的一切不過是朝正確方向邁出一小步，【6】威特利或西尼爾能夠做和實際做的就是這些；他們仍然停留在遠離勞動價值論陷阱的路途中。因此，英國古典派成員忽視他們就不足為奇了，他們對要攻擊的對象尚缺乏充分的瞭解。

因為他們沒有惹起當時的爭論，而後來的作者們也沒有提及他們的思想，所以，當杰文斯於1859—1860年冬在倫敦制定他的價值理論時也就沒有發現他們的著作。

III

哈奇遜認為，19世紀末期，在許多國家促使經濟學家們研究邊際經濟學的一般動力，是對鐵路或其他需花費巨大管理成本企業的研究①。如果說「德魯蒙德教授」和「威德利教授」未能影響杰文斯，那麼，也許鐵路起了這種作用。杰文斯的誕生之日（1835年9月12日）和誕生之地（英格蘭利物浦），肯定使杰文斯的早年生活同英格蘭最初的鐵路建設密切相關。杰文斯對此問題也確實早有興趣，因為他為澳大利亞的報紙寫過鐵路問題的文章②。不過，他的文章並沒有表明他已認識到邊際效用與鐵路的成功經營的關係，當然也談不上邊際效用分析了。杰文斯的其他著作也沒有顯示出鐵路問題與邊際分析，特別是與邊際效用分析之間的直接關係。

希克斯借助於拉德納的《鐵路經濟學》③一書，在鐵路問題和杰文斯的邊際分析之間搭起了一座間接的橋樑。希克斯認為，通過閱讀拉德納的著作，杰文斯受到古爾諾的影響，從而接受了依據那些可靠資料把邊際分析應用於效用的思想，也許如此。但是，依據同樣多或更多的證據，我們可以說，當杰文斯

---

① 哈奇遜：《經濟理論評論（1830—1929年）》（牛津，1953年），第16~17頁。又見《經濟思想中的偏狹性和世界主義，1870—1914年》，《美國經濟評論》，第XIV卷（1955年），第5頁。
② 拉惱澤：《杰文斯在悉尼》，《經濟記事》第XVII卷（1941年），第41~42頁。
③ 希克斯：《里昂·瓦爾拉斯》，《計量經濟學》，第2卷（1934年），第339~340頁註。

閱讀拉德納的著作時，他受到了杜皮特的影響。因為拉德納把他的鐵路支出的分析明白地建立在「《橋樑與道路年鑒》等期刊上一系列有關鐵路費用分攤的論文報告」的基礎上①。拉德納特別提到了朱利恩（P. A. Jullien），此人的一篇關於運輸費用的重要論文，同杜皮特的著名論文「公共工程效用衡量」刊登在上述雜誌的同一卷中②。杜皮特不僅在拉德納後來引用的這一卷中發表了論文，而且【7】他的論文所分析的問題正是拉德納感興趣的最優比率問題，在分析中所用的方法也是拉德納用的需求曲線。拉德納怎麼可能避而不見杜皮特關於運輸經濟學的著述呢？當然，在杜皮特的論文中（古爾諾的論文也一樣），以一種顯而易見的形式啓發或支持了拉德納的明確說法很少甚或是沒有的。

IV

杰文斯對經濟學感興趣不到兩年便發現了效用的意義。在他24歲（當時仍滯留澳大利亞）時給其姐姐的信中說：「透澈理解社會的各項原理現在對我來說是最有吸引力的事業。」③ 在此（1858年）之前，他還抱有人人都對物理學有熱烈和強烈興趣的想法。對於他從物理學轉向經濟學，杰文斯未作解釋，只是說「從事物理學的人很多，而實用科學和工藝學則聽其自然」④。

杰文斯後來又說過，對經濟學的新興趣使他逐漸轉向經濟學。一年後他給姐姐寫信說，雖然物理學提供了「一個幾乎無窮無盡的研究領域……然而在人的科學研究方面要做的事情更多」⑤。同時，他還想把物理學方法，至少把應用數學方法應用到社會的研究中。他說：「我的大部分理論是以數學為基礎來進行的，不過，我深為抱歉的是，除了一般的論證外，我不能把數學方法貫穿到底。」⑥

結果，當他1859年秋從澳大利亞回國並開始在倫敦的大學學院學習時，他便著手研究經濟學和微積分。正是這次對經濟學的系統學習，為他發現邊際

---

① 拉德納：《鐵路經濟學：對運輸新技術的研究》（倫敦，1850年），第223頁。
② 《橋樑和道路年鑒》，第2類，第VIII卷（1844年），第1~68, 332~375頁。
③ 《杰文斯通信和日記》第101頁。
④ 《杰文斯通信和日記》第101頁。這也許是當時的陳詞濫調，杰文斯像瓦爾拉斯一樣，有幸成了這個時代的犧牲品。
⑤ 《杰文斯通信和日記》第116頁。
⑥ 《杰文斯通信和日記》第119頁。

效用提供了直接的刺激。杰文斯參加學習時，威利正執教大學學院的政治經濟學講席，他可能以某種方式鼓勵過杰文斯的效用發現。不過這種影響一定是間接的和不自覺的。威利的主要興趣在法律方面，而且有引人注目的經歷，他只把一部分時間花在經濟學上。作為一位教授，威利的主要任務是講授課程，主持考試。【8】杰文斯上課時，威利每週二講授，從 1859 年 11 月 13 日開始，每次從下午 5:20 到 6:20，這一年講了大約 20 課時。① 3 個月間（從聽威利的課開始到他最終看出效用和經濟學問題的關聯為止），杰文斯不可能聽很多課。威利講授的課題也是嚴格遵循著約翰·穆勒《原理》的章節次序，因而沒有給杰文斯在利用效用方面任何直接的幫助②。

　　杰文斯春季的政治經濟學考試成績不佳，可以很好地說明他在效用問題上下了多少功夫。很可能他在自己新奇的想法上花的時間太多，而在閱讀威利所指定的穆勒著作上卻不甚努力，這是相對於他應當做的事情以及應當相信的思想來說的。他認為他應該得第 1 名，結果屈居第 3 名③。杰文斯責備威利，並把自己相對的失敗歸因於「觀點分歧。這種分歧是完全允許的，而懷有偏見的教授卻反對我的答案」④。對於這個輕微的責難，我們尚無其他證據加以確認。可以肯定的是，威利可能的偏見不會來自對數學的完全忽視，因為當他於 1839 年在倫敦大學獲得碩士學位時，他的數學成績是第 1 名⑤。其次，威利在 1860 年所主持的考試中沒有包含幾個問題（如果有的話），會給杰文斯提供一個機會，讓他運用新的效用觀點或數學與經濟學關係的觀點。許多問題反而給他提供了運用關於穆勒的廣泛知識的機會⑥。296 個多月以後，當威利在獎給杰文斯以「李嘉圖獎學金」方面予以合作時，威利也表示，他對杰文斯不抱偏見。但是，不管杰文斯對他的成績如何不滿和抱怨（或是因為忽視穆勒，或是因為威利教授對他可能有反感），威利的課程和備考畢竟為他集中注意經濟學（此時即集中於邊際效用）提供了一種動力。

---

① 倫敦。大學。大學學院。《MDCCCLX 學期校歷》，第 LXI 冊，第 19 頁。
② 倫敦。大學。大學學院。《MDCCCLX 學期校歷》，第 LXI 冊，第 19 頁。
③ 倫敦。大學。大學學院。《MDCCCLX 學期校歷》，第 LXI 冊，第 74 頁。柯澤斯-哈迪贏得了「獎勵和第一名獎狀」，「第二名」獎狀送給了「一位學生，他的信封（Envelope）沒有送還辦公處。」杰文斯與 M. N. 阿德勒分享「第三名」。
④ 《杰文斯通信和日記》，第 154 頁。
⑤ 《國家傳記辭典》，第 LIX 卷，第 34 頁。
⑥ 倫敦。大學。大學學院。《MDCCCLX 學期校歷》第 LXI 冊，第 167 頁。考試共有 16 道題：【227】有關財富性質的 2 道、有關工資和利潤的 4 道、有關貨幣銀行的 6 道、有關稅收的 2 道，其他 2 道。

V

考德把價值觀點的分歧同早期經濟學家們的宗教背景聯繫起來①。他發現，基督教徒傾向於勞動論而天主教徒傾向於效用論。他承認，【9】這個說法不能原封不動地用到19世紀經濟學家頭上，因為這時經濟學家「一般來說不再按其宗教背景進行思考」②。

不過，在杰文斯關於效用思想的形成中，宗教還是起了一定作用，雖然不屬於考德說的那種類型。杰文斯對宗教的內容和形式確實未表現出任何興趣，但他的雙親卻不然，而且對幼年杰文斯的成長產生了一定的影響。杰文斯的父母屬於一位論教派，他們也是通過對一位論教的共同興趣而彼此相識的。關於杰文斯母親的生平，有人說她「嫁給了一位論教信徒托馬斯·杰文斯」③。結婚時，她是年已30歲的姑娘。她出身於利物浦的名門之家——威廉·羅斯科（雖已破落，門第依舊高貴）。托馬斯·杰文斯則屬於小工廠主之家，從伯明翰附近搬來不久，還未嘗到許多成功的歡樂。托馬斯·杰文斯和瑪麗·安·羅斯科結合的最可賀的「成果」是有了杰文斯這個兒子，母親以她兄弟的名字為兒子取名叫威廉·斯坦利，還為他的出世寫了一首十四行詩，開頭幾行是這樣的：

> 憂鬱中，投進一束明亮的歡樂，
> 我可愛的寶貝！我最終的希望！④

在許多方面，杰文斯都更像他母親這一支而不像父親那一支。他母親出嫁前，一直同她的父親相依為命；雖然她在威廉·斯坦利成人之前不幸去世，還是把她家許多可貴的品質傳給了他。後來，當杰文斯進入大學學院時，他又同舅舅生活在一起，後者使他對羅斯科家庭有了進一步的瞭解。

一位論教派對權威和論證採取了一種特殊的態度。杰文斯從雙親那兒一定

---

① 考德：《邊際效用理論的延緩接受》，《經濟學季刊》，第ⅠXVII卷（1953年），第564~575頁。
② 考德：《邊際效用理論的延緩接受》，《經濟學季刊》，第ⅠXVII卷（1953年），第570頁。
③ 錢德勒：《利物浦的威廉·羅斯科》（倫敦，1953年），第XXXIV頁。
④ 托馬斯·杰文斯夫人：《十四行詩及其他，主要是祈禱詩》（倫敦，1845年），第26頁。

接受了這種態度的某些部分。他對在其他理論和價值理論中維護非正統立場一定深表好感，雖然對正統①的這種衝擊無疑有多方面的原因，但是他的雙親的非正統宗教信仰一定給了他極大鼓勵。一位論教派也包含著對人和自然的理性主義的和分析的觀點，以及要求把各種情況分解為它們的要素和組成部分。杰文斯把這些思想用到經濟學中，因為邊際效用理論【10】就是由把消費分解為許多特殊的部分，以及對這些部分的各種關係加以分析所組成的。

一位論教派對杰文斯還有某些直接的影響。由於他不信奉國教，所以被牛津和劍橋拒之門外，不得已進了倫敦大學學院並處在那裡的各種影響之下。一位論教派提供了杰文斯的最積極和最出眾的學生菲利浦·威斯蒂德。威斯蒂德可能瞭解杰文斯的各種情況，不過，杰文斯不信奉國教這一事實必定有助於使威斯蒂德接觸杰文斯的《政治經濟學理論》（以下簡稱《理論》）。在英國，如果沒有威斯蒂德和杰文斯之間的聯繫，效用理論的演變將遵循完全不同的路線。

VI

在使杰文斯擺向運用效用方面，邊沁的著作無疑比其他任何明顯的條件都發生了更多的作用。杰文斯在其《理論》再版（1879年）序言中承認了這一點。他說，邊沁的思想「被作為該書理論的出發點……」② 該書初版第二章包含著完整的邊沁主義手法，並且開宗明義地指出：「我們必須肯定無疑地接受邊沁在這個問題上奠立的原則。」③ 不過，最重要的是，杰文斯關於效用理論的第 1 篇短文（1862 年宣讀，1863 年發表，即在他的《理論》問世前八年多），14 個段落中至少一半明顯地反應出邊沁的影響。第 2 段說，在一定程度上，「一種真正的經濟理論只能通過回溯到人類行為的動機——快樂和痛苦的感覺——才能得到。」④ 還有什麼能比說「人類行為的動機」更明顯地反應邊沁的影響呢？從杰文斯的這篇早期的短文我們知道，邊沁不是杰文斯所指責的那些權威之一，這個指責從杰文斯最初寫效用理論時起，到他 1870 年初在展

---

① 原文為非正統、非規範性（nonconformity），顯系筆誤或排版錯誤。譯者註。
② 杰文斯：《理論》，第二版，第 XXVII 頁。
③ 杰文斯：《理論》，第一版，第 33 頁。
④ 杰文斯：《政治經濟學的一般數學理論簡述》，載於《不列顛科學促進協會第 32 次會議上的報告。1862 年 10 月，劍橋。各組簡報和消息摘編》（倫敦，1863 年），第 158 頁。

開的形式上著述它為止，杰文斯是一再指出的：杰文斯用這個指責來支持他的發現①。

杰文斯最初是何時和怎樣瞭解邊沁的著作，並把它用於他的經濟分析？當然，邊沁長期以來一直在起作用。他屬於前輩，在杰文斯出生前3年就去世了。約翰·鮑林把邊沁的許多分散的著述收集起來，出版了邊沁著作集（1843年），【11】當時杰文斯還是利物浦的一個孩子。大學學院（杰文斯在去澳大利亞前後都進過這個學院）可以時常提醒杰文斯想起邊沁，邊沁是這個學院的創建者之一②。該學院的圖書館保存著邊沁1832—1853年的書籍和文章③，解剖學博物館還展出了他的雕像、骨架、衣服和手杖。④ 不過，直到杰文斯從澳大利亞回國之前，他可能從未進一步考察過邊沁的思想，特別是因為他早年的興趣並沒有遵循邊沁的路線。當他回到倫敦後，他便既研究經濟學，又研究哲學。他在哲學上下了不少功夫，以致在學院的哲學考試中名列第一，與當時最好的學生齊名⑤。為此所做的準備看來使他偶然熟悉了邊沁的思想。

杰文斯在發揮他的效用價值論時從邊沁那裡可能借用了多少東西呢？實際上，僅僅是快樂和痛苦計算的一般思想。有兩點基本考慮妨礙杰文斯直接利用邊沁的觀點（除了某些不相干的討論苦樂量的地方以外）。這兩點考慮是：第一，邊沁對日用品給人提供的享樂未加詳論。邊際效用所觀察的恰恰是這類消費享樂。第二，邊沁在其大量著作中如此成功地掩飾了他所具有的哪怕任何一點點邊際效用的想法，以至今天沒有人能從中揭示出它來。簡言之，我們絕不要以為，杰文斯僅僅在邊沁著作集的範圍內去發現效用思想；他要完成他對經濟過程的數學觀察。邊沁不讚成亞當·斯密對鑽石和水的「似非而是」命題的解答，對該命題的解答，今天看來可以視為包含著邊際效用思想的核心。但是，邊沁的上述看法不過是邊沁經濟學中一個極其次要的部分，而他的經濟學又是他整個文字成果中的很小一部分⑥。

---

① 像對W. E. 赫恩和D. 伯努里明確致謝一樣，杰文斯對其他許多人也肯定表示了敬意。
② 貝洛特：《倫敦大學學院，1826—1929年》（倫敦，1929年），第25頁。
③ 貝洛特：《倫敦大學學院，1826—1929年》（倫敦，1929年），第423頁。
④ 阿金森：《邊沁的生平和著作》（倫敦，1905年），第208頁。
⑤ 《杰文斯通信和日記》，第154頁。
⑥ 哈奇遜：《經濟學家邊沁》，《經濟雜誌》，第LXVI卷（1956年），第288~306頁。

VII

杰文斯在《理論》初版中說：「對我來說，對效用規律的本質和意義作了最明確解釋的作者是理查德·詹寧斯先生……」① 詹寧斯關於邊際效用的觀點【12】最初發表於 1855 年②，並在來年的第二本書中予以確認③。杰文斯只提到詹寧斯的第一本書《政治經濟學的自然要素》（以下簡稱《自然要素》），而且完全不認識作者本人，雖然他們都住在倫敦。杰文斯初讀詹寧斯的書的日期對確定杰文斯思想的來源是很有關係的，日期不同，會使其受惠於人的性質有所不同。他是在澳大利亞時最早閱讀詹寧斯的《自然要素》的嗎？或者，是回到英國之後，在 1860 年早些時候著手制定他自己類似的理論之前？或者，是在他早先發表他的觀點和 1870—1871 年冬寫作《理論》這段時間之間？最後這個說法的證據充足。

杰文斯的確可能在澳大利亞時就已經閱讀過詹寧斯的書。這本書由一家倫敦的主要廠家出版，在悉尼的書店也售賣過。但是，杰文斯對它並沒有注意，即使他在這些年初次讀過也罷。因為我們確知，杰文斯在澳大利亞期間的觀點並不帶有任何詹寧斯的色彩。特別是我們知道，即使在他回到英國之後，他還持有勞動價值論，而詹寧斯公開宣稱反對這種理論④。我們沒有同樣有力的證據表明，杰文斯沒有在 1860 年 2 月從《自然要素》中獲得更好地運用效用的線索。如果這樣，杰文斯應對詹寧斯深表謝忱。他可能經由新近出版的加尼斯的書會發現有關詹寧斯的資料，它們應能引起他的好奇心⑤。但是卻有相當多的證據表明，杰文斯當時絕不知道詹寧斯。首先，從他這一時期的通信和日記

---

① 杰文斯：《理論》，第 1 版，第 64~65 頁。
② 詹寧斯：《政治經濟學的自然要素》（倫敦，1855 年）。詹寧斯（1814—1891）進過劍橋，學過法律，後來，作為土地貴族的一員，他顯然把自己的時光分別花在卡馬辛什爾的蓋里迪和倫敦的寓所。我們不瞭解他為什麼會對經濟學感興趣，或者，他為何像當初突然搞經濟學一樣，又突然放棄了它。
③ 《關於財富和需求的社會欺騙》（倫敦，1856 年）。
④ 參閱該書第一章。
⑤ 加尼斯和杰文斯一樣，只注意到詹寧斯的《自然要素》。見加尼斯：《政治經濟學的性質和邏輯方法》（倫敦，1857 年）。加尼斯注意這本書的部分原因是，他和詹寧斯的著作的出版商是同一個人。加尼斯發表上述著作，旨在履行做一名威特利教授的第一次出版要求。加尼斯在下列各處提到詹寧斯：「理論」和「實際」相一致問題（第 47 頁註），利用數學問題（第 81 頁註），經濟學家們論「作為論證前提的心理學原理」（第 180~183 頁）。但是，他沒有指出他和詹寧斯對價值問題看法的區別，當然也沒有提及邊際效用。

中，看不到對詹寧斯的任何暗示，從他早些時候的兩篇有關該問題的出版物中也看不到這種暗示。在他後來所寫的文字中也沒有提及他當初已經知道詹寧斯。其次，雖然杰文斯關於經濟學的觀點一般來說與詹寧斯的觀點是吻合的，但是，這些觀點在早期的表述方式上並沒有任何類似之處，否則是暗示他認真地研究過詹寧斯的著作。看過杰文斯的兩篇早期有關效用的短文，我們可以說他讀過邊沁的書，但我們從中得不到一點線索，表明他讀過詹寧斯的著作。另外，杰文斯的《理論》中卻提及、稱讚和援引過詹寧斯。在很多地方，《理論》同《自然要素》在形式和例證上都很相像。看來，很可能杰文斯發現詹寧斯的書是在他從倫敦大學【13】獲得學位並進入曼徹斯特的歐文學院之後，在那裡，除了別的以外，他還講授經濟學。

雖然杰文斯從《自然要素》中援引了若干段落，但他可能也同樣有效地利用了詹寧斯的第二本書《關於財富和需求的社會欺騙》，因為這本書在許多方面以同樣方式研究了同一課題。詹寧斯的這兩本書包含的許多想法，杰文斯發現他會完全讚同的。第一，詹寧斯雖然沒有使用數學概念術語，但他主張在社會科學中運用數學。如果說這並沒有對杰文斯產生什麼影響，那麼也應是出現在他面前的一種機會。詹寧斯可能讀過早期數學經濟學方面的東西，或者至少見到過它，因為他在第一本書的扉頁上引述了休厄爾關於該問題的論文中的話①。後來，詹寧斯談及應用數學於社會現象中可能的好處時說：「假如研究哲學的這些同等的分支（心理學和經濟學）是可能的話，則借助於純數學科學將會使它們的語言更合適，使觀察和實驗更確定，更有把握地推斷過去現象的長遠後果，從而使最熟悉和精通自然哲學史的人最恰當地理解使用數學方法的意義。」② 杰文斯承認詹寧斯重視利用數學，而且在這個問題上還引述了詹寧斯的另一些段落③。

詹寧斯拒絕勞動價值論的立場是明確而堅定的。他聲稱：「全部價值來自人類勞動的命題是一個重大的基本的謬誤；這個謬誤雖然表現為一種抽象命題，而且有一定限制條件，但是，它以其潛藏的後果毒害了我們的整個政治經濟學。」④ 他援引威特利的話以支持自己的觀點，並以此把自己列入「德魯蒙

---

① 詹寧斯進入劍橋三一學院時，W. 休厄爾是院長。
② 詹寧斯：《政治經濟學的自然要素》，第35頁。
③ 杰文斯：《理論》，第一版，第18頁。
④ 詹寧斯：《關於財富和需求的社會欺騙》，第12頁。

德教授」中效用理論的可能的奠基者①。杰文斯在他的《理論》中用兩頁多篇幅引述了詹寧斯關於邊際效用的一個解說②。以下是詹寧斯有效地利用邊際效用思想的另一例證:

「……沒有價值可以加到數量無限的物品的有限數量上,因為很顯然,如果這一數量的物品被持有,則另一同量物品可以代替它,直至人的本性的各種慾望得到滿足。【14】我們還看到,當適量商品已經滿足了消費感覺時,則該商品的每一連續增量產生的滿足感覺越來越少;反之亦然。由此可見,物品不豐裕,則任何有限數量物品定有較多價值;物品愈豐裕,則他的價值必定較少;每個商品的價值隨其數量增加而消散,像水一樣,直至價值因其數量的『不斷增長而消失』。」③

這個段落比杰文斯所援引的段落更好地表述了邊際效用遞減思想以及它同物品價值之間關係的觀點,它表明詹寧斯對該關係已有了多麼明確和完整的理解。在勞動的邊際反效用問題上,杰文斯也引用了詹寧斯的話④。杰文斯早先已經表述了這一看法,但當他後來在《理論》中加工整理這一點時,他覺得用詹寧斯的說法更適宜。

在經濟學同正在發展中的心理學問題結合方面,詹寧斯比杰文斯更明確得多。在下述文字中,詹寧斯表述了關於心理學的普遍性或主觀經濟學的思想。他說:「物質從外部接觸到人體,例如消費中發生的情形;或者,勞動的努力從內部發起,例如在生產和分配中的情形;從這些地方引起了某種感受,或是多少不等的滿足,或是相反;當這些感受同物體,或同它們所有發生的行為聯想在一起時,便引起各種複雜的概念。在這些概念中,物質和行為被看作或多或少是有價值的;這就是扼要描述的因果關係的鏈條,即內在地從物質導致我們思想形成的鏈條。」⑤ 詹寧斯後來又問道:「為什麼在政治哲學的這個分支中,我們的老師沒有系統地談到人類本性的原理,為什麼沒有運用這些法則和條件以求在困惑中得到幫助?而瞭解這些法則和條件已在精神哲學的歷史記載

---

① 詹寧斯:《關於財富和需求的社會欺騙》,第13頁註。
② 杰文斯:《理論》,第一版,第65~68頁。
③ 詹寧斯:《政治經濟學的自然要素》,第208~209頁。
④ 杰文斯:《理論》,第一版,第166頁。
⑤ 詹寧斯:《政治經濟學的自然要素》,第22~23頁。

中贏得了盛名。」① 詹寧斯以當時心理學文獻的敘述而告終。他援引了托馬斯·布朗的《人類精神哲學講義》（1820年）和詹姆斯·穆勒的《人類精神現象分析》（1829年）② 這看來是對心理學文獻的有分寸的利用。然而，我們應當記得心理學史僅僅提到19世紀前半期的另一位英國作家【15】約翰·斯圖亞特·穆勒；對於他，詹寧斯當然是知道的③。

---

① 【228】詹寧斯：《關於財富和需求的社會欺騙》，第78頁。
② 詹寧斯：《政治經濟學的自然要素》，第34、171、140、191、216頁。詹寧斯：《關於財富和需求的社會欺騙》，第106頁。
③ 下述兩位英國思想家和詹寧斯同時（19世紀中期）發表了心理學著作，因而對詹寧斯沒有發生影響。一位是A.貝恩：《感覺和智力》（倫敦，1855年）；《情感和意志》（倫敦，1859年）。另一位是H.斯潘塞：《心理學原理》（倫敦，1855年）。詹寧斯是否知道他們的著作是有疑問的，因為他根本沒有提到他們。不過，貝恩在1857年快要成為倫敦大學的一名考官了。

第二章　杰文斯關於效用的最初著述

I

【16】1860 年夏，杰文斯再次注意到經濟學，特別是資本問題[1]。1861 年春，他編製了《統計圖表集》，試圖對理解「商業風潮」有所幫助[2]。但是，從這時到 1862 年 6 月獲得碩士學位為止，他主要是專心致力於讀學位。1862 年 9 月，即杰文斯向他的兄弟透露了他的效用觀點之後兩年多，他又轉向了理論經濟學。這時他向劍橋的不列顛科學促進協會提交了兩篇論文。他沒有親自宣讀，可能是因為他還不習慣在公眾面前講話。他在效用問題上的第一篇論文《一般數理經濟學簡論》，杰文斯在寫給其兄弟的信中談到這篇短文時說：「雖然我知道這篇短文的價值，可以同其他將在這裡發表的所有論文加到一起的價值相提並論，我還是不敢妄想它將怎樣被接受：是讓全文宣讀呢，還是被當作十足的謬論……我的確非常想知道我的理論對我的朋友和外界會產生什麼影響，就像一名炮手觀察炮彈和子彈的發射是否會達到預期效果一樣。」[3]

結果並不如願。秘書告訴杰文斯說，他已看過杰文斯的兩篇論文，只有第二篇得到應允可以宣讀[4]，這篇論文題為《商業週期波動之研究》。這無異於向杰文斯潑了一盆冷水。1862 年年底他在一封信中說，在剛結束的一年中，「我的經濟理論提交給了研究協會，卻未引起任何人的興趣和信心。我已看出

---

[1]【228】《杰文斯通信和日記》，第 155 頁。
[2]《杰文斯通信和日記》，第 157 頁。
[3]《杰文斯通信和日記》，第 169 頁。
[4]《杰文斯通信和日記》，第 169 頁。這篇論文可能是在最後一次會議（1862 年 10 月 7 日）的前一次會上宣讀的。

我的努力所能獲得的成果總要比我想像的低，這一年的經歷打掉了我的許多銳氣。」①

我們只能推測這次劍橋會議的參加者。間或參加的人員大概有：埃德溫·查德威克，他是 F 組的主席，也許是邊沁的最熱心的門徒；亨利·杜寧·馬克利昂，【17】他是 F 組的一位秘書，他要親自閱讀論文；埃蒙德·麥克勞利，他也是一位秘書，他閱讀了杰文斯的論文；亨利·福塞特；W. T. 松吞；赫爾曼·墨里維爾；大衛·查德威克。以上各位都提交了論文。我們還可以指出當時滯留劍橋的三位作者，他們可能想聽杰文斯宣讀論文但未能如願。其中一位是馬歇爾，他 1862 年在劍橋已開始了第二年的學習②。另一位是威廉·休厄爾，他是劍橋的一位居民，不列顛協會副主席，按理說他應為杰文斯把數學應用於經濟學的論文所吸引，因為他自己幾年前就寫過類似主題的東西。第三位是弗列明·詹金，8 年後鼓勵杰文斯撰寫其主要著作的就是此人。他參加了協會的會議，但把時間花在其他小組的活動上了。

還有一個情況似應提及：在可以聽到也應做此安排但幾乎可以肯定沒有聽到杰文斯介紹邊際效用論文的這些人中，我們發現，馬歇爾——他的朋友們後來鼓勵他要求作為邊際效用理論的獨立發現者；休厄爾——他是把數學和經濟學結合起來的第一個英國人；至於詹金，他後來在解釋經濟問題時用過幾何方法。這使杰文斯大為吃驚，從而促使他趕快發表他的《政治經濟學理論》以保持領先！

II

次年，劍橋會議文件匯編首次將杰文斯的論述邊際效用的論文付印，標題是「政治經濟學一般數學理論簡報」，只有一小頁，14 個段落③。杰文斯在這

---

① 《杰文斯通信和日記》，第 175 頁。
② 凱恩斯在論及杰文斯的一篇文章中說，馬歇爾正是這個時候來到劍橋，還說「馬歇爾是一年級學生」（凱恩斯：《威廉·斯坦利·杰文斯》，《皇家統計學會雜誌》。第 XCIX 卷〔1936 年〕，第 532 頁）。凱恩斯顯然搞錯了，因為馬歇爾一年前就進入劍橋讀書了。
③ 《各組簡報和消息摘編》，《不列顛科學促進協會第 32 次會議報告》（倫敦，1863 年）第 158~159 頁。凱恩斯說：「這篇論文未引起注意，也未付印。不列顛協會的秘書通知他說：『為了處理好如此困難的事情，對上述理論的進一步解釋和出版被推遲到更適當的時候。』」（凱恩斯：《威廉·斯坦利·杰文斯》，《皇家統計學會雜誌》第 XCIX 卷〔1936 年〕，第 532 頁）不列顛協會實際上發表了一個摘要，較充分地反應了杰文斯論文的內容。

一小塊空間列出了他的體系的全部要點。他簡明扼要地提出了他的論證，沒有任何數學概念和幾何圖形。他在第 1 段倡導把經濟學的基本問題歸結為嚴密的數學形式。第 2~7 段開始提出痛苦和快樂是行為的動力，不過也應承認其他的動機；最後提出了邊際效用遞減的觀點。第 8 段把痛苦與快樂聯繫起來。第 9 段反駁勞動價值論。【18】第 10 段是中心，說明市場上持有兩種商品的兩方交換均衡的條件。接著的一段是把兩人兩商品擴展到數人數種商品。很少有人瞭解傑文斯在研究經濟理論之初就已經堅決主張現今經濟學家所謂的「一般均衡」了。第 12 段把生產和交換聯繫起來；第 13~14 段研究資本和利息，最後表示對上述理論將予以詳細論述。

三年後，傑文斯在《倫敦統計協會雜誌》發表了長篇論文，題為《政治經濟學一般數學理論簡論》①（以下簡稱《簡論》），這期雜誌分送給了該協會的四五百名成員，其中大多數人看來都欣賞到了對邊際效用的這篇專門論證。《簡論》比先前的《簡報》的篇幅大三倍多。

《簡論》開頭 7 段與《簡報》大體相同。雖然他說：「（對經濟學的）數量法則的明白理解，因為忽視這種有力的表現方法（該方法在其他大多數科學卻得到了如此成功地應用）而受到妨礙」②，但他自己除了最簡單的數學觀念之外，並沒有用數學方法。他新加了一段談及：「我們總是把感情看作能夠增減的……」方法，以及如何「估量在選擇和志願行為中表現出來的感情比較量。」③ 他還詳述了快樂的強度和持久性的觀點。最後他討論了效用的預期。他指出：「預期的影響不過在於使理論的其他部分複雜化，而不會改變它。」④ 他還強調說：「我們必須仔細地區分現在效用即現在的用途和估計的將來的效用……」這一句是《簡報》中沒有的。

在論及邊際效用遞減的部分，傑文斯作了重要變更。在 1866 年付印前他可能改寫了這個部分。因為他採用了不同的術語來表達他的思想，特別在表述邊際效用觀點時是這樣。【19】他 1860 年中給兄弟的信中第一次談及這一思想時，他說的是「所使用的最後部分所獲得的效用或利益」程度；當他說

---

① 第 XXI 卷（1866 年），第 282~287 頁。傑文斯這些年間一直忙於其他事務，主要是任職於曼徹斯特歐文斯學院教授。部分地作為進修的手段，他在這期間發表了三本書：《金價嚴重下跌及其社會後果》（倫敦，1863 年）；《純邏輯或不含數量和質量的邏輯：評布爾的著作以及邏輯和數學的關係》（倫敦，1864 年）；《煤的問題，論國家發展和中國煤礦的可能枯竭》（倫敦，1865 年）。
② 第 XXI 卷（1866 年），第 282 頁。
③ 第 XXI 卷（1866 年），第 282 頁。
④ 第 XXI 卷（1866 年），第 283 頁。

「效用比例」時指的可能也是同樣的意思①。在 1863 年的《簡報》中，杰文斯一開頭就談到「最後增量的效用比例」並說要稱之為「最後效用程度」②。在這裡他首次使用了與效用相關的「最後的」這個詞。在 1866 年的論文中杰文斯首次談到「一物最後供應的效用」，並說「我們必須追溯至無限小量；我們所謂的『效用系數』是指物品的最後增量或無限小供應量與其所引起的快樂增量之間的比例，這兩個增量當然是以其適當單位估算的」③。「效用系數」是一個新概念，早先的論文中沒有出現過。「最後效用比例」在同一論文中稍後處又出現過，但沒有下定義。杰文斯可能把第一個「最後比例」變成了「系數」，但沒有變更第二個。《簡論》還有幾處若干側重點和不多幾處新增的內容。杰文斯強調了效用遞減法則的意義，這在早先的論文中是沒有的，他稱該法則是「全部理論中最重要的法則」④。他把不可分割的物品這一情況包括在內，而過去他只涉及完全可分割的物品。他評論了他的方程式體系在不可分割物品的場合失效的經濟意義⑤。他還加了一段，指出人們將發現不了他的模式所要求的條件，因為這些條件「在理論上是完全和複雜的」，在現實世界我們將不得不滿足於「近似的和經驗的法則」⑥。他通過更詳細地論述交換所帶來的效用的增加來說明效用的應用。

杰文斯在《簡論》中深入分析了交換與生產本身的聯繫。他認識到一旦引入物品的生產就會增加一系列未知數和同樣多的方程式。杰文斯對他早先扼要提及的論點重新作了長篇論述——在瓦爾拉斯有關著作問世之前已經表述了一般均衡的基本思想。

杰文斯說：「從兩人和兩種商品的情況所得出的交換原理，對任何數量的當事人和商品也是適用的，【20】它不僅適用於國內的一般貿易，而且適用於人群和國家之間的貿易即國際貿易。

「方程式數目將依照簡單的結合法則十分迅速地增加起來。

「……

「由於把交換理論和勞動理論、生產理論聯繫起來，每人生產量將取決於

---

① 《杰文斯通信和日記》，第 151 頁。
② 《各組簡報和消息摘編》，《不列顛科學促進協會第 32 次會議報告》，第 159 頁。
③ 《皇家統計協會雜誌》，第 XXIX 卷（1866 年），第 283 頁。
④ 《皇家統計協會雜誌》，第 XXIX 卷（1866 年），第 283 頁。
⑤ 《皇家統計協會雜誌》，第 XXIX 卷（1866 年），第 285 頁。
⑥ 《皇家統計協會雜誌》，第 XXIX 卷（1866 年），第 285 頁。

交換的結果；而交換的結果可能大大修正效用的條件。

「這樣，一系列新的未知數就出現了；不過，決定這些未知數的同樣多的方程式也是可以成立的。每一個這樣的方程式都處於產品最後增量效用和生產它們所必要的勞動增量之間」①。

瓦爾拉斯理應獲得他應得的榮譽，因為他詳盡地發揮了更廣泛和更複雜的模式，而杰文斯僅僅提出了藍圖，而且後來他顯然把這個藍圖也遺忘了。

III

1866年以後的五年間，沒有經濟學著作談及杰文斯的任何一篇早期的效用問題著述。唯一提到的是一篇刊載於《經濟學家》雜誌的短評，作者是莫利斯·布洛克，他後來對邊際效用首次作了廣泛的考察，人們有時把他列為邊際效用學派的一員。② 布洛克關注的主要是杰文斯提倡在經濟學中運用數學。瓦爾拉斯注意到了布洛克的評論，他作為上述期刊的讀者，在自己從事效用理論研究五年之前就已經對杰文斯的理論有所瞭解了。

杰文斯從1866年年中到1870—1871年冬開始寫《政治經濟學理論》的這段時間，對效用理論沒有給予多少注意③。甚至作為F組的主席發表的演說也沒有對經濟學中抽象的理論分支表示興趣④。誰也沒有想到杰文斯會在第二年出版一部該世紀經濟理論的傑出著作。

發表這篇主席演說後不久，杰文斯就開始著手寫作《政治經濟學理論》，他的妻子對他的這個轉變有詳細地描述，但未加解釋。她說：「三四年來，【21】杰文斯的思想主要集中在邏輯上，但在這個冬天他的興趣重新轉向政治經濟學，並全力以赴地寫作《政治經濟學理論》。他專注於此，撰寫的速度很快，但同時也損害了他的健康，後來的事實證明了這一點。」⑤ 關於杰文斯1870—1871年冬突然轉而寫作《政治經濟學理論》的緣由，他的兒子H. S.

---

① 【229】《皇家統計協會雜誌》，第XXIX卷（1866年），第283頁。
② 第三類，第IV卷（1866年），第89頁。
③ 杰文斯在這四年間忙於他在歐文學院的教席和婚事，他於1867年12月19日結婚。他在此期間發表的兩本書是關於邏輯學而不是經濟學的；他在期刊上發表的文章主要是實用經濟學方面的內容，涉及煤的問題、貨幣問題和稅收問題。
④ 《各組簡報和消息摘編》，《不列顛科學促進會第40次會議報告》（倫敦，1871年），第178~187頁。
⑤ 《杰文斯通信和日記》。第251頁。

杰文斯提供了一些線索。他在《政治經濟學理論》1911 年第四版前言中說：「根據我父親的一本手稿附記，我十分幸運地發現，如果不是因為 1868—1870 年出現了弗列明·詹金教授的論文的話，我父親的《政治經濟學理論》可能推遲到 1871 年之後很久……詹金教授的論文的方法顯然是數學的，還包含著一些圖解供求法則的精巧的幾何圖形。我父親在這個附記中提到，詹金教授已經同他開始通信，討論經濟學的數學問題、曲線的利用問題。接著便發表了詹金的論文：『供求法則圖解法』，結論是：『部分地由於這個原因，促使我寫作並發表了 1871 年的《政治經濟學理論》』」①。

凱恩斯得到了一份杰文斯兒子提到的這份附記，並將它收進了論述杰文斯的一篇論文中。凱恩斯說：「這份附記（我勉強可以辨認，它像通常那樣寫在一個舊信封的背面）說：『關於弗列明·詹金教授的這部文集和其他文集，我想作出如下解釋以防誤解。我的理論最初是在 1862 年的不列顛協會（Brit. Assoc.）上宣讀的，後來收進統計雜誌（Stat. Journal），1867 年（原文如此）。1868 年 3 月，詹金教授為不列顛每季評論（Br. Quarterly Review，原文如此）寫了一篇文章，重申（?）……以數學語言表述供求法則。他贈我一份徵求意見。作為答復，我送他一份上面提到的論文，隨後還有關於這一理論正確性的一次通信，雙方在信中都用曲線作為圖解。1870 年詹金教授發表了『圖解』（Graphic Illustration，原文如此），其中未曾提及我先前的（原文如此?）。

部分由於這個原因，促使我寫作並發表了 1871 年的《政治經濟學理論》。

1872 年詹金教授在 Roy Soc Edin（?）的會議記錄匯編中發表了（?）』」②。

【22】遺憾的是，詹金和杰文斯的這次通信沒有保留下來。當然，我們可以看看杰文斯提到的詹金的三篇文章，這些文章也就是詹金的全部經濟著述。它們表明杰文斯擔心的只是詹金利用數學方法將會奪去他自己的優先權。他並不擔心在利用效用上會失去優先權，因為詹金從未涉足杰文斯論證的這個部分。

詹金的第一篇文章是關於商會的。他對此感興趣是因為他作為徒工所在的工廠發生了罷工。在這篇文章中，有一部分論及政治經濟學與商會的關

---

① 杰文斯：《政治經濟學理論》，第 4 版，第 LVII 頁。
② 凱恩斯：《威廉·斯坦利·杰文斯》，《皇家統計學會雜誌》，第 XCIX 卷（1936 年），第 533 頁註。

係①。詹金在這裡沒有利用任何效用之類的觀點，而利用了數學概念。他絕沒有把效用和價值聯繫起來；實際上他所表述的是一種生產成本價值論，因為他說，物品的價格「（可以隨意增加）應被正確地認為最終取決於生產成本」②。

兩年後詹金又論及這一問題，不過著重強調的是供求分析，還提出了一種圖解③。他以此為英國經濟學家首次提供了一套完整的供求曲線分析法。但他未涉及效用問題，除非讀者假定某物品對購買者的效用體現在需求曲線的某一位置上。

詹金不接受效用思想在經濟學中的意義，即使在第三篇即最後一篇經濟學方面的文章中也是這樣。這篇文章寫於他同杰文斯通信以後和他讀過杰文斯的《政治經濟學理論》之後。在明確表述了消費者剩餘和生產者剩餘（與稅收細則有關）的思想以後，詹金表示拒絕運用效用曲線而不是拒絕運用需求曲線。他說：「杰文斯教授用曲線把用類似於上述方式從交換中獲得的效用加總起來；但是，如他所說，效用不允許進行實際的測定，而且他的曲線不是基於不同個人對他所擁有或他所需要的東西所做的不斷變動的估價，【23】而是基於物品每一增量對每人的不斷變動的效用。」④

杰文斯一氣呵成地寫出了《政治經濟學理論》，並於 1871 年 10 月出版了這本書。

---

① 《商會：合法的程度》，《北不列顛評論》，第 XLVIII 卷（1866 年），第 1~34 頁。
② 《商會：合法的程度》，《北不列顛評論》，第 XLVIII 卷（1866 年），第 24 頁。
③ 《供求法則的圖解和該法則對勞動的應用》，《衰退研究》，A. 格蘭特編（愛丁堡，1870 年），第 151~185 頁。
④ 《論調節稅收細則的原理》，見詹金：《文學與科學論文集》（倫敦，1871 年），第 2 卷，第 109~110 頁。

第三章 門格爾為《原理》所做的準備

I

【24】我們知道，杰文斯在19世紀70年代初發表他的主要經濟學著作以前已經有大量著述問世。

同樣，瓦爾拉斯發表他的最主要著作以前也已有了相當長一段出版史。這些出版物的一部分有助於說明他們各自的邊際效用觀點的發展過程及其同經濟學的關係。但是我們不能以同樣的方式考察門格爾，因為他沒有什麼早期著作可供我們參考，《國民經濟學原理》（以下簡稱《原理》）一書在他的書目單上位居榜首。

此外，無論是杰文斯還是瓦爾拉斯，在為他們贏得了榮譽的著作問世以前，都有相當完整的生活記錄。杰文斯有日記，還有信件的副本。同樣，瓦爾拉斯也保存了書信和日記。但對門格爾來說，我們沒有這樣的原始材料，以致使我們對他的早年生活幾無所知①。只有他1871年前的一點思想過程被保留下來。

我們只知道這位奧地利人先後就讀於維也納大學和布拉格大學，並於1867年在克拉科夫大學獲得法學博士學位，此後他任職於內閣新聞局，並逐漸對社會科學發生興趣（他的兩個兄弟也轉到這個方面），在他近30歲時，為了在維也納大學謀一教職，應校方要求，準備並提交了他的著作《國民經濟學原理》。

---

① 【229】下列資料為我們提供了關於門格爾的大部分情況:《人名錄》，H. A. L. 迪格納編，第5版（萊比錫，1911年），第945頁。維塞爾:《卡爾·門格爾》，見《新奧地利人傳記》（維也納，1923年），第1卷，第84~92頁；維塞爾:《論文集》（杜平根，1929年）。R. 祖克坎德，《卡爾·門格爾》，見《德國傳記年鑒》（1927年），第3卷，第192~200頁。哈耶克為門格爾《原理》重印本所寫的序言，見倫敦經濟學和政治科學學院:《經濟學和政治科學珍本著作重印叢書》第17卷；重印於《經濟學》，新編，第1卷（1934年），第393~420頁。斯蒂格勒:《卡爾·門格爾的經濟學》，《政治經濟學雜誌》，第XIV卷（1937年），第229~250頁。

按照門格爾兒子的說法，他父親的筆記表明門格爾是在 1867 年秋轉向研究經濟學的。門格爾不滿足於成本價值論的實踐和理論意義，於是在 1867 年晚些時候和 1868 年春發展了主觀價值論①。維塞爾說，門格爾告訴他，他（門格爾）之所以要發揮自己的觀點，緣起於一位作者在《維也納報》上發表的一篇文章，該文提出了對市場條件的分析②。據說他此時已經注意到，物品價格看來並不是依照他學經濟學時【25】人們要他相信的那種方式決定的；他傾向於認為效用（而不是成本）支配物品的價格。

II

門格爾的思想肯定是在他受聘於《維也納報》期間形成的，不過，除了對市場的觀察之外，還有其他一些因素推動他去研究新的價值理論。早些時候轉向經濟學的熱切興趣進一步發展了。在研究過程中，他對德國經濟學界關於價值問題的曠日持久的爭論作了一番考察。這場爭論像其他因素一樣地促使他形成了自己的觀點。如他自己所說：「因而，這裡試圖進行的最主要原理的改革，都是建立在先前成果所奠定的基礎上的，這些成果幾乎完全是德國學者們辛勤勞作的結果。」③ 門格爾肯定參照過下列各位的同《原理》的中心議題有關的著述。這些作者是：E. 弗爾德布蘭德，A. E. F. 謝夫勒，H. 羅斯勒，O. 邁可利斯，A. 林德伍恩，K. 克尼斯和 J. V. 柯莫津斯基④。一看即知，在通常

---

① 門格爾：《原理》，第二版，第 V-VI 頁。
② 維塞爾：「卡爾‧門格爾」，《論文集》，第 117 頁。
③ 門格爾：《原理》，英譯本。第 40 頁。
④ 門格爾在《原理》1871 年版中提到（第 78 頁註）弗爾德布蘭德的「價值理論，Dorpater Univ. Progr. 1852.」在該書第二次提到時（第 110 頁）稍有不同：「價值理論；Dorpater Univ. Schr. 1852.」丁沃爾和霍塞利茲的英譯本把這條材料讀為「『價值理論」，Dorpater Universitats Program, 1852,」並加腳註：「我們找不到這個詞。不過我們猜想門格爾是指下列著作：Dorpat, Kaiserlishe Universitat, Facultatsschriften der Kaiserlichen Universitat Dorpat, dergebracht zur Feier ihres funtsgjahrigen Bestehents, etc. Dorpat, 1852」（參閱《大英博物館藏書目錄》倫敦，1881—1900 年，第 1 卷，第 202 頁）。堪薩斯大學圖書館僅存有一本，書名為《價值理論》（多巴特，1852 年）。謝夫勒：《國民經濟學理論的倫理方面》，見《為慶祝威廉國王陛下誕辰學術論文集》（杜平根，1885—1886 年），第 1 卷，第 184~195 頁。【230】羅斯勒：《價值理論》，見《國民經濟與統計年鑒》，第 XI 卷（1868 年），第 279~313, 406~419 頁。門格爾還引用了羅斯勒的另一篇文章：《價值理論》，出處同上，第 XII 卷（1869 年），第 81~138 頁。邁克利斯：《資本來自價值》，《國民經濟和文化史季刊》，第 I 卷（1863 年），第 1~28 頁。林德伍恩：《價值理論》，《國民經濟和統計年鑒》，第 IV 卷（1865 年），第 165~218 頁。克尼斯：《國民經濟學的價值理論》，見《一般政治經濟學雜誌》，第 XI 卷（1855 年），第 421~475 頁。柯莫津斯基論價格問題的文章，見《一般政治經濟學雜誌》，第 XXV 卷（1869 年），第 189~238 頁。

的邊際效用理論先驅者的名單中是沒有這些人的名字的。

門格爾從這些德國學者關於價值問題的七篇文章中借用了哪些東西呢？首先我們可以說，門格爾沒有從他們中的任何人借用任何接近於邊際效用的思想。他也不可能這樣做，因為這些文章中沒有一篇包含邊際效用思想的暗示。門格爾的基本貢獻也就在這裡，這些作者在這方面沒有對門格爾產生影響，也沒有以其他的方式影響他。但門格爾也不會在這七篇文章發表之前就寫他的《原理》，德國人關於價值問題的廣泛討論的確推動了門格爾思想的形成。這些德國經濟學家樂於擺脫對勞動價值論的依附，允許門格爾去探索一條需求分析之路，建立邊際效用價值論的奧地利形式；而門格爾也確實沒有任何犯禁的感覺，【26】他反而是以一種繼承民族思想的姿態來寫作的。杰文斯就截然不同了，他的《政治經濟學理論》以同英國價值論的主流相決裂而標榜；瓦爾拉斯的立場則介於杰文斯和門格爾之間；法國經濟學家具有較多的伸縮性和較少的實證性。

門格爾對1870年前那一輩德國價值理論家們表示感謝，但這不過意味著他把自己的著作看作是那七篇文章（他顯然已經認真閱讀過）的頂點，他的用意在於說出最後的話。他在書中詳細引證了這些著作，從而表明他得惠之處極少①。他指出這些文章的某些部分以引起注意，而他對他們的批評常常多於讚揚。一般來說門格爾不像杰文斯和瓦爾拉斯，他對其前輩並不那麼頌揚備至。

門格爾在《原理》中還提到了許多因以效用估計價值而知名的作者，包括巴斯夏、孔狄亞克、加利阿尼、勞德戴爾、西尼爾和杜爾閣②。此外，他還談到吉諾維西、薩伊、A. 瓦爾拉斯，這些人都同邊際效用學派的先驅者有關，雖然門格爾自己的見解同他們並不完全一致。這些人在邊際效用歷史上沒有起主要作用，他們沒有把邊際效用遞減思想同價值問題聯繫起來。

---

① 門格爾《原理》英譯者在索引中分別指出了這七位作者的著作頁碼。
② 門格爾和杰文斯都系統地收集過書籍，因為如此他們才知道那麼多有關文獻；知識淵博才使他們能夠列出一份長長的作者名單，這些作者後來被認為是邊際效用學派的早期成員。門格爾（他比杰文斯長壽）於1911年設立了一個圖書館，藏書大約2.5萬卷。他自己認為，就私人藏書而論這是經濟學文獻的最完整的收集了（參閱門格爾的一封信，此信曾作為費創根「奧地利政治經濟學派」一文的腳註的一部分公之於世。該文載於《政治經濟學家》雜誌第6類（第 XXXI 卷）1911年第56～57頁。門格爾去世後，日本一所大學購買了門格爾的收藏並將其搬到東京，出版了一份門格爾收藏書目：《卡爾·門格爾收藏著作目錄——東京大學》（東京，1926年版）。門格爾的哲學收藏由其兒子帶到美國，現存於芝加哥「中西部國際圖書中心」。

III

《原理》問世40年後，門格爾在說明他在維也納的立場的一封信中①，才使1871年前有哪些人影響過他的思想這一點進一步清晰地顯現出來。他在信中回憶起父親的大圖書館，以及借此使他得以熟悉的許多著作，而當時他的夥伴還沉迷於收集郵票和閱讀冒險故事呢。門格爾記得他讀過薩伊、勞德戴爾和孔狄亞克等人的書，這些人後來被看作邊際效用學派的先驅者。不過，對這些作者，除了《原理》已經包含的材料外，此信並沒有增添什麼內容。

但是，古爾諾的名字出現在門格爾的信中卻使人大吃一驚。【27】當然，古爾諾不曾使用效用概念，但他的確用了導數；而方程式的這種一級導數提供了邊際效用思想的實質。哈耶克同奧地利學派有長期和多方面的聯繫，他應當很好地理解維也納人的看法，他的說法有理由使人感到驚奇：「（門格爾）在寫《原理》時顯然忽視了古爾諾的著作是有特殊意義的，而其他同時代經濟學的奠基者瓦爾拉斯、馬歇爾，很可能還有杰文斯，看來都直接或間接地受惠於古爾諾。」② 顯然沒有人懷疑門格爾說他知道古爾諾，但門格爾沒有明確說他從古爾諾的那些著作得到助益，不過我們從他對經濟學的堅定不移的興趣和他後來的這封信的內容可以推論，門格爾一定參考過古爾諾的《財富理論的數學原理之研究》③。這封信至少表明，同哈耶克的說法不同，門格爾在1911年並不認為他忽視了「古爾諾的著作」④。

---

① 費包根：《奧地利政治經濟學派》，見《經濟學家》雜誌，第6類，第XXXI卷（1911年），第56~57頁。
② 哈耶克：《卡爾‧門格爾》，見《經濟學》新編，第1卷（1939年），第396頁。
③ 古爾諾後來還寫了兩本經濟學方面的書，把他的《財富理論中數學原理的研究》通俗化了。
④ 當然，門格爾的《原理》沒有古爾諾著作的痕跡，這同瓦爾拉斯的《純粹政治經濟學綱要》有所不同。不管門格爾當初閱讀古爾諾著作時是否受到影響（即使門格爾給費包根的信的內容屬實），反正對他的寫作沒有產生什麼影響，只有門格爾也列舉過礦泉水的例子這一點似乎是個例外（《原理》，英譯本，第110頁）。

第四章　瓦爾拉斯受惠於其父

I

【28】里昂・瓦爾拉斯承認,他的效用和價值概念主要是從父親那裡來的。他說:「我已故父親和導師的理論指出,稀少性是交換價值的源泉。」①

里昂的父親奧古斯特・瓦爾拉斯,據醫生說是死於悲痛②。這位父親也許把使他不幸的某些性情傳給了兒子,因為里昂・瓦爾拉斯的性情也有不少令人不滿之處,就其範圍和特點而言,同其父很類似。奧古斯特・瓦爾拉斯在「普通高等學校」時與 A. A. 古爾諾同班,但他不像古爾諾,沒有受過數學訓練,因為他接著學的是哲學和人文科學。他1882年離開普通高等學校後,一生從事於學校教育,或做較低的第二級學校的教師或行政負責人,或做學校總監。

奧古斯特・瓦爾拉斯對他自己的工作十分不滿。他因同上司不斷發生摩擦而相繼改換工作地點,從一地轉到另一地:瓦朗斯、聖艾蒂安、埃夫勒、里爾、卡昂、杜埃,最後是波城。他感到不滿也許是因為從未獲得學位,而這是教授經濟學所必需的。當時的法國只有法蘭西學院和公立國民工藝學校設有經

---

① 【230】《交換的數學理論原理》,載於《經濟學家》雜誌,第3類,第XXXIV卷(1874年),第20頁。

② 瓦爾拉斯:《政治經濟學的一位創始人:奧古斯特・瓦爾拉斯》,載於《每月評論》,第VI卷(1908年),第182頁。又可參閱:勞伊:《奧・瓦爾拉斯的生平及著作》(巴黎,1923年)。安東尼里:《1830年的經濟學家:奧古斯特・瓦爾拉斯》,載於《社會經濟史評論》,第XI卷(1923年),第516~538頁,本文評論了勞伊的上述著作。《瓦爾拉斯未發表的書信》,載於《1848年革命》,第IX卷(1912—1913年),第179~198、286~309、367~382、427~446頁;第X卷(1913—1914年),第138~156、231~253、327~343、405~431、508~525頁。拉迪克為奧古斯特・瓦爾拉斯《財富本質和價值起源》所寫的序言,載於1938年巴黎版。

濟學講席。當擁有這兩個講席的薩伊於1832年去世時，奧古斯特·瓦爾拉斯曾自薦為候選人，但一個也未得到。阿道夫·布朗基成了公立工藝學校的教授，P. L. E. 羅西則到了法蘭西學院①。這位父親和他的兒子一樣沒有在法國為展露經濟學才華找到用場。父子倆代表非流行觀點。他們造詣高深，但法國卻不為他們提供用武之地。至於奧古斯特·瓦爾拉斯應得的經濟學家頭銜，在他本人看來要歸功於他在學院外的活動，歸功於他個人的研究，歸功於他的寫作、對公眾的演說以及對兒子的影響。

II

【29】奧古斯特·瓦爾拉斯對經濟學的強烈興趣和誘惑力早已有之，而且持久不衰。據他②自己說：對「財產」概念的興趣最早促使他考察經濟學，希望經濟學家能比法學家對此問題作出更好的解釋。由於對現有的說法感到不滿，他便開始自己研究「財產」，並帶著繼續研究法律的想法回到巴黎。由於發現不能從經濟學家那裡得到比法學家更多的幫助，他便在19世紀20年代（大約1826年前後）開始提出自己的經濟學觀點。他研究的重點是價值論。可是在他把自己的思想整理成書後，卻因自己是個名不見經傳的年輕作者而難以找到出版者，他先在期刊上發表了部分手稿③；後來得到必要幫助而出了書，書名是《財富的本質和價值的起源》④；除了價值問題外，該書幾乎沒有其他內容，它也許是價值問題上問世的第一部大作。

在價值源泉問題上，奧古斯特·瓦爾拉斯對英國古典學派的勞動價值論不滿意，對薩伊等人的效用價值論也不太滿意。他明確地試圖拒絕把效用和勞動作為價值源泉。同杰文斯、門格爾和自己的兒子一樣，奧古斯特·瓦爾拉斯發現流行的理論有瑕疵，並想以新理論加以糾正。從實證的角度來說，他把物品價值源泉追溯到一種他稱為稀少性的現象。他後來多次論及這一觀點，發表了

---

① 【231】拉迪克為奧古斯特·瓦爾拉斯《財富本質和價值起源》所寫的序言，載於1938年巴黎版，第9頁。
② 奧古斯特·瓦爾拉斯：《財富本質和價值起源》，1938重印本，第53頁。
③ 《信使報》，1830年，第XXVIII–XXX期。
④ （埃夫勒，1831年）。這個重印本中還包括：拉迪克所寫的作者傳記研究；薩伊的幾本未發表的筆記；重印了作者的《論交換價值的源泉》（1849年9月15日在《道德和政治科學學會》的演講），拉迪克加入了許多註釋，皮若作了序言。

三篇有關論文①；他沿著同一路線寫了另一本書《社會財富理論與政治經濟學基本原理概要》②；他還在埃夫勒、巴黎和波城等地講授經濟學，內容無疑是價值問題③。

III

眾所周知，里昂·瓦爾拉斯從他父親那裡接過「稀少性」一詞，並在邊際效用的意義上使用它。不過，同樣明顯的是，父親並不抱有兒子那樣的解釋。他授課中提出的若干論證似乎會使他得出邊際效用觀念，【30】但沒有出現這種情況。例如，在討論自由物品（空氣和陽光）時，他寫道：「一立方米空氣的價格是多少？……我用一束陽光將換回什麼？」④ 他在此直接考察了一立方米空氣和一束陽光。為什麼他沒有在此刻發現邊際效用思想呢？他已用考察一立方米空氣代替考察空氣總量，用一束陽光代替所有的陽光。他一定認識到，價值的關鍵在於忽略全體而專注於局部，他離邊際效用價值論看來已近在咫尺。他只需說其餘的每一立方米空氣沒有價值，因為它們不提供效用，而先前的那一立方米則提供效用。對陽光亦是如此。但他沒有這樣說，反而得出了這樣一種真實而無效的結論：因為上帝為我們提供了我們能夠利用的一切，所以誰也不必再去購買。眾多的前人一直未解決的問題，他也沒有解決。

奧古斯特·瓦爾拉斯分析的目的和特點的差別，使他輕易地避開了邊際效用學派後來的結論，這些結論在今天看來是顯而易見的。首先，奧古斯特·瓦爾拉斯基本上只探究價值的原因。他所希望的多半是發現一種標準，用以決定某種物品是否構成一國財富的一部分。請注意他的第一本書的書名：《財富的本質和價值的起源》，他的最後一本書的書名：《社會財富的理論》。他對價格（作為一種分配方案）是沒有興趣的。邊際效用學派的先驅者們有一個優點，他們中的每個人都試圖尋找一種原理，使經濟資源與不同物品的生產成比例，然後在各種消費者中間分配這些物品。奧古斯特·瓦爾拉斯只需知道一種原

---

① 《財富理論概要》，《岡市評論》，1844年4月，第337~349頁；1844年5月，第381~394頁。《論交換價值的源泉》，《道德和政治科學學會》，1849年9月15日，第201~233頁。《財富理論概要：1863年12月19日演講》（波城，1863年）。

② 巴黎，1849年。

③ 奧古斯特·瓦爾拉斯：《財富本質和價值起源》，1938年重印本，第9、11、18頁。

④ 奧古斯特·瓦爾拉斯：《財富本質和價值起源》，1938年重印本，第91~92頁。

理，使他能以選擇包括在他的財產定義中的物品。對這個有限目的來說，稀少性足矣；他也不需要再去精雕細刻邊際效用這樣的概念。

其次，奧古斯特·瓦爾拉斯沒有得出邊際效用思想是由於他根本沒有考察一個【31】人消費某一商品不同數量的問題①。在他的分析中，某個消費者所消費的是不同的物品，這些不同物品會給他不同水準的滿足，但他並不改變對某一特定物品的消費量。簡言之，在奧古斯特·瓦爾拉斯的分析中，某一特定物品對某人具有一種效用強度。效用在數量上的變動只表現在它的增加上；對瓦爾拉斯來說，這意味著享受該物品的人數增加了。很顯然，在奧古斯特·瓦爾拉斯的整個分析中，消費者只有要麼消費、要麼不消費的選擇，絕無對一物品消費或多或少的機會。例如，瓦爾拉斯指出，有許多物品對某些特定的消費者來說就是不需要的。健康者不需要藥品。需要槍者只有戰士和獵人。剃須刀對婦女無用，男人也無須手鐲和耳環。瓦爾拉斯根本沒有想到藥品、槍、剃須刀或手鐲的邊際效用遞減的問題，多半是因為，他所想的是每個人所利用的量是固定的和需要的，即一劑藥、一支槍、一把刀或一副手鐲。

在奧古斯特·瓦爾拉斯的著作中，某物品的稀少性，是指可得到的該物品量，與預期消費者人數之比例（其中每人使用一單位物品）。稀少性，作為一個數字，表示該物品所能滿足其需求的人口的分數，並不表示我們現在所理解的「邊際效用」。瓦爾拉斯是這樣為「稀少性」下定義的：「什麼決定稀少性和由此導致的價值呢？首先是有限的物品的數目或數量，其次是需要這些物品的人數，即要求享用這些物品的需求總數。稀少性不過是這兩個數量之比。」②他有一處接近於邊際效用的實質了，即當他把稀少性同速度聯繫起來時③。但是，他沒有想到提出在某一點上的速度這一問題，他所想的是對全程而言的平均速度。同樣，他所說的稀少性也是指每單位物品的平均消費者數。

IV

雖然奧古斯特·瓦爾拉斯沒有提出後來在經濟學中如此出名的邊際效用概念，但他給他的兒子留下了一系列令人印象深刻的經濟學觀點；【32】他的兒

---

① 奧古斯特·瓦爾拉斯：《財富本質和價值起源》，1938 年重印本，第 175 頁。
② 奧古斯特·瓦爾拉斯：《財富本質和價值起源》，1938 年重印本，第 176 頁。
③ 奧古斯特·瓦爾拉斯：《財富本質和價值起源》，1938 年重印本，第 270 頁。

子採納了這些觀點，因而有助於使他的兒子轉向邊際效用分析。我們已指出，奧古斯特·瓦爾拉斯向兒子傳授了一種激進的經濟學觀點，認為效用價值論和勞動價值論都沒有使研究達於完成，因而應有一種新理論取而代之；他稱這種新理論是稀少性。父親還讚成將數學應用於經濟學，即使他未能將他的觀點付諸實踐，但他這方面的觀點同認為勞動論或效用論不足以解釋價值現象的觀點同樣激進，甚至於更激進。里昂·瓦爾拉斯採納了其父建議的這一理論的新名稱，但幸運地改變了運用這一名稱的理論。他還採納了關於數學和經濟學之間關係的觀點，這也是他父親提出來的，但與其父不同，他將這一觀點付諸實踐了。

第五章　瓦爾拉斯(1858—1873)

I

【33】里昂·瓦爾拉斯在父親去世（1866 年）後的七年間，並沒有改變父親的思想體系而引進完整的邊際效用觀點，不過他在 1860 年就開始撰寫經濟學著作了。他寫於 1860—1873 年的著作有助於人們理解他對其父經濟學觀點的遵從，也顯示出他早期的效用觀點的性質。

據里昂·瓦爾拉斯自述，他最初接觸經濟學和價值理論，是在他 14 歲時有一次聽父親向鄰居讀一份手稿。他寫道：「我溜到他們身邊，在一個角落坐下，貪婪地聽他讀。就這樣我在 14 歲時知道了土地及其產品有一種內在的價值，這種價值來自與其數量相關的效用……」[1] 這些話是在半個多世紀以後回憶的，也許不完全準確，但在一定程度上仍不失為對作者最初順從父親價值觀點的一種解釋。

II

里昂·瓦爾拉斯 1858 年結束學業之後，先到波城看望了父母，然後回到了巴黎，父母顯然寬恕了他幾年來不潛心研究礦業工程技術而醉心於文學的做法。父親建議他從文學轉向社會科學。當他正在考慮寫作的議題時，接到父親一封來信，來信對蒲魯東的觀點提出了有力的批評，對這一問題他們父子過去

---

[1]【231】瓦爾拉斯：《政治經濟學的一位創始人：奧古斯特·瓦爾拉斯》，載於《每月評論》，第 VI 卷（1908 年），第 181 頁。

顯然討論過①。於是里昂·瓦爾拉斯便把反駁蒲魯東作為他頭一本著作的主題。他父親不僅在一定意義上建議他進行這一批判研究，而且在此後的許多信件中不斷發揮了這一思想。奧古斯特·瓦爾拉斯理應同兒子分享作者的資格。

【34】該書問世前，里昂·瓦爾拉斯寫了一篇很長的書評，他在其中使用了他父親的方法，包括他父親對價值的解釋②。他在該評論接近開頭處寫道：「可以說，交換價值和所有權同時產生於效用數量的稀少或有限。」③ 這是里昂·瓦爾拉斯對價值理論的第一次聲明，表明他從一開始就完整地接受了父親的觀點，不過，同他父親一樣，他在此所要說明的只是物品是否有價值，以便指出它可否列為財產。

在他的第一本著作《政治經濟學和正義》中，里昂·瓦爾拉斯仍然追隨父親的價值理論④。他在該書最初論及價值時說：「其根源在於，效用數量有限導致效用的稀少。」⑤ 這表明，他對父親的觀點沒有增加什麼新東西，除了試圖把稀少性同供求觀念聯繫起來之外；瓦爾拉斯這樣做，也許是想把他父親的觀點同約瑟夫·加尼爾有影響的觀點協調起來⑥。他同意父親的觀點，認為當時流行的兩種價值論都不正確；但這個看法不像在他父親的著作中那樣，引起完全的對抗。分析的結論是相同的，這些結論限制了他父親的發展，也使他自己裹足不前。他根本沒有想到要去研究決定物品相對價值量的那些條件。他寫作和思考時，他甚至沒有考察一下價格形成過程突發性的本質。他對價值問題的興趣是社會和哲學的，而不是經濟學的。所以對於價值同一個人從物品的不同數量的消費所得到的滿足的關係，他根本就沒有考慮，而除非把得自物品的滿足看作物品消費量的函數，否則就沒有機會遇上邊際效用的關鍵思想。

---

① 《瓦爾拉斯未發表的書信》，載於《1848年革命》，第Ⅸ卷（1912—1913年），第190頁。
② 瓦爾拉斯：《智力財產：它在經濟學中的地位》，載於《經濟學家》雜誌，第二類，第ⅩⅩⅣ卷（1859年），第392~407頁。
③ 瓦爾拉斯：《智力財產：它在經濟學中的地位》，載於《經濟學家》雜誌，第二類，第ⅩⅩⅣ卷（1859年），第395頁。
④ 瓦爾拉斯：《政治經濟學和正義：對蒲魯東經濟理論的批判和反駁》（巴黎，1860年）。早此時候，他還將此書討論價值問題的部分以《經濟科學的哲學》為題發表在（《經濟學家》雜誌，第二類，第ⅩⅩⅤ卷〔1860〕，第196~206頁。）
⑤ 瓦爾拉斯：《政治經濟學和正義：對蒲魯東經濟理論的批判和反駁》（巴黎，1860年），第ⅩⅩⅩ頁。又見第7~10、75~76、103頁。
⑥ 瓦爾拉斯：《政治經濟學和正義：對蒲魯東經濟理論的批判和反駁》（巴黎，1860年），第Ⅳ頁。又見第9、17頁。

III

瓦爾拉斯的下一部著作是《賦稅批判理論，並附：憶洛桑代表大會》①。他在這本書中沒有利用與稅收有關的任何價值理論，卻沒有必要地引述了他父親的價值論觀點。他說：「我父親在1871年《論財富性質和價值的起源》一書中已經證明，交換價值產生的原因，【35】不在於亞當·斯密和李嘉圖所說的勞動，也不在於讓·巴蒂斯特·薩伊所說的效用，而是在於有效用的物品的數量有限。這個理論是正確的理論，也是唯一的可以得出如下推論的理論，即交換價值用稀少性或供求關係來測定亦即用儲備量與需求量之間的關係來測定。」②

正在這個時候，奧古斯特·瓦爾拉斯給他兒子發了一封關於價值問題的長信，這封信在幫助兒子打破價值問題上的僵局方面可能起了作用，因為這個僵局本來就是由於他留給兒子的一整套概念而形成的③。他在信中對他自己關於消費的某些觀念及其對兒子可能產生的影響表示擔憂。他感到用數學方法表示他的「稀少性」概念是困難的，而這在過去從未使他煩惱過。他以往總是把**稀少性**看作市場上預期的消費者人數同物品數量的比例，並假定每個消費者只需要一單位的物品。這種觀點確實妨礙利用效用函數。在這封信中，奧古斯特·瓦爾拉斯從上述立場稍微挪開了一小步，因為他考慮到了下述情況：一些人可以比另一些人消費更多的消費品，因而當用分數來表示稀少性時，該數值就不再包括消費者人數。他就此論述道：「一個人一天喝一升酒，等於兩個人每天各喝半升，也相當於四個人每天各喝四分之一升。一個女人每年穿壞六雙鞋，等於兩個女人每年各穿壞三雙。一個人常年生病，每天都要看醫生，等於三百六十五個人每年只看一次醫生。這就使我們無法確定社會所消費的一切資料或食品的**需求單位**。如果我沒有弄錯的話，這是數學占領政治經濟學的障礙——它已經占領了力學、聲學和光學物理學——至少，它使數學在社會財富理論上的應用更緩慢、更困難。」④

---

① 巴黎，1961年。
② 巴黎，1961年，第Ⅵ頁。
③ 《瓦爾拉斯未發表的書信（續）》，載於《1848年革命》，第Ⅹ卷（1913—1914年），第148~150頁。
④ 《瓦爾拉斯未發表的書信（續）》，載於《1848年革命》，第Ⅹ卷（1913—1914年），第149~150頁。

請注意，他在這裡沒有進一步說明，一個每日飲用 2 利特爾酒的人，如果再增飲半利特爾，則這半利特爾酒對他的意義必不相同，恰如六雙鞋中的每一雙對一年穿六雙鞋的女人必定【36】會有不同的意義一樣。他沒有看出，後續的物品具有不同的意義，如同他的兒子以及杰文斯和門格爾於 10 年後所指出的那樣。他之所以就此卻步，是因為他未能想到個人可以自由地選擇消費品（酒、鞋等）的數量。相反，他可能一直認為，個人所能夠供應的消費品的數量是一定的。他也許覺得，在個人本性之內或之外存在著某種強制力，要求個人以一種特定的方式來調節他的消費。然而，除非假定消費者能自由選擇，否則不可能體會到（至少，不可能運用）任何邊際效用概念。

Ⅳ

從《賦稅批判理論》到《社會思想研究》（1868），里昂·瓦爾拉斯很少提及價值理論。在這七年間，他的寫作集中在實際問題上。他評論過（1863 年）古爾諾的《財富理論的數學原理研究》，這使他有機會表述他對效用和數理經濟學的觀點（他還沒有運用過數理經濟學）①。他在《社會思想研究》（內含他 1867—1868 年發表的一系列公開講演，這些講演首次發表於《勞動》雜誌）中，再次回到其父的效用觀點，而沒有增加任何新的東西，並且帶著深深地傷感，因其父已於 1866 年去世②。

Ⅴ

除了父親以外，還有哪些經濟學著作家影響過瓦爾拉斯早期的效用觀點呢？在《純粹政治經濟學綱要》（以下簡稱《綱要》）第一部分（1874 年），瓦爾拉斯曾對吉諾維西、西尼爾、孔狄亞克和薩伊表示感謝，因為他們在價值分析中運用了效用概念③。在第二部分（1877 年），瓦爾拉斯首次注意到杜皮特同效用發現之間的聯繫，而在此前尚無人公開指出杜皮特是一位先驅者④。

---

① 美國的圖書館沒有這種期刊的合訂本。G. 魯法拉發表了瓦爾拉斯的評論，作為古爾諾《財富理論的數學原理研究》（巴黎，1838 年）的附錄之一。
② 瓦爾拉斯：《社會思想研究》（洛桑，1896 年），第 28~29 頁。
③ 瓦爾拉斯：《綱要》，第 1 版，第 27 頁。
④ 瓦爾拉斯：《綱要》，第 1 版，第 385~388 頁。

但這並不意味著瓦爾拉斯在1873年之前曾就教於杜皮特，他肯定不會這樣做。他對杜皮特沒有表現出任何恭維，他說，杜皮特的效用觀點【37】並不比薩伊的好。他在這年給杰文斯的信中就是這樣說的，也許說得更多①。最大的責難是杜皮特從不區分效用曲線和需求曲線，這個批判是對的，但是這對一位早在1844年研究效用問題的作者來說未免太苛刻了。令人有點費解的是，為什麼瓦爾拉斯一輩子都無視杜皮特作為邊際效用學派先驅者的要求？特別是在杰文斯已經坦白接受了這一要求的情況下②。瓦爾拉斯至少犯了判斷的錯誤，很可能是出於對杜皮特不自覺的嫉妒。這可追溯到19世紀60年代初在巴黎時，瓦爾拉斯在法國經濟學界剛有立足之地，杜皮特卻輕而易舉地贏得了很高的聲譽，這種嫉妒沒有隨歲月流逝而減弱。瓦爾拉斯十分關注優先權問題和他對經濟學所做貢獻的性質問題，他樂於承認戈森在一本不為人知的著作中較早地解釋了邊際效用思想，但他不肯對人人知曉的杜皮特多置一詞，而他在1877年（很可能在1874年）前顯然讀過杜皮特關於邊際效用的一些著作。他在形成自己的邊際效用思想時可能直接從中汲取了一些營養，同樣明顯的是，他後來一直無視的東西，正是他1877年前所忽視的有益思想。

VI

此後幾年對瓦爾拉斯來說是艱難的，他沒有時間研究價值理論，直到1870年受聘於洛桑大學。表明他的思想發生新轉折的第一個明顯暗示，是他到洛桑後，向道德和政治科學學院1873年8月16日和23日會議所宣讀的一篇論文③。

這篇論文顯然是從日後成書的稿件中擇錄的，例如他略去了《綱要》中依據一般函數概念所做的全部論證，而只用了幾何圖解。應當記得，【38】杰文斯在他的第一篇論文中，用的全是代數分析，而沒有圖形。瓦爾拉斯只以最基本的情形說明他的論點，即只有兩個人交換兩個商品。他用需求曲線進行分析，後者則是從他的交換者效用曲線引申出來的。

---

① 【232】安托尼里：《瓦爾拉斯和古爾諾及杰文斯的通信》，《計量經濟學》，第Ⅲ卷（1935年），第126頁。

② 《杰文斯通信和日記》，第366頁。

③ 《交換的數學理論原理》，載於《會議與著作匯編》，1874年1月，第97~116頁。又見《經濟學家》雜誌，第3類，第XXXIV卷（1874年），第5~21頁。

該論文包含《綱要》中略去的重要一小節。1873年論文中有很長一節論述效用測定問題，但1874年《綱要》的相應部分卻縮短了，這必定反應出作者對這一重大問題沒有把握。這預示了他日後對效用測定問題所抱的態度，即盡可能少談這個問題。他在《綱要》中說，困難不是不可超越的，儘管我們不得不假定效用可以測定①。在1873年的那篇論文中，他對這種相當脆弱的論證已經在一定程度上作了說明。例如，他說，他的論證方法也就是物理學中衡量「質量一類要素」②的方法。他後來正確地意識到，既然已經「假定了」可測定性，所以對其理由還是少談為妙。

---

① 瓦爾拉斯：《綱要》，第1版，第79頁。
② 瓦爾拉斯：《交換的數學理論原理》，載於《經濟學家》雜誌，第3類，第XXXIV卷，(1874年)，第16頁。

第六章　杰文斯《理論》、門格爾《原理》、瓦爾拉斯《綱要》所闡述的邊際效用理論（一）

I

【39】邊際效用學派的三本奠基之作出現於19世紀70年代初。威廉・斯坦利・杰文斯的《政治經濟學理論》和卡爾・門格爾的《國民經濟學原理》出版於1871年，里昂・瓦爾拉斯的《純粹政治經濟學綱要》第一部分出版於1874年，第二部分出版於1877年。我們已經說明了促使這些作者以其各自的方式闡述效用理論的各種條件，現在我們來對這三本完全獨立的著作的某些方面做一比較。

這三本書所提供的效用理論的資料，其質量之高、範圍之廣，遠非以往許多片段的討論材料可比擬，他們為邊際效用學派的興起奠立了適當的基礎。本章將依次討論以下問題：三位奠基人所用術語的差別；生產要素的效用；得自交換的預期效用；總效用的再分割；可分割性所引起的問題；關於效用的測定問題。下一章將討論其他一些問題：個人之間效用的比較；效用函數的形式；收入的邊際效用；最大化；勞動價值論及其同需求曲線的關係。

II

邊際效用學派的三位奠基人都沒有使用過「邊際效用」這個術語，下文將會提到，這個術語最早以德文出現是在1884年，以英文出現是在1888年，以法文出現就更晚了①。這個術語出現時，杰文斯已經過世。門格爾在「邊際

---

① 【232】參看本書第134、145~146頁。

效用」一詞通用之後很久依然健在,【40】但他從未用過這個詞。瓦爾拉斯堅守著他自己對「邊際效用」的特殊和首創的說法,拒不接受新術語。1890 年代以前,其他經濟學家也沒有普遍使用這個術語。

至於「效用」一詞(在今日經濟學通用的意義上),杰文斯和瓦爾拉斯至少還使用過,而門格爾卻不然,他從未用過。他堅持認為,效用(在我們現在理解的意義上)對物品價值的決定不起作用。在大多數場合,門格爾都避而不用「效用」一詞,即使用,也要指出,它對考察價值是不適宜的①。門格爾何以這樣看待「效用」呢?看來,這主要是由於他拒絕把效用量的變動同物品量的變動聯繫起來所致,儘管他沒有明確這樣說過。在門格爾看來,效用從性質上來說是不分等級的,就如同死亡一樣,所以他堅決反對把價值和效用聯繫起來,也就是說,價值是分等級的,而效用是一次性的②。

門格爾用以代替「邊際效用」的是「滿足的意義」。滿足本身同效用一樣,在數量上是不會變動的,但滿足意義是變動的③。他限於討論由具體慾望的實現而帶來的滿足的意義,這個慾望,指的是由物品總量的一部分來實現的那種慾望。這就是他談論邊際效用的方式。程序上和語言上的這種差別,明顯地反應在他首次的一般陳述中,這個陳述後來以邊際效用遞減法則而聞名。門格爾說:「任何一種特殊慾望的滿足,達到一定程度,都會具有相對來說最高的意義,進一步的滿足的意義就會逐漸減少,直到最後達到這樣一種程度,那個特殊慾望的更多的滿足變得毫無意義了。」④ 請注意,在這段話中,門格爾根本沒有提及物品。

而杰文斯卻依據門格爾未予說明的真實的物品來表述他的思想。在討論效用時,他開始就說:「把我們的注意力盡可能地轉向產生【41】快樂和痛苦的實物對象和行為是適宜的。」⑤ 於是他把滿足慾望的能力附於物品之上,並稱此能力為「效用」⑥。這樣一來,杰文斯對邊際效用遞減法則的表述,在外表上就不同於門格爾的表述。杰文斯說:「表現最後效用程度的函數的變動,是所有經濟問題中最關鍵之點。作為一個普遍法則,可以表述如下:效用程度隨

---

① 門格爾:《原理》,英譯者:丁沃爾和霍塞利玆,第 118~119 頁。
② 另一種稍有不同的解釋,見英譯者的評論,門格爾:《原理》,第 118 頁註。
③ 門格爾:《原理》,第 123~125 頁。
④ 門格爾:《原理》,第 125 頁。
⑤ 杰文斯:《理論》,第 1 版,第 44 頁。
⑥ 杰文斯:《理論》,第 46 頁。

商品量的變化而變化，商品數量增加，效用程度最終會減少。」①

瓦爾拉斯的說法與杰文斯相仿。他只論及個人從慾望的實現而得到滿足的條件。他集中注意那些能夠滿足慾望從而具有效用的物品，因而他對邊際效用遞減法則的最初表述，看來更接近於杰文斯而不是門格爾的表述。瓦爾拉斯說：「從所消費的物品的第一個單位或該單位的第一部分，到最後單位或最後部分，內含的效用總是減少的。」②

瓦爾拉斯最初是用「內含效用」來說明「邊際效用」的，這個詞來自他父親的說法，其父用它表示消費者慾望感受的「大約的緊迫程度」③。這個詞在不多幾頁中反覆使用了10次，然後突然以**稀少性**一詞取而代之。稀少性這個詞也是從他父親那裡借用來的，而且同他的著作的聯繫最為密切。他把「稀少性」定義為「消費一定量商品所滿足的最後慾望的強度」④。瓦爾拉斯從此就用「稀少性」或「最後慾望滿足程度」來表示邊際效用。

瓦爾拉斯中途改變用語，顯然部分地是為了說明消費者行為中最後消費單位的影響。他可能想用「最後慾望滿足程度」來顯示消費的次序，這在他的圖式和方程式中均無反應。但這不是改變用語的充分理由。⑤ 杰文斯在《理論》一書中的做法同樣是含糊的，他最初給邊際效用下定義時，也沒有涉及消費者進行消費的特殊次序，後來，他改變了說法，以表達消費者使用物品的最後單位或終點單位的意義。他起初說「效用強度」或「效用程度」，【42】但當他想強調消費的先後次序時，便代之以「最後效用程度」或「終點效用」⑥。門格爾不曾強調消費的任何時間模式。

III

邊際效用論的三位奠基人認為，各種生產要素只有在他們生產出滿足消費者需求的物品時才有效用。門格爾把這種關係單挑出來，做了詳盡的研究。他把所有物品分為不同的等級，較高等級物品的價值取決於第一等級物品（直

---

① 杰文斯：《理論》，第62頁。
② 瓦爾拉斯：《綱要》，賈菲譯，第118頁。
③ 瓦爾拉斯：《綱要》，賈菲譯，第505頁。
④ 瓦爾拉斯：《綱要》，賈菲譯，第119頁。
⑤ 與此相反的一種說法，參看布朗：《價格體系的結構》（倫敦，1936年），第53~55頁。
⑥ 杰文斯：《理論》，第1版，第157頁。參看本書第2章中關於他早期著作用語的討論。

接適用於消費）的價值。門格爾把得自第一等級物品的滿足稱為「直接的」慾望滿足，而把得自較高等級物品的滿足稱為「間接的」慾望滿足。① 門格爾在這方面提出了一種一般均衡模式，但這種模式不完善，因為它強調因果關係，而市場的情形卻是同時決定的關係。可見，對經濟過程的觀察，瓦爾拉斯優於門格爾。瓦爾拉斯在其最完善的體系中，把所有產品和所有要素的價值完全地聯繫在一起了②。

杰文斯把來自消費品的效用稱作「直接效用」，而把來自生產要素的效用叫作「中間效用」③。但是，一般來說，他對生產要素價格同其所生產的消費品的邊際效用的關係的陳述是不能令人滿意的。他起初像門格爾和瓦爾拉斯一樣，分析消費品的價值決定，然而，接著他又把生產和消費的考察聯繫在一起。在杰文斯心目中可能有某種類似的含糊不清的想法，但沒有完全予以實現。看來，杰文斯更多地囿於傳統，在完成了交換一節之後，他用了三章的篇幅討論勞動、地租和資本這類傳統的論題，最後以「結論」結束了全書。

IV

杰文斯、門格爾和瓦爾拉斯注意到，許多物品的有用性，不是來自它對所有者的直接滿足。而是由於它們通過交換【43】可以支配其他的物品。瓦爾拉斯很少利用這個區分，雖然他有一次對此有過明確地表述。他說：「一旦所有能被佔有的物品……已被佔有，他們便處於一定的關係中，這種關係來自下述事實：任何稀缺物品，除了它自身特有的效用以外，還有一種特殊性質，即它依據一定的比例可以同任何其他物品相交換。」④ 然而在其餘的分析中，瓦爾拉斯只用他所謂的「特有效用」即直接來自物品本身的效用，儘管他沒有再提及這個名詞。

杰文斯指出，人們評價物品，不僅因其能滿足消費需求，而且因其能交換其他所需之物品⑤。杰文斯稱來自後者的效用為「獲得的效用」⑥。他想進一

---

① 門格爾：《原理》，丁沃爾和霍塞利茲譯，第 57 頁。
② 瓦爾拉斯：《綱要》，賈菲譯，第 239 頁。
③ 杰文斯：《理論》，第 1 版，第 74 頁。
④ 瓦爾拉斯：《綱要》，賈菲譯，第 67 頁。
⑤ 杰文斯：《理論》，第 1 版，第 73~74 頁。
⑥ 杰文斯：《理論》，第 1 版，第 74 頁。

步運用這個概念，但沒有成功。他說：「我們以（一種商品）增量的需求強度」衡量它的價值，「但是，一種商品交換另一種商品的能力極大地擴展了這種效用的範圍。我們不再限於從商品的直接所有者需求的角度來考察商品的效用程度；這是因為它也許對其他人有更高的效用，並且可以轉移到直接所有者手中，以交換對買者有較高效用的商品。交換的一般結果是，一切商品，就其最後被消費的部分來說，將處於相同的效用水準。」①

門格爾用「直接地」和「間接地」兩個副詞來形容個人獲得滿足的活動方式，即是通過消費商品本身，還是通過交換。門格爾把價值區分為「使用價值」和「交換價值」，「前者是指通過直接使用得到的，後者則是間接得到的」②。他指出，有些物品可能只有使用價值或者只有交換價值，但通常是兩者皆有，在此情況下，其中較大的一個決定滿足的意義，從而決定物品的經濟價值。

三位作者這種暗含的說法，即**交換價值**是決定【44】交換價值的一個要素，顯然是根本錯誤的。他們都沒有準備把這一觀點以任何嚴格的形式揉進自己的論證中，可以推想，這顯然是不可能的。在杰文斯和瓦爾拉斯的圖解中，它確實也沒有起作用。如果利用間接效用，則應在每條效用曲線上打一個價值的結，在這個結上，從某物品獲得的貨幣的效用，要大於該物品本身增加的數量。在收入的邊際效用不變的條件下，某特定物品對個人的邊際效用曲線將會下降，只有自由物品的邊際效用曲線會到達表示數量的軸線（假定該效用曲線包括了通過交換該物品所得到的滿足）。此外，該物品交換價值的每一變動都將改變曲線上這個結的位置。顯然，這個結的曲線無助於決定交換價值，因為它本身取決於交換價值。

有一個事實同這種間接效用觀點有關，即交換者在交換中可以象徵性地提供或者不提供物品。也就是說，生產者出售他們的全部產品，但用戶卻象徵性地不出售任何物品。三位作者注意到了這種情況，指出這不同於他們用以說明交換的一般模式或例證，並試圖解釋這種差別。門格爾只注意到下述情況：某些人提供他們所擁有的全部物品進行交換，而別人一點也不提供③。他之所以會提出這種不準確的說法，部分是因為他沒有像杰文斯和瓦爾拉斯那樣，用數

---

① 杰文斯：《理論》，第1版，第130頁。
② 門格爾：《原理》，丁沃爾和霍塞利玆譯，第228頁。
③ 門格爾：《原理》，丁沃爾和霍塞利玆譯，第228~229頁。

學模式說明經濟過程，所以他就不能像他們那樣明確地領會到，依據他的邏輯，提供一切或什麼也不提供的結果。然而，即使在門格爾的算術模式中，也應對交換者提供一切物品或什麼也不提供的情況予以解釋。瓦爾拉斯和杰文斯對此則有更明確地解釋，有必要稍加評論。杰文斯是把它作為交換方程式的「缺陷」來談的①。瓦爾拉斯也認識到，一種物品對於不使用它的人來說沒有稀少性，所以，他的方程式體系在杰文斯的意義上就失效了。為此，他提出「假設的稀少性」的說法，用以表明「將要滿足或可能被滿足的最後需求強度」②。

V

【45】杰文斯和瓦爾拉斯用數學模式解釋他們的效用理論，所以，他們發現，如果假定物品在數量上可以分割，會方便於分析。但他們也認識到，經濟生活的有關數量，全部或大部分都不是這樣的，因此他們的模式不符合實際。為避免對此假定的批評，杰文斯和瓦爾拉斯改變了他們的基本模式，以便為消費品的不可分性留下餘地。門格爾所用的算術表從性質上說是不連續的，他沒有必要改變自己的分析，以便把不可分的物品也包括進去。相反，門格爾對他所謂的不連續性這一點很是欣賞並予以強調③。他甚至把這一點還傳給了他的直接繼承人，這些人從不利用連續函數，這使他們的研究在一定程度上必然要遇到其他人得以避免的障礙。

杰文斯先說，效用會有一定程度的增加，但他接著指出，效用遞減法則「可以被認為在理論上是正確的，不管增量如何小」④。他知道，不可分割性不適用於他的最一般的模式，這是造成他的交換方程式的「缺陷」的又一個原因。他也知道，在國內貿易中，在「一座房屋、一個工廠或其他建築物的售賣中」都存在著不連續性的例證⑤。

他為此設計了特殊的模式，以研究不相等性。他的第一個模式是兩個人交換的模式，其中的交換方程式是兩個不等式，這表明交換的這一方喜歡另一方

---

① 杰文斯：《理論》，第 1 版，第 118~119 頁。
② 瓦爾拉斯：《綱要》，賈菲譯，第 145、175 頁。
③ 門格爾《原理》，丁沃爾和霍塞利茲譯，第 118、140、145、162 頁。
④ 杰文斯：《理論》，第 1 版，第 57 頁。
⑤ 杰文斯：《理論》，第 1 版，第 120 頁。

的物品。他進而詳細論述了各種情況，包括各瓶墨水的例子①。他還以圖形說明，買者必須決定，每瓶墨水增加的效用，是否多於把貨幣用於別處所得的效用。

與杰文斯不同，瓦爾拉斯在《綱要》第 1 版中沒有受到不連續性問題的困擾，但他在一些地方明確表示，他意識到存在這個問題。在討論個人需求曲線時，他才接觸到這個問題。他畫了一條「臺階曲線」，用以表示不連續的個人需求曲線。他對這個困難提出的解決辦法與杰文斯的辦法是一樣的。【46】他說，當大量的個人需求代替單個人的需求時，不連續性就消失了，或者顯然就消失了②。這個理由可以給他一點安慰，因為他的模式基本上是基於效用方程式（不可加總），而不是經驗性需求方程式。瓦爾拉斯後來提出了另一個處理不連續效用函數的建議，即用連續函數代替不連續函數，作為一個近似值③。這就對不可分割性問題提出了一個最好的解答。數學模式只能對世界上的各種複雜的情形給出大概的近似值。直截了當地承認數學模式同被想像的現實的本質之間有矛盾，比引進導致模式缺乏靈活性的各種因素，給模式強加某種傾向或特徵會得出更好的解答。

VI

系統地介紹杰文斯、門格爾和瓦爾拉斯的理論，應當包含享樂、需求、需要或效用的可測定性問題。他們三人都認識到在一定程度上必然要面對下述矛盾：儘管他們假定了物品可測定，但誰也沒有對這個量實際做過測定。他們還正確地意識到，他們得為他們的假定作出辯解，以反駁未來的批評。如果做到了這一點，邊際效用分析就沒有什麼最易受攻擊的地方了。主觀數量的測定仍是經濟理論中一個未決的問題。

這個問題對門格爾的困擾最少，他在一個腳註中力圖證明他的做法的正當性。他說：「他並不打算讓表現後續的重要程度的數字在數量上代表所滿足的重要性的**絕對量**，而不是**相對量**。」④ 他對此作了如下說明：「假定我說兩個滿

---

① 杰文斯：《理論》，第 1 版，第 125~127 頁。
② 瓦爾拉斯《綱要》，賈菲譯，第 95 頁。
③ 瓦爾拉斯《綱要》，賈菲譯，第 577 頁。
④ 門格爾：《原理》，丁沃爾和霍塞利茲譯，第 183 頁註。

足的重要性分別為 40 和 20，我不過是說前者是後者的兩倍。」他沒有意識到，他這樣說，實際上已經引出了一個測定可能性問題（在基數的意義上）。他顯然相信，他不承認任何特定的零點尺度或任何唯一單位尺度，【47】也就排除了運用主觀數量的主要障礙。可是他在應有滿足尺度的主要例證中，卻選擇了一個零點尺度和一個確定的單位尺度。從一物所得的滿足，如果沒有使總滿足有所增加，就是零價值的滿足；最大滿足有任意的重要性，確定為 10，此數字是用於「我們的生命所系」① 的那一單位商品上。在這兩個極端（0 和 10）之間，有 9 個其他等級的滿足。

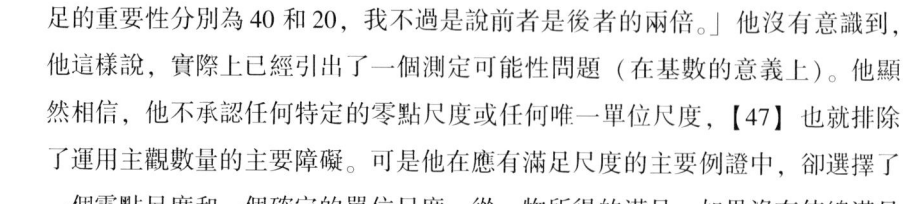

瓦爾拉斯同樣預見到，他把不可測定的東西看作可測定的，必定會遇到非難。對此，他「快刀斬亂麻」，宣稱他已經「假定」可測定性。他說：「以上分析是不完整的；而且乍一看，進一步的研究也不可能，因為內含效用（intensive utility），絕對地看，對時間和空間沒有直接的或可測定的關係，因而是捉摸不定的。這與外在效用（extensive utility）和所擁有的商品數量不同。但這個困難不難克服。我們只需假定這種直接的可測定的關係確實存在，我們就可以對外在效用、內含效用和佔有的最初資材對價格的有關影響，作出準確的數學表述。因此，我將假定，存在著一種標準的需求強度或內含效用的尺度，它不僅適用於同種財富的相同單位，而且適用於不同種財富的不同單位。」②

瓦爾拉斯對其基數衡量沒有加以論證，他的這個溫和的假定不是對問題的解答，在認定了可測定性以後，他承認他的效用方程式「是未定的」，而且，只有取決於效用方程式的需求方程式「依然是經驗性的」③。然而，他沒有用消費者所受的金錢的損失作為效用尺度（像在需求曲線所顯示的那樣），他還指出了杜皮特這方面分析的所有不當之處④。

有人可能認為，既然效用不能測定，所以研究經濟學是不可能的。為了消除這些人的疑慮，杰文斯表示，雖然現時還不能找到尺度，但將來一定能夠解決。杰文斯作了這樣一個概括「在科學上沒有什麼比不肯研究和絕望情緒更沒有道理的了。」⑤ 他指出，除了經濟學以外，尺度在其他各種研究中已經緩

---

① 門格爾：《原理》，丁沃爾和霍塞利茲譯，第 125 頁。
② 瓦爾拉斯：《綱要》，賈菲譯，第 117 頁。參看本書第 5 章，關於他對測定問題的早期評論。
③ 瓦爾拉斯：《綱要》，賈菲譯，第 126 頁。
④ 瓦爾拉斯：《綱要》，賈菲譯，第 445～446 頁。
⑤ 杰文斯：《理論》，第 1 版，第 9 頁。

慢確立起來了。他問道：「帕斯卡時代以前，【48】誰設想過測定**懷疑**和**信任**呢？」①他還以熱力和電力為例，說明衡量尺度都是在一段時間的研究以後才找出來的。

杰文斯堅持認為，「快樂、痛苦、勞動、效用、價值、財富、貨幣和資本等，都是包含著數量的概念」，因而可以推想為可以測定②。他提到邊沁的下述建議：測定快樂和痛苦以便檢驗立法。他承認他不知道邊沁的「數字資料在何處能夠找到」③，但他認為經濟學的數字資料是可以得到的。他說，在經濟學方面，「數字資料是非常豐富和精確的，比其他任何科學所掌握的都要豐富和精確。但我們現在還不知道如何利用它們」④。作為經濟學原始資料的例證，他提到了「私人帳簿、商人、銀行家和公共機關的大帳本、分配表、價格表、銀行收益、金融情報、海關和其他政府機構收入」，以及「數以千頁計的統計資料、國會材料和其他出版物」⑤。

為什麼杰文斯沒有從這些豐富的資料中作出效用曲線呢？他提出了兩點理由：第一是「方法不夠」，第二是缺乏「完整性」⑥。後面這一點同他前面所說的有抵觸，他曾說經濟學原始資料豐富和精確，又說「我們豐富的資料顯得錯綜複雜」⑦。實際上杰文斯似乎認為缺乏基本統計的完整性是更重要的原因，因為他說他不知道「何時才能有完整的統計制度，而缺乏這種制度恰是使政治經濟學成為一門精確科學的唯一的難以克服的障礙」⑧。

杰文斯在緒論章中僅僅暗示他想用用來衡量效用的辦法，如果他有「完整的統計材料的話」。這個唯一的暗示包含在下面這句話中：「我們不能就重力本身來認識和測量重力，同樣，也不能以感情本身來認識和測量感情。但是，我們卻能以人心的不同決定來估計各種感情是否相等，就像我們能以重力在擺的運動上所引起的效果來測定重力一樣。意志是我們的擺，它的擺動時刻反應在市價表上。」⑨ 正像杰文斯後來所說，上面的話意味著，他將用需求函

---

① 杰文斯：《理論》，第1版，第9頁。
② 杰文斯：《理論》，第1版，第11頁。
③ 【233】杰文斯：《理論》，第1版，第12頁。
④ 杰文斯：《理論》，第1版，第12頁。
⑤ 杰文斯：《理論》，第1版，第13頁。
⑥ 杰文斯：《理論》，第1版，第13頁。
⑦ 杰文斯：《理論》，第1版，第12~13頁。
⑧ 杰文斯：《理論》，第1版，第14頁。
⑨ 杰文斯：《理論》，第1版，第14頁。

數作為效用函數的近似值,【49】以價格作為邊際效用的粗略尺度。瓦爾拉斯可能在原則上拒絕這樣做,因為他拒絕過杜皮特「混同」需求曲線和效用曲線的方法;不過,在他更貼近地考察杰文斯的方法的細節之後,他會撤回他的一些拒絕意見的;杰文斯的方法在一定程度上消除了瓦爾拉斯對杜皮特的拒絕意見。至少,瓦爾拉斯沒有拒絕杰文斯把邊際效用和需求聯繫起來的方法,而這個方法同杜皮特的方法大體上是類似的。

杰文斯在接下去的一節「感情與動機的測量」中再次回到測量的尺度問題①。但這一節的精神同他前面的觀點已大相徑庭,他一開頭就是一句令人沮喪的話:「我們沒有方法來確定和測量感情的量,就像測量一英里、一直角或任何其他物理量一樣。」②他顯然忘記了,就在幾頁之前他還表示對測量(至少是間接地測量)抱有極大的希望和信心,而現在他卻說:「感情量的數字表現似乎是辦不到的。」③他傾向於序數效用觀點。他說:「假如我們能夠直接比較數量,我們就不需要單位,」他沒有要求「人心具有準確的測量與計算感情的能力,」「我們難以斷言,甚或絕不能斷言,一種快樂在數量上是另一種快樂的若干倍」,他的理論「極少涉及在數量上相差甚大的感情量的比較」④,不過,他沒有推進這個比較簡單的衡量觀點。

杰文斯在下一章研究痛苦與快樂時,又回到了他開頭提出的測量個人感情的基數尺度概念,他說:「若幸福程度相等,則兩日的幸福量是一日所希求的幸福量的兩倍。」這句話肯定暗含著關於持續時間的基數尺度,如果不是快樂強度的話⑤。在他用來說明相等時間間隔中快樂強度遞減的圖例中,也肯定地顯示出基數效用已經回到了他的考慮之中⑥。當杰文斯論及效用時,他有些含糊地說:「效用必須被視為是以個人幸福的增量來衡量的,而且實際上與該增量相一致。」⑦

在用效用方程式來決定交換率之後不久,杰文斯又明確表示要以需求曲線作為【50】效用曲線的近似值。他用以分析交換的效用方程式以基數效用為前提,但他沒有作出基數尺度的假定,因為他使用了一種總函數概念,並輔以

---

① 杰文斯:《理論》,第1版,第18~23頁。
② 杰文斯:《理論》,第1版,第19頁。
③ 杰文斯:《理論》,第1版,第19頁。
④ 杰文斯:《理論》,第1版,第19~20頁。
⑤ 杰文斯:《理論》,第1版,第35頁。
⑥ 杰文斯:《理論》,第1版,第36頁。
⑦ 杰文斯:《理論》,第1版,第53~54頁。

效用曲線來說明他的結論，這種曲線圖只保留了他賦予總函數的主要特點。在進行概括時，他顯然忽略了他在物理學中看到的某些具體性，在物理學中研究者可以規定他所使用的方程式的形式和變量。

結果，杰文斯第三次回到了尺度問題①。這次他是樂觀的，他希望從需求統計中「至少近似地決定最後效用程度（經濟學中最重要的因素）的變動」。他認識到必須假定貨幣收入的效用不變，以使需求曲線接近於效用曲線；他並不指望這個結果「像重力法則那樣是一種簡單的法則」，但最後他還是認為「它們的決定將使經濟學成為一門在許多方面像純物理學一樣精確的科學」，雖然「開支的基本要素的方程式」仍然不能獲得（因為經濟學家們在考察必然性時不可能假定收入的邊際效用不變）。同他的期望相反，杰文斯後來的經濟分析並沒有追隨他所預測的路線（即物理學的路線）來決定效用方程式或任何經濟方程式的形式，並在後來的分析中運用這些特殊的方程式。

---

① 杰文斯：《理論》，第1版，第140~142頁。

第七章 杰文斯《理論》、門格爾《原理》、瓦爾拉斯《綱要》所闡述的邊際效用理論(二)

I

【51】杰文斯、門格爾和瓦爾拉斯的基本論證,都沒有假定能夠在個人之間比較效用,也沒有暗示這種比較的可能性。雖然他們都提出了基數效用尺度,但是為每個人選擇的單位同任何其他人的單位並沒有特定的關係。

不過,只有杰文斯強調指出了不可能在個人之間比較效用。門格爾和瓦爾拉斯雖然也像杰文斯一樣沒有做過個人之間的比較,但他們沒有對此提出一般的說明;杰文斯卻提出了一個經典性的表述,這一表述迄今仍為所有的經濟學家或多或少地讚成。杰文斯說:「讀者還將發現,在一個簡單例證中,絕不存在這樣一種企圖,去比較一個人心中的感情量和另一個人心中的感情量。我不知道有什麼方法能夠進行這種比較。一個人心中的感受性可能比另一個人心中的感受性大 1000 倍,不管我們是否知道。但是假定這種感受性以相似比率在一切方向上都不同,我們將永不可能發現這種最深奧的差別。每個人的心對別人來說都是不可思議的,感情不可能有公分母。」①

不過,杰文斯並沒有全然迴避(他的後繼者不迴避)人們一般所做的那種相當自然的偶然的個人比較。例如,他說,新增 1 便士對年收入 50 鎊的家庭的效用,要比對年收入 1,000 鎊的家庭的效用為大。如果他嚴格恪守禁止個人之間比較的信條的話,他何以能進行這種比較呢?門格爾和瓦爾拉斯同樣也多次試圖作出粗略的個人比較。門格爾假定他能完全知道人心之所想,【52】並且說:「一件物品或一些物品的使用價值對兩個不同的個人會是很不相同的。」②

---

① 【233】杰文斯:《理論》,第 1 版,第 21 頁。
② 門格爾:《原理》,丁沃爾和霍塞利茲譯,第 299 頁。

至於瓦爾拉斯，在他試圖證明自由競爭可使一國經濟的效用達到最大化時，就一直抱有個人之間可比的假定①。

　　當杰文斯將不同個人的效用加總或平均時，他又偏離了個人之間不可比的假定。把效用加總或平均，是以個人之間某種程度的比較為前提的。他躲不開將效用平均的誘惑，尤其是當這種平均有助於他擺脫不可分性的困難時，即使這樣做包含著比較的因素也罷。當杰文斯說經濟學所研究的通常是個人的總體時②，他接近於運用這種平均。當然，他不可能不做總體的個別部分之間的比較而研究總體。他的第一個總體研究是無妨害的，因為這裡的總體是指需求曲線。但是當他最後提出「貿易體」的概念、使他得以把效用方程式加總時，這同他一直反對的個人之間的比較相抵觸了③。「貿易體」一詞所表示的，或是買者，或是賣者，可以是個人，也可以是「一塊大陸的居民」。他談及消費時，聯繫到「貿易體」，但在他討論「貿易體」時卻沒有涉及物品效用。可是在他決定交換率時卻突然給他的「貿易體」一個效用方程式④。此後，「貿易體」就如同一個人那樣行動，杰文斯也就這樣對待它⑤。杰文斯依據「貿易體」的效用方程式對交換均衡提出了他的一般表述⑥。此後，他沒有依據他的「貿易體」思想便作出了澳大利亞木材的效用曲線⑦。在這些場合，杰文斯無意中假定了個人之間效用的可比性。

　　門格爾避開使用平均效用或總效用等概念，可能是因為一般來說他沒有嚴格的數量觀察，還因為他不覺得需要利用不可分性（經由這一路線）。門格爾只有一次論及平均使用價值的觀點，還是不贊成的⑧。瓦爾拉斯在其《綱要》第1版中沒有把個人之間的效用加以平均，但在第2版中（也許是隨杰文斯之後）他卻引進了這種平均⑨。

---

① 瓦爾拉斯：《綱要》，賈菲譯，第511頁。
② 杰文斯：《理論》，第1版，第21頁。
③ 杰文斯：《理論》，第1版，第88頁。
④ 杰文斯：《理論》，第1版，第96頁。
⑤ 杰文斯：《理論》，第1版，第98頁。
⑥ 杰文斯：《理論》，第1版，第100~101頁。
⑦ 杰文斯：《理論》，第1版，第137頁。
⑧ 門格爾：《原理》，丁沃爾和霍塞利茲譯，第299頁。
⑨ 參看本書第20章。

II

【53】杰文斯、門格爾和瓦爾拉斯都沒有明確討論他們所用的效用方程式的形式。不過，從他們偶爾談及的許多情況中，我們可以把他們心目中想到的那些方程式的獨到之見拼湊起來。像在其他方面那樣，邊際效用的三位奠基者在這些方程式的一般特徵方面有一致的看法。

他們使用的方程式中，某特定物品對某人的邊際效用取決於（而且僅僅取決於）該物品的數量。於是他們對相互補足和相互替代的商品內部關係做了嚴密考察①。但以下這些可能的變量卻沒有包括到他們的方程式中：消費者的收入、收入的分配、別人消費物品的數量、物品的價格以及在某種體系中這些或那些變量的變動比率。

杰文斯、門格爾和瓦爾拉斯十分正確地強調了以下事實：當物品數量增加時，邊際效用減少（邊際效用遞減），並以之作為他們的邊際效用方程式的最重要的特徵。門格爾認為這個特徵反應了一般的經驗，但是他指出學者們對此未多加注意。杰文斯強調了邊際效用遞減的真實性和重要性。雖然瓦爾拉斯說到在他的效用方程式中邊際效用遞減具有「假定」性，但他可能也像杰文斯和門格爾一樣，是基於同樣的一般經驗的假定。他們對這一基本關係都未提出任何例外。杰文斯還明確指出不存在例外情形②。他們都沒有對邊際效用下降的變化（效用曲線上凸或下凹）賦予什麼意義。杰文斯的所有曲線都是向下凹的。門格爾的表例和瓦爾拉斯的《綱要》第一版的曲線都是直線③。在《綱要》1877年的部分，瓦爾拉斯曾援引杜皮特，後者描述的效用曲線是向下凹的；但瓦爾拉斯對杜皮特的假定未加評論④。

杰文斯、門格爾和瓦爾拉斯都未用過動態方程式。杰文斯說：「只有作為一個純粹靜態的問題……我才敢於研究交換行為。」⑤ 他之所以避開動態問題，是因為「更容易的問題還沒有解決時，【54】就想去解決更困難的問題，肯定

---

① 門格爾談到補足性，但限於生產者物品（參看門格爾：《原理》，丁沃爾和霍塞利茲譯，第63、84~87、157~185頁）。他也談到替代物品，但又通過把所有替代物品依其技術性質簡化為一種簡單物品的辦法迴避了替代問題。杰文斯談到羊肉和牛肉的替代性，但又分別給了他們不同的效用函數（杰文斯：《理論》，第1版，第127~130頁）。瓦爾拉斯根本未考慮補足性和替代性。
② 杰文斯：《理論》，第1版，第62頁。
③ 瓦爾拉斯：《綱要》，賈菲譯，第568~569頁。他在第2版中改變了這些曲線的形狀。
④ 瓦爾拉斯：《綱要》，賈菲譯，第443~445頁。
⑤ 杰文斯：《理論》，第1版，第93~94頁。

是不合理的」①。瓦爾拉斯在《綱要》第 1 版根本未提及他所用的只是就靜態分析這一事實，雖然在後來各版中曾有一句話涉及於此②。門格爾偶爾使用「時間」概念，但多半是與生產的性質有關。他在一節中曾說到人類需求的「能力」在「增長」，並說這種能力未曾引進他的分析③。不過，一般來說他的分析是靜態的。

他們在 19 世紀 70 年代關於效用遞減的例證中，沒有特別注意消費的一般條件。但他們暗示他們的方程式所代表的物品，由消費者打算消費的物理性質上同質的商品組成，除了所使用的其他（未指明的）物品以外。杰文斯在邊際效用遞減的第一個例證中要求我們設想「把一個人在 24 小時平均消費的食物總量分為 10 等分」④。他一定是指食物的某種抽象數量，因為他不可能在實體上把一天的食物分成相等的和類似的若干份，使之具有消費者會認可和估價的性質。此後，杰文斯為他的交換理論作出假定：一種商品「在性質上是完全一致或同質的」，便於它具有同一的市價⑤。杰文斯顯然還假定消費者擁有恰好同量的衣物、房舍和其他物品，不管他所消費的食物是 1 個單位還是 10 個單位。然而根本未指出，其他物品的消費水準必定是決定該消費者對食物的效用方程式形式的主要條件。讀者在解釋門格爾主要例證的第 1 欄（表示從 11 等分同質食物所得到的增量滿足）時，必定假定此人所消費的其他物品的數量不影響他的滿足。瓦爾拉斯在最初介紹他的效用方程式時的陳述，同樣暗示了商品（增量消費單位的商品）是同質的；所有其他物品數量都不會影響結果。

【55】杰文斯、門格爾和瓦爾拉斯的效用方程式全都同這樣的效用相關，這個效用是某個人從他所消費的物品中所獲得的；這些方程式引導他，按照他自己的興趣去買或賣一定量物品。換句話說，消費是以該方程式相關的那個人利用定的物品為前提的。某人飲水、吃食品（一般地說），吃牛羊肉（特殊地說），吸菸、燒柴、等等，正是為了這些目的他才購買這些東西。杰文斯等人這一次沒有提到（只在稍後一些時候才提到）這個條件：消費者要為家庭的其他成員購買。為了解釋消費，無論是 1871 年還是今天，效用方程式都應涉

---

① 杰文斯：《理論》，第 1 版，第 93 頁。
② 瓦爾拉斯：《綱要》，賈菲譯，第 117 頁。
③ 門格爾：《原理》，丁沃爾和霍塞利茲譯，第 82~83 頁。
④ 杰文斯：《理論》，第 1 版，第 54 頁。
⑤ 杰文斯：《理論》，第 1 版，第 91 頁。

及家庭。至少，購買者應當知道他自己和其他家庭成員的效用方程式的特點①。

III

杰文斯、門格爾和瓦爾拉斯都假定，來自不同物品的滿足具有某些共同的抽象的性質，因而個人可以把各種物品對他具有的意義加起來。這個重要的假定對他們這些 19 世紀 70 年代的經濟學家來說是很自然的，但是在他們以前和以後的人則否認個人能夠對來自各種不同物品的滿足加以比較。可比性假定所強調的關係就是現在一般所說的收入（或貨幣收入，或簡單地說貨幣）的邊際效用。

門格爾在字面上並沒有明確地論及這一思想，但他也沒有發表同收入的邊際效用概念相左的觀點。他無疑會讚成下述說法：當一個人支出的貨幣額增加時，他所得到的總滿足會增加，但由他的收入的一個單位所增加的滿足會逐個單位地減少。瓦爾拉斯也認為總效用取決於消費者的投入，但他在後來的分析中沒有運用這個思想②。

相反地，杰文斯對收入邊際效用概念不僅有很好的想法，而且有相當好的運用。杰文斯諳熟丹尼爾·伯努利在博弈論中對收入邊際效用的應用，也瞭解拉普拉斯關於物理財產和精神財產的劃分③。【56】杰文斯論及收入的邊際效用時說：「可見，我們現在能夠以一種精確的方式得出貨幣的效用，或得出構成一個人的生計的商品供應量的效用，它的最後效用程度是由他所消費的其他商品的最後效用程度來測定的。」④ 這無疑是以現代形式對貨幣或收入的邊際效用的首次陳述。杰文斯在此揭示了收入邊際效用為什麼一定會隨收入增加而遞減：因為所購買的物品的邊際效用下降了。他沒有考慮到當收入增加時，個人有可能改變消費的數量和性質。

---

① 門格爾：《原理》，第 130 頁）和杰文斯（《理論》，第 68 頁）談到了家庭或家屬，但沒有為他們提出效用函數。杰文斯發揮他的「貿易體」觀點時，可能想到了家庭或家屬，但他沒有這樣做。

② 瓦爾拉斯：《綱要》，賈菲譯，第 445 頁、第 175 頁。瓦爾拉斯在這裡比較了富人和窮人的財產，其中暗含著收入邊際效用遞減。

③ 杰文斯：《理論》，第 1 版，第 154~155 頁。

④ 杰文斯：《理論》，第 1 版，第 133 頁。

杰文斯假定，收入的邊際效用在短期內可以大體不變，這樣他就把讀者引進到一種局部均衡的經濟分析，其中貨幣學邊際效用仍然不變。他指出他只是在下述場合才運用這種分析，即某人花費的貨幣「不會使他更窮」，比如購買食鹽；但是當某項「購買顯著地影響到購買者的財產狀況時」，他就不用這種分析了，比如購買肉製品①。他作出圖例（假定在一定收入期間收入的邊際效用不變，且足夠購買6瓶墨水），說明某人將如何決定購買墨水的最佳數量②，這是基於收入邊際效用不變這一假定的第一條需求曲線。後來的許多作者都採用了這種做法。杰文斯對收入邊際效用的最大運用，是在於他把這個過程倒轉過來，把個人需求曲線解釋為效用曲線時，仍然假定貨幣的邊際效用不變。

IV

杰文斯、門格爾和瓦爾拉斯對他們的效用方程式的最集中和最主要的運用，是將它同交換（或價值）問題聯繫起來。在這方面他們不同於早期的效用論者，如伯努利、西尼爾、杜皮特，他們提出過大體相同的效用方程式，但從未用它們表述交換均衡。杰文斯等人對效用方程式的這種一致的運用，【57】標誌著效用分析中最重要的進步和邊際效用學派的開端。即以最基本的方式將效用最大化過程同經濟問題聯繫起來。門格爾在討論經濟問題之初就提出了最大化的說法，他希望表明消費者如何「把他所支配的一定量物品（消費品和生產資料）用到最有效地滿足需要的地方」③。杰文斯也說，經濟學關注的是效用最大化過程。他說：「以最小的努力，使我們的需求達到最高度的滿足……換句話說，達到最大的舒適和快樂，乃是經濟學的課題。」④ 瓦爾拉斯的「最大效用原理」所表述的觀點是：「交易的目的在於獲取最大可能的需求量。」⑤ 這是邊際效用學派引進經濟學的新調子。這個調子今天已經習以為常了，但在當時卻不是這樣。沒有那位早期經濟學家會否認人類一般來說是依照它們的自我利益的方向行事的。追求利益的思想，承認它是一個值得追求的目標，這是經濟學家們早在1871年以前很久就接受的看法，但是效用最大化

---

① 【234】杰文斯：《理論》，第1版，第112~113頁。
② 杰文斯：《理論》，第1版，第126頁。
③ 門格爾：《原理》，丁沃爾和霍塞利茲譯，第80頁。又見第95~96、114、131、183、192頁。
④ 杰文斯：《理論》，第1版，第44頁。
⑤ 瓦爾拉斯：《綱要》，賈菲譯，第121頁。

在決定經濟量（價值、產出、投入等）中起著重大作用的思想也還沒有出現。早期的經濟學者們認為，人們追求它們的個人利益是在這樣一個領域：產品的重要變量，如價值以及所生產的產品量，是由更嚴格和不同的外部原因（比如痛苦的代價）決定的。如果杰文斯、門格爾和瓦爾拉斯像早期經濟學家那樣繼續限制它們的分析，它們幾乎不可能發現效用方程式的用途。在可能出現一個邊際效用學派以前，效用在經濟學中已經有了某種重要用途了。

但是，就它們的最大化研究來說，無論是杰文斯，還是門格爾和瓦爾拉斯，都沒有以正式的數學程序方式直接得出最大化的條件。門格爾當然沒有利用過任何數學分析，他通常也不利用與數學相通的最大化方法。杰文斯和瓦爾拉斯是利用數學概念和方法的。我們也許指望它們會指出最大化數量，從而直接解決最大化問題；【58】然後說明最大化的條件（預籌條件），接著至少再發揮一下最大化的必要條件（若不是充分條件的話）。這些必要條件將會採取常見的一系列比率的形式（消費者的邊際效用和物品的價格之間的比率）。但是情況並非如此。他們的分析不是從消費者的總效用方程式開始的，他們肯定懂得它的意義；而是從邊際效用方程式開始的，這些方程式是他們直接用來表現最大化條件的。他們更關注的是邊際效用作為一個經驗事實的存在，而不是邊際效用的相對量和某人的總效用。為此他們對邊際效用思想做了長篇的描述，這不應被視為一種損失。如果用不了幾頁篇幅就能對最大化的必要條件作出簡明的解釋，說明邊際效用思想起源的話，我們可能會對這種邊際效用思想表示懷疑。因此他們奠立的學派應當冠之以邊際效用學派而不是最大效用學派。

V

三位先驅者都公開地拒絕勞動價值論，這成為他們的共同紐帶之一。勞動價值論在當時比任何其他對立的價值論都更有威望，追隨者也更多，因此他們同當時經濟學家的思想武器中令人尊敬的部分作對時是冒著一定風險的。他們都拒絕勞動價值論。瓦爾拉斯說：「把價值溯源於勞動，這種理論與其說無意義，不如說太狹窄了一些；與其說沒有理由，不如說不可接受。」[①] 這類說法

[①] 瓦爾拉斯：《綱要》，賈菲譯，第202頁。

顯然會惹怒勞動價值論者。門格爾對勞動價值論的斥責比瓦爾拉斯更嚴厲。他說：「在我們的科學以往的發展中，已經出現的那些帶來了最嚴重後果的極為愚蠢的若干基本謬誤中，就有這個觀點：認為物品得以有價值，是因為物品被用於生產，而生產對我們是有價值的。」① 比較起來，杰文斯冒的風險最大，因為英國是勞動價值論的祖國，它在英國有最發達的形式，【59】因而杰文斯比其他人更密切地注意勞動價值論。他甚至努力把他的效用價值論同當時英國流行的觀點協調起來。他的論述交換的一章的結尾處指出：「勞動影響供給，供給影響效用程度，效用程度支配價值或交換率。」② 他的這個解釋是調和的；而在下面的一段話中他明確地拒絕了勞動價值論：「事實是，勞動一旦投下，便對任何物品的未來價值不再發生影響：它已經過去了，永遠喪失了。在商業上，過去的永遠是過去的；我們總是明確地在每一瞬間開始，以未來效用的眼光來判斷各種物品的價值。產業實際上是預期的，而不是回顧的；任一事業的結果，也難與其創始者的初衷恰好吻合。」③

VI

門格爾的需求函數思想要比杰文斯和瓦爾拉斯的更模糊。當他承認市場銷售量取決於喊價時④，對需求函數未多置詞。他本來是可以用他在討論價格理論時用過的那種表格來說明它們的，但他根本沒有這樣做。門格爾也沒有把它們同某個人從購買物品得到的滿足直接聯繫起來。另外，瓦爾拉斯則從既定的需求曲線開始他的分析，而且在他還未就效用說一個字之前，就得出了他的均衡市場條件。此後他才引進了效用，為需求函數打下了基礎⑤。杰文斯從另一個角度看待需求曲線，他研究需求曲線主要是希望找到某種方法，以獲得制定個人效用曲線的資料。

應當注意，杰文斯的需求曲線初看上去同瓦爾拉斯的恰好一致（坐標軸倒換了）；但它們是基於完全不同的假定條件做出來的。瓦爾拉斯的需求曲線也不同於現在經濟學中所用的均衡需求曲線，例如瓦爾拉斯的第一個需求方程

---

① 門格爾：《原理》，丁沃爾和霍塞利茲譯，第 149 頁。
② 杰文斯：《理論》，第 1 版，第 160 頁。
③ 杰文斯：《理論》，第 1 版，第 159 頁。
④ 門格爾：《原理》，丁沃爾和霍塞利茲譯，第 219 頁。
⑤ 瓦爾拉斯：《綱要》，賈菲譯，第 115 頁。

式中有兩個變量，不是因為現今需求曲線的「其他條件均保持不變」這個假定，【60】而是因為他所考察的市場只有一定量的兩種商品，因為交易者是以另一種物品的單位來表示這種物品的價格。即使瓦爾拉斯的集合的需求曲線也還保留著這種差別。杰文斯的需求曲線具有較多的後來普及的那種需求曲線的特點。他假定個人拿到市場上轉讓的是次要的部分，因而交換不會改變他自己物品的邊際效用。換句話說，此人的貨幣的邊際效用不變。瓦爾拉斯根本沒有用這個假定，而且責備杜皮特進行了這種分析。杰文斯當然認識到，他不可能對任何商品（占個人收入的大部分）都做出這種需求曲線。

第八章　對杰文斯《理論》的評論

I

【61】英國人雖然不曾注意門格爾和瓦爾拉斯的早期著作（如果他們有專業的經濟雜誌就會注意到了），但他們對杰文斯的《理論》的問世還是知道的。先後出現了四篇重要的評論，此外還有六篇未署名的短評發表在報刊上。讓我們先來考察雜誌上的短評，然後是報紙評論，最後是期刊上的長篇重要評論。

II

在 Athenaeum① 上刊登了一篇草率的評論，根本沒有提及「效用」；最後遺憾地表示它對「這本可欽佩著作的短評是不充分的」②。發表在《不列顛季評》（British Quarterly Review）上的一篇較長的評論為在經濟學中運用數學和效用概念而喝彩③。《威斯特敏斯特評論》（Westminster Review）④ 上的一篇短評顯示出作者認真閱讀了杰文斯的《理論》。它很內行地概述了杰文斯的觀點，而且顯然讚成杰文斯利用數學和效用的觀點。

---

① 原意為古代雅典學者的集會之地，亦作文學或科學協會或俱樂部——譯者註。
② 1871 年 11 月 4 日，第 590 頁。【234】
③ 第 LV 卷（1872 年 1 月），第 244 頁。
④ 美國版，第 XCVII 卷（1872 年 1 月），第 102~103 頁。

III

英國報紙的評論者對杰文斯的《理論》的評論篇幅較長而且總的來說比較有利。發表在《曼徹斯特每日考察時報》（Manchester Daily Examiner and Times）的一篇文章「杰文斯論政治經濟學理論」占了半版①。評論者說，杰文斯著作「對這門科學未來研究的影響遠比作者想像的深遠」。評論者從杰文斯的《理論》徵引了大量段落，多數涉及效用；並且指出「效用的真正性質和條件可能還從未這樣成功地說明過，對杰文斯先生的手法（它顯示了杰文斯的才干）怎樣讚揚也不過分。」【62】

題為《杰文斯教授論政治經濟學》的評論文章在《曼徹斯特衛報》（Manchester Guardian）上也占了多半版。作者顯然熟悉當時的經濟思想狀況，並歡迎杰文斯「對權威的勇敢而有力的攻擊」。他注意到邊際效用，並且同意杰文斯的看法，認為邊際效用是「政治經濟學科學中突出的和決定性的要素」。他又說：「一旦接受了它（大量明白易懂的演繹之一），既可用來解答特殊問題，也會有助於整個研究領域。」評論者認識到杰文斯同他的先驅者們（亞當·斯密、李嘉圖和穆勒）是直接對立的，但他並不完全接受杰文斯的立場，他試圖把新的和舊的觀點融合起來。

與上述兩篇不同，《格拉斯哥每日先驅報》（Glasgow Daily Herald）的評論就不那麼都是有利的了（也許是因為杰文斯在曼徹斯特有許多熟人的緣故）。它們對杰文斯的效用學說作了更切實和更具批評性的解釋②。杰文斯追隨邊沁，假定一個人可以把效用相加或相減，評論者拒絕這一點。評論者認為要作此假定就必須事先再假定：第一，各種享樂「只在強度上有所不同」；第二，「必須有若干共同約定俗成的享樂單位，以便測定和計算享樂」。評論者對此假定都不接受。他拒絕承認「一頓美餐的享樂」同「作出一項科學發現的享樂」之間的差別僅僅是享樂量的大小。他指出即使是杰文斯也不可能給它們一個共同的單位。評論者還拒絕了杰文斯的許多新的術語，認為其中包含著許多含糊不清的地方。他提出了一個後來常被提起的異議：「我們只能從交換比率知道最後效用程度的比率，因而不可能從後者去解釋前者，換言之，不可能離開交換方程式去瞭解效用方程式。」

---

① 1871 年 11 月 15 日，第 7 頁。
② 1871 年 12 月 16 日，第 3 頁。

IV 【63】

對杰文斯《理論》初版的四篇重要評論中，有一篇未署名①，其餘均出自知名作者。約翰·埃里特·加尼斯為有影響的《雙周評論》（Fortnight Review）撰文評論杰文斯的《理論》②。馬歇爾是以發表在《學會》（Academy）上的評論杰文斯《理論》的文章開始其學術生涯的③。在美國，西蒙·紐柯布在《北美評論》（North American Review）上發表了長篇評論④。評論者的調子一般來說互不相同。紐柯布和加尼斯給予一般的讚揚；馬歇爾限於稱讚個別幾點；《周六評論》（Saturday Review）未予讚許。他們都不同意杰文斯對效用的運用，但理由不盡一致。

馬歇爾看到杰文斯的「主要目的在於以『價值完全取決於效用』的理論來代替穆勒的價值理論」，但他竭力證明勞動價值論和杰文斯價值論的一致。馬歇爾文章的第一句話即顯示出他對那些偶爾拒絕偉大經濟學家（特別是英國偉大經濟學家）教義的那些人的態度，這種態度他保持了一生。馬歇爾的這句話是：「這本書要求『對經濟學家們所喜愛的不少理論提出異議』。」這句話（以及評論的其他部分）暗含著杰文斯不曾實現他的要求。馬歇爾對這個要求的否認是從徵引杰文斯的一段話開始的：「雖然『勞動通常決定價值』，但它『只是通過間接的方式，改變商品的效用程度，而效用程度的改變又是通過增加供給』。」馬歇爾接著說：「幾乎令人吃驚的是，作者認為李嘉圖的理論是支持把勞動作為價值源泉的，但同上述最後的說法不一致。」兩種理論之間的差異使杰文斯感到驚異，而杰文斯關於差異的論斷又使馬歇爾感到惱怒。

---

① 《杰文斯論政治經濟學理論》《星期六評論》，第 xxxii 卷（1871 年），第 624~625 頁。杰文斯寫信給布魯爾說：「至於英國期刊雜誌上的評論，可以說 1871 年 11 月 11 日《星期六評論》上的那一篇是最重要最值得注意的。」杰文斯認為這篇的水準超過馬歇爾後來在《學會》上發表的那篇評論。他說：「《學會》上確有一篇評論，它雖比《星期六評論》上的那篇更公允，但在批評方面沒有什麼值得你注意的東西。」（《杰文斯通信和日記》，第 309 頁）。埃杰沃思的看法相反，他在 1889 年英國科協 F 組主席演講中，曾說「《學會》上的那篇對杰文斯的評論值得研究」（《政治經濟學論文集》，倫敦，1925 年，第 2 卷，第 276 頁註）。

② 《政治經濟學中的新理論》，《雙周評論》，新編，第 xi 卷（1872 年 1 月），第 71~76 頁。

③ 《學會》第 3 卷（1872 年四月 1 日），第 130~132 頁。重印於《馬歇爾紀念文集》，皮古編（倫敦，1925 年版），第 93~99 頁。該文集中還有一篇《在馬歇爾先生文稿中發現的未註明日期的手稿，是對上述評論的解釋》。

④ 《北美評論》，第 cxiv 卷（1872 年 7 月 26 日），第 59~60 頁。

馬歇爾還表現出他時常提及的折中主義精神。他說：「儘管這兩種理論之間的差異是很大的，但主要是形式上的差異。」馬歇爾爭辯說，假如杰文斯承認他不過是以另一種形式改寫了李嘉圖和穆勒的理論，那麼杰文斯的效用理論就是正確的。馬歇爾還否認杰文斯應獲邊際效用思想首創者的榮譽，他說：「任何商品的總效用不同其『最後效用程度』成比例，不過是一個熟悉的真理。」馬歇爾沒有說究竟是誰提出了這個熟悉的真理。

在對上述評論的註釋（保留於馬歇爾的手稿）中，他反覆申明杰文斯沒有必要使他的觀念顯得是首創的。「杰文斯看來頑固地誇大了他的理論與穆勒和李嘉圖的理論的不相容的程度……當我讀杰文斯的《理論》時，對（李嘉圖）……的純潔的忠誠在我心中油然而生……我還清晰地記得，我不得不把一些憤怒的詞句寫進草稿，剛被刪去，不大一會又以另一種形式出現，然後又刪去。」① 實際上馬歇爾並沒有完全刪掉「憤怒的詞句」。【64】

V

在壓低杰文斯要求優先權方面，加尼斯的評論在一定程度與馬歇爾是一樣的。加尼爾說：「杰文斯的理論並不完全是新的，至少，在我看來，我從中得到的價值規律概念實際上同巴斯夏在《經濟和諧》中所提出的觀點是一致的。」與馬歇爾不同的是，加尼斯還有另一類不利的批評。其中之一是，加尼斯抱怨杰文斯沒有提出一種真正的衡量最後效用程度的尺度，除非用物品的交換價值。然而，他說：「這樣一來，我們就會處於這樣的境地：交換價值取決於效用，而效用又以交換價值測定，而且只能依據交換價值來確定……我承認，對我來說，它們似乎如此地接近於是一回事，以致我無法將它同那許多種情況區別開來。我看不出它對澄清經濟學的任何問題有什麼幫助……假定『最終效用』只能由交換價值來確定，我們又何以能從前者來瞭解後者？」這個批評同上述《格拉斯哥每日先驅報》的批評相類似。

加尼斯十分牽強地試圖表明杰文斯不可能直接測定享樂或滿足。在某種程度上他想把他的責難置於這種特別的信念之上：享樂或滿足同杰文斯的效用概念無關。他說：「我認為，一般人都會同意，假定人類組織和氣候條件為已

---

① 《馬歇爾紀念文集》，第 99~100 頁。

知，則從穿一件上衣或外套所得的享樂，在感覺上，現在同 100 年前沒有什麼兩樣。」但是，因為 100 年間衣料價格下跌，所以加尼斯說，杰文斯不可能用它們引起的享樂或滿足來決定其價值。加尼斯顯然對邊際效用缺乏理解。服裝生產量的增加固然會壓低邊際效用，但它足以允許以較低的價格出售，即使人們的效用函數沒有變動。【65】

加尼斯對邊際效用遞減的觀點是理解的。因而上述論證可以視為一時的過失。事實上他用以反對效用的第二個論據中，有一部分就是邊際效用的變動。他說：「一磅茶葉對一位洗衣女工的『終點效用』就比一位淑女要大，」因為已經假定後者的茶葉量比前者要多。加尼斯從這種個人之間的比較得出結論，一些讀者「可能推論說，根據杰文斯先生的理論，洗衣女工應當為她的茶葉支付得更多。」加尼斯最後這個不顧一切地論證是沒有意義的，它表明加尼斯既沒有理解杰文斯的誠意，也不知道該如何應用邊際效用理論。

VI

《周六評論》的那篇匿名評論對杰文斯未做任何讚揚，但杰文斯認為它比任何其他評論都值得注意，因為它顯示出作者對經濟學有一定的瞭解，而且認真地讀了自己的書，還因為該文接觸到了核心問題。作者一開始就以馬歇爾和加尼斯同樣的方法排除了杰文斯的任何首創性，他說：「令人印象深刻的是，他同他所拒絕其權威性的那些著作有著廣泛的一致。」

關於效用測定和效用在經濟分析中的用途的關係，這位評論者有如下的闡述：「但是，效用的尺度是什麼呢？杰文斯先生沒有回答這個問題……毫無疑問，我們可以說一種快樂比另一種是大還是小；但這無濟於事。為了應用數學方法，快樂應以某種方式予以數學表述，例如，我們可以說吃一塊牛排的快樂同喝一杯啤酒的快樂之比是 5：4。但這並沒有傳達給我們什麼特定的含義，而且杰文斯先生看來不得已迴避了這個問題。我們必須提醒他注意，為使某種事物適於數學研究，光用若干字母表示某些相關量是不夠的。如果我們說 G 表示對自由黨格拉斯頓先生的信任，D 表示對保守黨人迪斯雷利先生的信任，X 和 Y 表示參加的人數，那麼格拉斯頓先生的任期就取決於包含 dG/dX 和 dD/dY 在內的若干方程式。【66】這不過是把一個平淡無奇的說法隱藏在一堆神祕的字母之中罷了。」這個論據是不容易回答的，它可能使杰文斯感到

難堪。

《周六評論》文章提出的最後一個批評涉及杰文斯的交換問題和穆勒的國際貿易例證的比較。他說兩者是一回事，所不同者，在杰文斯方面，物品總量不能增減，每個交換者都有嚴格的壟斷。這位匿名評論者說：「杰文斯的問題等於是說，假定大英博物館擁有現存的全部希臘雕刻，羅浮宮擁有現存的全部羅馬雕刻；以怎樣的比率他們才會交換這些收藏品，而又沒有其他購買者呢？這個問題如此地遠離實際，以致幾乎不值得加以考慮。」評論者試圖表明方程式是沒有用的，即使它們不是虛構的。假定交換率定在 5 單位穀物對 1 單位牛肉，A 將交換到足夠的牛肉，但這樣的交換未必會使 B 感到滿意。B 可提供 2 單位牛肉以交換穀物，但是 A 卻拿不出更多的穀物。評論者繼續說：「在無論哪種情況下我們都看不出為什麼會要求使雙方皆滿意的比率。簡言之，我們所能說的只是牛肉和穀物會交換到一方或雙方停止為止；但是什麼時候停止將部分地取決於 A 和 B 對牛肉和穀物的慾望，部分取決於他們討價還價時的機敏。」這段話也許僅僅暗示，在最後比率的實際決定中，達於均衡的軌跡與最後的交換比率不同。如果真是如此，這個解釋就是對最後交換比率決定過程做了過於膚淺的解釋。方程式不過是最終結果的反應。

最後，評論者以下述總結性的話集中表達了他的「指控」：「如果把我們對杰文斯理論的評論總結一下，那麼可以說，他希望以對當事人的效用來決定交換比率，而不引進供給和需求的作用。因而他所想像的是一個供給和需求不起作用的場合。他發現可以指望的唯一的答案是，交換的結果在一定程度上取決於個人的脾性（無法加以考察）；他把這種神祕的結論隱藏在各種符號之中，而這些符號不過是一些累贅，它們包含的函數沒有解也不可能有解。」

Ⅶ 【67】

西蒙·紐柯布在《北美評論》上的評論對杰文斯經濟學的讚揚比其他三篇長篇評論的讚揚的總和還多。在四位作者中，只有紐柯布讚成杰文斯把數學用於經濟學。他總結說：「鑒於這種表達方式是政治經濟學現在最需要的，所以我們歡迎每一種將數學引進經濟學的嘗試，並對這部著作予以肯定，它揭示了經濟學這門容許精確數學表達和論證的科學中確實存在的一些真理。」和其他評論者一樣，紐柯布也認識到這本書的中心部分是以效用為基礎的，他認為

這有重要意義。他說：「本書的基礎是效用理論，而這種理論可很好地代替舊的使用價值和交換價值的區分。」

紐柯布和其他評論者一樣，對杰文斯也提出了一些批評，他的主要批評也許是這一點：「儘管就其結果及其能夠應用於實際的貿易條件來說，（杰文斯的效用理論）是完全正確的，（但其應用是）很有限的。」紐科布認為，當事人擁有大量物品這一情況就限制了杰文斯理論的有用性，因為這些物品對當事人沒有直接的效用。杰文斯本人已經注意到了這種情況，但是杰文斯不認為這有什麼重要性，而紐科布卻十分重視這一點。他問道：「如果發現一種科學基於一系列方程式，而這些方程式正確與否，則要看每個商品生產者用來為自己使用的商品量是否無限之少，」這一點是否「反而不能令人滿意」？紐科布還認為，考察物品對製造者（而不是對商人）的效用是困難的，因為生產者將它們用於生產未來物品。於是他問道：「我們將怎樣知道……馬掌對馬蹄匠的效用？又如何知道鐵路對工程師的效用？」他偶爾談及他對這個困難的解答，他說，當我們把方程式用於具體的場合時，「我們就會發現，該商品對賣者或生產者的效用會從方程式中統統消失了，而顯現出來的是生產條件和該商品對買者的效用這兩者之間的關係」。【68】

紐柯布同物理學的聯繫無疑促使他想從價格和數量的資料中編製出實際的效用函數（就像杰文斯認為他自己能這樣做一樣），並力圖用這些方程式解答有關交換方程式的實際問題。他不讚成將數學方法限制在各種函數上，這些函數的形式他只能部分地加以說明，他對於獲得實際的有價值的成果抱有真誠的熱情。他說：「因為效用取決於供給，所以用一種代數方程式來表現它們之間的關係是有可能的，如果有列出這種方程式所需要的條件的話。已知每次賣出的數量，又有在各種條件下影響售賣的價格，利用歸納的方法就可從中得出方程式。法則的一個有趣的應用是，確定一個人（已知其慾望和收入）究竟會購買多少物品。已知必要的資料，又假定其花費總是明智的，則其每單位收入花費的方式就是一個數學演繹的問題了。」

紐柯布對杰文斯分析的結果似乎不滿，他說：「我們的作者已經為我們奠定了基礎，但還沒有建起大廈，也沒有向我們指明通向大廈的道路。他的效用理論是很有意義的，它有助於人們理解商業世界的種種現象，但他沒有提出完善的研究方法。」紐柯布同物理科學的聯繫也說明了他拒絕杰文斯關於計算苦樂的觀點的原因，他不認為這種觀點具有「任何健全的哲學基礎」。紐柯布實

際上只拒絕測定快樂和痛苦，而並不拒絕注意出於苦樂考慮的行為。他說：「我們可以把人趨利避害的行為作為計算的對象，但很難把這看作是可以測定快樂和痛苦本身。」

VIII 【69】

對傑文斯《理論》再版的唯一的署名評論出自萊斯利之手①。兩篇未署名的短評解釋了傑文斯著作的內容，並且未加批評地予以讚揚②。當人們對萊斯利的眾所周知的各種興趣抱有期望時，他卻把注意力主要限於評論傑文斯的研究範圍和方法。他不同意傑文斯研究的內容，但他顯然努力想說明傑文斯是公正的。然而當他暗示他從不拒絕將數學用於解釋李嘉圖經濟學時，他的怒火便油然而生，因為這使他看到李嘉圖經濟學的「每篇論文都是含糊不清的，而這些論文又都是做了許多的計算才提出來的」。而當他論證說不應當利用數學時，他也怒不可遏，他問道，是否應當認為「《泰晤士報》減少印數從而節省大量墨水和紙張……將會有助於啓發公眾去從事於這樣的節約呢？」萊斯利讚成邊際效用遞減的說法，但又認為它在一定程度上會被下述情況排除，即物品的價格「還受到如此眾多條件影響，以致它不能同供給量保持不變的比率」。萊斯利後來重申了這一思想，他說，價值也取決於「其他一些蔑視一切數學計算能力的條件」。萊斯利最後評論了效用，並表示希望歷史學派對效用進行透澈地研究，他說：「人類需求演進所遵循的秩序，是新興的歷史學派或主張歸納的經濟學派有待研究的課題之一。」

---

① 《學會》，第 xvi 卷（1879 年 7 月 26 日），第 59~60 頁。
② 《威斯特敏斯特評論》（美國版，第 cxiii 卷〔1880 年 1 月〕，第 106 頁）上的這篇評論，主要涉及效用問題。它最後指出，傑文斯「肯定應當感謝英國的經濟學門徒，因為他們為擴大眼界做了如此熱誠的努力」。較長的一篇刊登在《普通科學月刊》上（第 xv 卷〔1880 年 3 月〕，第 699~701 頁），該評論較充分地解釋了效用和價值的關係，並得出結論說，效用理論的意義要由經濟學家們來判定，但是所有想瞭解當前經濟研究動向的人，也能對它進行有趣和有益的探討。（同上，第 701 頁）。

第九章 杰文斯論效用(1871—1882)

I

【70】杰文斯的《理論》問世於 1871 年 10 月，此後大半年杰文斯的健康狀況不佳，妨礙了他的研究。他重新考慮效用問題是在 1872 年 10 月 17 日致沙德威爾的一封信中①。後者極力主張並提醒杰文斯保持亞當·斯密的勞動價值尺度，因為沒有測定幸福的方法。杰文斯反駁說，許多東西只宜於用其效果間接地測定。他認為可以用「一個普通工人在已經勞動了 10 小時後（例如說）的一刻鐘所受的平均痛苦……來測定他的最後一份增量工資對他的效用……」② 他爭辯說，他也可以用「已經吃了 3/4 磅麵包之後的一盎司麵包對一個人所帶來的通常的或平均的好處……作為快樂的單位，當然要記住從任何商品中所得的快樂並不同那個商品成比例」③。杰文斯在信中重申了他早先的希望：如有完整的商業統計資料，他就能為他的公式得出相應的數值，因為價格「代表了對商品的估價，使我們可以對各種商品的最後增量所產生的快樂加以比較」④。「如果我們把完整的價格表和消費量加以比較，就能規定效用變動的數字法則」⑤。杰文斯承認他「指出我們能夠（以完整的統計資料）把所有的公式都轉變為數字的表述過程，並不是十分謹慎的」⑥。他的結語說，只是想走出「正確得到公式的第一步……」；接著他又補充了一個雖然重要然而無關

---

① 《杰文斯通信和日記》，第 268-270 頁。【235】
② 《杰文斯通信和日記》，第 269 頁。
③ 《杰文斯通信和日記》，第 269 頁。
④ 《杰文斯通信和日記》，第 269 頁。
⑤ 《杰文斯通信和日記》，第 269 頁。
⑥ 《杰文斯通信和日記》，第 269 頁。

的說法：「同亞當·斯密分歧的主要之點在於區分效用程度和效用總量。」這樣的結語是很不和諧的。【71】

杰文斯在 1873 年的大部分時間忙於寫作《科學原理》，該書問世於 1874 年 2 月 2 日。其中一長節論及測定問題，末尾還附有關於在社會科學中測定問題的資料。杰文斯說：「經濟統計學，包括了生產的、現存的、交換的和消費的各種商品的數量，它構成另一個最廣泛的科學實體。」① 但他沒有更進一步和更好地解釋他怎樣得出效用函數中的常數。

II

杰文斯得知瓦爾拉斯論效用的著作是在 1874 年 4 月底 5 月初的某個時候。瓦爾拉斯的論文《交換的數學理論原理》刊登在《經濟學家》雜誌 4 月號上。瓦爾拉斯於 5 月 1 日送一本給杰文斯時，還不知道杰文斯已經出版了類似的著作，只知道杰文斯是「因為價格變動和貨幣貶值問題的著作而受到重視的一位作者」②。瓦爾拉斯首次致信杰文斯之後不幾天，布魯爾（一位德國經濟學者）給瓦爾拉斯寫信說，杰文斯論效用的著作具有相同的特點③。

1874 年 5 月 12 日，杰文斯致信瓦爾拉斯說，在他接到瓦爾拉斯寄來的雜誌之前，他已注意到刊登在《經濟學家》雜誌上的瓦爾拉斯的文章所提出的「非常值得注意的理論」④。他說他自己的「交換理論在英國備受冷落和批評，卻被你的研究所證實」⑤。他詳細陳述了他在該理論上的優先權，並指出瓦爾拉斯的「理論同我的理論在實質上是吻合的，並證實了我的理論，儘管所用的符號不同，還有一些非本質的差別」⑥。最後，他十分委婉地詢問瓦爾拉斯在多大程度上瞭解他自己的著作。

瓦爾拉斯於 1874 年 5 月 23 日回了一封長信⑦。他解釋說他剛剛從布魯爾

---

① 杰文斯：《科學原理：邏輯和研究方法研究》（紐約，1874 年），第 1 卷，第 386 頁。
② 「交換的數學理論——優先權問題」見《經濟學家》雜誌，第 3 類，第 XXXIV 卷（1874 年），第 419 頁。
③ 《經濟學家》雜誌，第 3 類，第 XXXIV 卷（1874 年），第 419 頁。
④ 《杰文斯通信和日記》，第 302 頁。
⑤ 《杰文斯通信和日記》，第 302 頁。
⑥ 《杰文斯通信和日記》，第 302~303 頁。
⑦ 「交換的數學理論——優先權問題」，見《經濟學家》雜誌，第 3 類，第 XXXIV 卷（1874 年），第 419~422 頁。

的來信中得知杰文斯論效用的著作。他同意說他和杰文斯的論文在後者已經「極為明確地」指出的各點上是吻合的，但他也指出了若干區別，他認為這些區別是重要的。瓦爾拉斯說，他不可能知道杰文斯已經從最大化滿足的觀點引出了他的函數，或是杰文斯已經用它們得出了需求函數（用以建立後來的均衡條件）。瓦爾拉斯感覺到了上述兩種特殊情形下的細微差別，但是這種差別並沒有引起這兩種觀點的矛盾和對立。【72】

瓦爾拉斯沒有進一步考察這種差別，而是詳細陳述了他自己思想的來源，沒有為他未引用杰文斯這一點留下任何懷疑的餘地。他提醒說，雖然這一理論在法國或英國尚未被認真接受，但一些義大利經濟學家卻表示了支持。他最後提議將兩人的信件在《經濟學家》雜誌上發表。杰文斯在 1874 年 5 月 30 日復信中感謝瓦爾拉斯寄來他的《綱要》一書的校樣，並希望過些時候再來確定他們的基本觀點是否有所不同①。他承認瓦爾拉斯的研究是完全獨立的，他感謝瓦爾拉斯的提議，即通過發表他們的信件來承認他在一些方面的優先權，最後他表示願為瓦爾拉斯理論介紹到英國出力。杰文斯的信和瓦爾拉斯的回復發表在 1874 年 6 月的《經濟學家》雜誌上②。

1874 年夏杰文斯還與布魯爾通過信，後者對新經濟學感興趣。杰文斯告訴布魯爾，他對他的《理論》在英國未受歡迎而失望，但他提到「一些年輕數學家和經濟學家……已經在鑽研這個問題……」尤其是喬治・達爾文③。布魯爾完成了一本遵循杰文斯和瓦爾拉斯思路的書，杰文斯對此表示高興，還希望在德文原版之後能出法文版和英文版。布魯爾在早先的信中曾表示希望研究效用曲線的變動問題；杰文斯對此感興趣。杰文斯說，關於商品不可分問題，除了《理論》中所說的以外，他沒有什麼好補充的了，不過他對他自己關於不確定的回答是不滿意的。初秋時節，杰文斯再次致信布魯爾，說他「在你所提到的那一點即不可分物品的交換問題上做過深入思考」，但沒有任何進展④。杰文斯在信中表示眼下最需要的還不是加工「完整和正確的理論，而是使大家都懂得其最簡單的原理……」⑤，他還認為瓦爾拉斯的書「一點也不宜

---

① 《杰文斯通信和日記》，第 305~306 頁。
② 《經濟學家》雜誌，第 3 類，第 XXXIV 卷，第 417~422 頁。
③ 《杰文斯通信和日記》，第 309~311 頁。
④ 《杰文斯通信和日記》，第 320 頁。
⑤ 《杰文斯通信和日記》，第 320 頁。

於使人們更加理解這個理論的各項原理……」①。【73】

III

1874年11月杰文斯在曼徹斯特統計協會宣讀了一篇題為《政治經濟學數學理論的發展》的論文，這是自他的《理論》問世以來他對效用問題第一次發表意見②。他在這篇論文中對邊際效用價值論作了最基本的非數學的說明；他在英文文獻中首次注意到瓦爾拉斯；他肯定遵循著他在給布魯爾最後一封信中提出的看法，力圖以最簡單的術語說明問題，而不是致力於對理論的精雕細刻和發展。

出席曼徹斯特統計協會之後，杰文斯有數年沒有在效用問題上發表意見了。他只是在同布魯爾的通信中談及他新近發表的效用理論方面的論文③；在同G. H. 達爾文通信中談及後者維護杰文斯和反對加尼斯④；在同福克斯維爾通信中談及馬歇爾同杰文斯理論的關係⑤。杰文斯在給瓦爾拉斯的信中表示，邊際效用理論已經開始取得了一些進展，他說：「我認為英國人的看法正在發生顯著的變化，各種人物都表示了默許，一些教授開始把這個理論提到學生面前。我兩個月前在劍橋時發現，人們對這個理論的理解比我設想的要好，我不懷疑它在逐漸地獲得地盤……」⑥。杰文斯於1876年來到倫敦，在大學學院宣讀了一篇緒論性的論文《政治經濟學的未來》，幾乎沒有提到效用⑦。杰文斯在1877年發現了杜皮特的論文，遂寫信給瓦爾拉斯說：「杜皮特對此問題有相當深刻的理解，而且在我們之前即預見到了效用論的基本思想」⑧。杰文斯於1877年3月出版了初級讀物《政治經濟學》，其中涉及效用之處甚少。【74】

這本書脫手後，杰文斯開始考慮再版《理論》，並收集整理附在政治經濟學數學研究之上的書目。這時他發現了戈森的著作，1878年8月21日他在給其兄的信中首次談及這一情況：「幾天來我為一件事所煩惱，歐文斯學院的亞

---

① 《杰文斯通信和日記》，第321頁。
② 《統計學會雜誌》，第XXXVII卷（1874年），第478~488頁。
③ 《杰文斯通信和日記》，第326頁。
④ 《杰文斯通信和日記》，第327頁。
⑤ 《杰文斯通信和日記》，第331頁。
⑥ 《杰文斯通信和日記》，第332頁。
⑦ 此文收入杰文斯《經濟學原理》（倫敦，1905年），第187~206頁。
⑧ 《杰文斯通信和日記》，第366頁。

當森發現了一本不知名的書，作者是戈森。該書所包含的政治經濟學理論與我的理論極為相似。事實上有一批著作（它們甚至在大陸也不為人知）在我之前已經提出了我的理論的基本思想，這樣一來我就處於一種不幸的境地了，相當多的人不理解它，認為它是荒謬的；另一些人則認為這理論沒有什麼新東西。我正在整理新版但進展緩慢，時做時輟。」①

過了一些時候杰文斯才從戈森著作的衝擊波中解脫出來，因為戈森的效用論同他的瓦爾拉斯的理論非常相似。杰文斯在1878年9月初給福克斯威爾的信中談到戈森，他從以下的想法中多少得到一些安慰：「這個理論實際上已經被獨立地發現了三四次以上了；這說明它必定是正確的。」② 此後不久他把這個想法告訴了瓦爾拉斯③。

杰文斯於1879年春完成了《政治經濟學理論》第二版，他增加了長篇新序言，為其數學表述方式的不足向數學家表示歉意，但他明言不會改變④。他還對一些書目的發現過程（1871年以來）作了說明，特別是關於瓦爾拉斯、杜皮特和戈森，這篇序言提供了一幅邊際效用理論發展史的最早藍圖。這一版還增加了其他一些東西。增加了四節，論及「經濟量的乘量」⑤，增加了一節關於價值的新解釋⑥；打算為其效用論增加兩節，其中一節將把他的理論擴展到物品具有負邊際效用或零邊際效用的場合，詳細指出這些情況對其交換方程式的影響⑦。另一節則分析聯合生產，其結論是，生產成本絕不支配聯合生產的產品，所以邊際效用理論適用於所有的場合⑧。【75】

杰文斯在他生前最後一年，尤其在他退出教書生涯而轉向寫作之後，他一直打算進行經濟學的宏大研究，只要有時間他就想搞一部分。他留下的是未完成的手稿，後來出版了，書名是《經濟學原理：社會產業機制研究之片段和其他論文》⑨。這部作者身後問世的書，同他1871年的《理論》一書相比，只是對一般經濟學的擴展研究，對邊際效用問題未置一詞。他雖不斷（有好幾

① 《杰文斯通信和日記》，第387~388頁。
② 《杰文斯通信和日記》，第389頁。
③ 《杰文斯通信和日記》，第390頁。參看本書第20章關於瓦爾拉斯獲悉這個消息的情況。
④ 杰文斯：《理論》第二版，第XII-XIII頁。
⑤ 杰文斯：《理論》第二版，第X頁。
⑥ 杰文斯：《理論》第二版，第85~90，110~115，205~209頁。
⑦ 杰文斯：《理論》第二版，第137~145頁。
⑧ 杰文斯：《理論》第二版，第215頁。
⑨ 倫敦，1905年。

章）談及效用，但令人奇怪的是，其談論的調子根本不像是來自邊際效用學派成員的手筆。從杰文斯所列擬寫（但未寫）各章的目錄也看不出更多的希望，即如果時間允許他將會對效用問題做進一步研究；他顯然認為他已經完成了這方面的研究。

第十章　馬歇爾

I

【76】馬歇爾在1872年評論杰文斯的《理論》以後，在1876年的《論穆勒先生的價值理論》一文中有可能表述他自己的價值觀點①，但他在這篇文章中通篇未提「效用」一詞，儘管兩次提到杰文斯②，我們可以推想他對效用論不置一詞是出於這樣的考慮：他這篇文章的主旨在於維護穆勒的價值論並反駁加尼斯的批評。既然如此，也就沒有必要提及效用了。但下述事實畢竟是值得注意的：杰文斯的《理論》問世已經五年，馬歇爾評論過它，肯定瞭解其要旨，現在卻在價值問題上全心全意地支持穆勒，而且對他根本不提效用也沒有表現出任何的不安。

II

馬歇爾的經濟分析最早用到邊際效用是在1879年，他在該年出版的兩本書反應了杰文斯的某些影響，一本是與其妻合著的《工業經濟學》③，另一本

---

① 【235】馬歇爾：《論穆勒的價值理論》，《雙周評論》，新編，第 XIX 卷（1876年），第591～602頁。

② 馬歇爾：《論穆勒的價值理論》，《雙周評論》，新編，第 XIX 卷（1876年），第593頁註，598頁。

③ 倫敦，1879年。後來兩版（1881年和1885年）的內容沒有多大變化。

是他個人寫的《國內價值純理論》①。

在《國內價值純理論》中，馬歇爾是以介紹需求曲線和供給曲線開始研究價值問題的，後來才回到效用思想上。需求表在他那裡擔負著解釋消費者租金的大部分任務。馬歇爾最初討論消費者租金時用的是「滿足」而不是「效用」；而且是以煤價為例來衡量新增 1 噸煤所得的滿足。馬歇爾說：「一個人為獲得任何滿足剛好願意支付而不願放棄它的那個東西就是……衡量他的滿足的『經濟尺度』。」② 在 19 世紀 70 年代那些激動人心的日子裡，尺度問題對馬歇爾來說還不可怕。為了得出個人消費者租金的完整的「經濟尺度」，【77】馬歇爾（以煤為例）又加進了下述差別：某人為每新增 1 噸將會支付而不是放棄它的價格，同他實際支付的價格之間的差額；結論是「他所獲得的全部消費者租金③……是……22.5 鎊」④。

在分析接近尾聲時馬歇爾才把杰文斯和效用引進他的研究，用的是一句插入語：「我們可以經由另一途徑說明同一事情。」⑤ 馬歇爾的確是這樣做的，他簡單地重申了早已提出的論據，只是用「效用」一詞代替了「滿足」，與此同時兩次提到杰文斯。簡而言之，馬歇爾把個人需求曲線解釋為個人效用曲線，從個人需求曲線軸線讀來的同一些數目字，被用來解釋個人效用曲線的數量。

馬歇爾顯然得出結論，妨礙我們制定個人效用表的唯一因素是「我們不可能估價個人在一定價格下將會購買的數量……」⑥ 這個困難並不大，但它顯然是促使馬歇爾從考察個人需求曲線跳到考察集體需求曲線的原因。馬歇爾說「交易統計材料一般來說能使我們得出某種商品對整個市場的需求曲線……」而且「我們用這種方式可以發現使用中的商品對某共同體的若干成員的價值

---

① 倫敦經濟學院重印了這篇論文，作為《經濟學和政治科學珍貴著述重印叢書第 1 冊》的一部分。凱恩斯在其《馬歇爾，1842—1924》一文中說，馬歇爾的這篇論文一定是在 1873 年前後完成的……」（《馬歇爾紀念文集》，皮古編，倫敦，1925 年，第 23 頁），但他沒有提出什麼根據。【236】事實上馬歇爾完全不可能在這麼早的時候寫成這篇文章，因為文中有一個腳註（第 3 頁）提到馬歇爾 1876 年論穆勒的文章；馬歇爾當然是在寫了後面這篇文章之後才有可能加這個註的。

② 馬歇爾：《國內價值純理論》，第 20 頁。

③ 馬歇爾在《國內價值純理論》中用「Consumers' rent」表示「消費者租金」；這裡的撇號「'」放在 s 之後，即使談到單獨個人時也是這樣。馬歇爾後來在《原理》中既用「consumers' rent」，也用「consumer's rent」。他還在《原理》第 1 版中開始用「剩餘」（surplus）代替「租金」（rent）。凱南注意到這種差別，他指出「查閱《原理》前 5 版，沒有發現馬歇爾更喜歡用「consumers'」，還是「consumer's」（凱南：「馬歇爾，1842—1924」，見《經濟學》第 IV 卷〔1924 年〕第 259 頁）。

④ 馬歇爾：《國內價值純理論》，第 21 頁。

⑤ 馬歇爾：《國內價值純理論》，第 21 頁。

⑥ 馬歇爾：《國內價值純理論》，第 22 頁。

的經濟尺度」①。他承認這裡有新的困難，即他的混合的使用價值曲線只能粗略地衡量人的滿足，因為這種衡量包含下述假定：「一先令對一個人所值的快樂……（等於）……一先令對其他任何人所值的快樂。」② 馬歇爾知道這個假定不完全正確，「因為一個富人對一先令所估價的滿足，同一個窮人願為之支付一先令的滿足是不宜加以比較的」③。對於用需求曲線來決定一個集體的消費者租金，馬歇爾還加了另一個限制，因為需求曲線實際上只是在非常接近現行市價時才能被瞭解。這樣，市場需求曲線只能用來估價總效用的變化，而不是估價總效用本身。不過這些限制沒有阻止馬歇爾繼續使用消費者租金概念。事實上【78】這篇論文的最後部分主要是研究各種賦稅對做了如此限定的消費者租金的影響，並且以他所熟知的情形告終，即「政府」能通過徵稅增加企業成本，通過補貼降低企業成本，以增進「公共財富」④。

III

馬歇爾的《工業經濟學》對邊際效用的陳述，比《國內價值純理論》的陳述更簡略，這是可以理解的，後者是為專業經濟學家寫的，而前者的對象是廣大的非專業讀者。但兩本書對邊際效用的運用基本相同。馬歇爾像過去一樣仍以價格測定效用，只是例證有所改變：他用法蘭絨代替了煤炭。馬歇爾說：「用杰文斯先生的巧妙措辭來說，一碼法蘭絨對他（消費者）的一最後效用是用一先令來測定的。」⑤ 他毫不猶豫地說：「六便士的最後效用對窮人要比對富人來得大，」這說明能夠進行個人之間的比較⑥。馬歇爾這次顯然對「最後效用」一詞表示滿意，稱之為「巧妙的措辭」。後來他又未加解釋轉而反對採用它，代之以「邊際效用」。

實際上，讀一遍《工業經濟學》即可看出，馬歇爾早在1879年前後還沒有把邊際效用思想引進他的價值論。雖然他是聯繫價值來運用效用思想的，但這是次要和偶然的。邊際效用部分地解釋需求，需求部分地決定價值。他在序

---

① 馬歇爾：《國內價值純理論》，第22頁。
② 馬歇爾：《國內價值純理論》，第22頁。
③ 馬歇爾：《國內價值純理論》，第22頁。
④ 馬歇爾：《國內價值純理論》，第37頁。
⑤ 馬歇爾夫婦合著：《工業經濟學》，第69~70頁。
⑥ 馬歇爾夫婦合著：《工業經濟學》，第70頁。

言中表示希望「沿著穆勒的《政治經濟學》的路線，制定一種價值論、工資論和利潤論，它們將包含當代經濟學家們勞動的主要成果」①。傑文斯顯然被看作是為數不多的「當代經濟學家」之一；馬歇爾這本書更多地接近於穆勒的路線。從馬歇爾對傑文斯理論（決定價值的是效用而不是生產成本）的評價可以看出他把傑文斯擺在什麼地位。他既不支持李嘉圖，也不支持傑文斯，而是試圖把他們的理論加以折中。他說：「有人（如李嘉圖）認為決定價值的只是生產成本。這是不正確的。但是另有一些人僅僅把效用作為價值的基礎。這也是不正確的。【79】效用是價值的一個條件；而且在商品供應固定不變的條件下，效用還決定著價格。不錯，每種商品的價格必定是它的最後效用的尺度；最後效用是該商品對那些剛剛願意買它的人的使用價值。但是，認為這個最後效用決定價值則是不對的，因為根據需求法則，最後效用是隨著供出售的商品量的每一變動而變化的。因此，銷售量，從而其最後效用，決定於供給和需求狀況之間的關係。」②

馬歇爾本人對《工業經濟學》論價值的這一部分是不滿意的，也許因為如此，在《經濟學原理》問世後，馬歇爾就把《工業經濟學》壓下來了③。他時常說到《工業經濟學》的膚淺。他在1907年的一封信中說：「（我）發現我寫了一本價值不高的通俗的書，它不能不是膚淺的，我對它感到討厭。」④然而在馬歇爾把這本書壓下來之後，誰也沒有同意他的看法。埃杰沃思認為這本書很好，還說傑文斯在他面前一直高度稱讚這本書⑤；陶西格說：「它（指上述《工業經濟學》）是敏銳的、獨立的和積極向上的思維的一個標誌……作為一種看法，它的水準超出了後來的著述，它仍是值得研讀的。」⑥

IV

馬歇爾下次提及邊際效用是在1881年年中為《學會》撰寫的評論埃杰沃思《數學心理學》的文章⑦。埃杰沃思的這本書使馬歇爾感到高興，差不多就

---

① 馬歇爾夫婦合著：《工業經濟學》，第 V 頁。
② 馬歇爾夫婦合著：《工業經濟學》，第 148 頁。
③ 凱恩斯：《馬歇爾，1842—1924》，《馬歇爾紀念文集》，第 38 頁。
④ 《以數學家自命的馬歇爾》，《計量經濟學》第 1 卷（1933 年），第 222 頁。
⑤ 《馬歇爾紀念文集》，第 66 頁。
⑥ 陶西格：《馬歇爾》，《經濟學季刊》，第 XXXIX 卷（1924 年），第 1 頁。
⑦ 《學會》，第 XIX 卷（1881 年），第 457 頁。

像杰文斯的《理論》使他當年感到煩惱一樣。他開頭就說：「這本書是天才的明顯標誌，而且預示偉大事業即將來臨。」馬歇爾沒有把這句開場白具體化，反而對作者的方法和少數幾點觀點提出了善意的批評。他看到埃杰沃思和杰文斯的主要成果是相同的，並做了直率的表述。他認為埃杰沃思對「交易條件不固定或不能決定的一系列場合」提出了「一種新解釋」、新應用和新演繹。不過這並不能說明馬歇爾在十分明確地反對杰文斯《理論》的同時，接受埃杰沃思的《數學心理學》。過去 10 年間他對經濟分析中效用思想的不斷加深的瞭解，【80】在馬歇爾觀點的轉變上不自覺地發揮了更大的作用。

從評論埃杰沃思的《數學心理學》到他的《經濟學原理》初版問世，馬歇爾發表了許多著述，其中有兩篇可能包含關於杰文斯運用邊際效用的蹤跡。不過只有《經濟學的現狀》這一篇（1885 年 2 月 24 日在劍橋大學發表的就職演說，當時他剛獲得該校經濟學的講席）涉及杰文斯，甚至還暗示了邊際效用對經濟學的影響。另一篇《關於價值理論》（摘自馬歇爾給《經濟學季刊》的一封短信），既未涉及杰文斯，也未提及效用，而是主要論證他自己的「生產成本」（與價值論相關）概念的正確性①。在評論經濟學現狀的就職演說中，馬歇爾有三次注意到杰文斯，但他並沒有特地把杰文斯和效用學說聯繫起來②。事實上他評論 1885 年經濟學現狀時連效用這個詞也沒有提一下。他對效用思想充其量說到這樣的程度，例如，他說經濟學家的工具一定要「用來分析對各種不同物品慾望的實證動機……」③，「同一貨幣額對窮人比對富人有更大的快樂」④。

很顯然，馬歇爾在 1885 年還不曾抱有 19 世紀 70 年代初「三位一體」使經濟學發生革命的想法。他開始對效用思想做深入研究並將它更嚴密地同他的經濟分析工具聯結起來，是 1885—1890 年的事。這期間他首次獲得劍橋大學的講席；當時杰文斯去世不久，馬歇爾在寫他的《原理》。他在 1871—1885 年居住於劍橋，邊際效用思想在他的著作或對經濟學問題的思考中不起重要作

---

① 《馬歇爾教授的註釋》，《經濟學季刊》第 1 卷（1887 年），第 359~361 頁。
② 馬歇爾：《經濟學的現狀》（1885 年 2 月 24 日在劍橋評議會是的開幕演說）倫敦，1885 年。
③ 馬歇爾：《經濟學的現狀》（1885 年 2 月 24 日在劍橋評議會是的開幕演說）倫敦，1885 年，第 29 頁。
④ 馬歇爾：《經濟學的現狀》（1885 年 2 月 24 日在劍橋評議會是的開幕演說）倫敦，1885 年，第 31 頁。

用，只是在1890年問世的《原理》中，邊際效用才成為他的經濟分析的一個重要組成部分。

V

所有的證據表明，馬歇爾在1889年前很少注意到邊際效用，那麼為什麼一些經濟學史家有時還把馬歇爾列為邊際效用思想的獨立發現者之一呢？【81】第一次提出這種論斷的是潘達里奧尼，他認為馬歇爾在讀到杰文斯的《理論》之前已經在劍橋講授邊際效用理論了①。他沒有指明這一說法的來源。他可能是從福克斯威爾與杰文斯通信（1886年公之於世）中得出上述看法的。

在1869—1871年馬歇爾的學生中，唯有福克斯威爾對馬歇爾這期間的講演進行過評論。對杰文斯的評論導致了以為馬歇爾獨立首創了邊際效用的印象，雖然他沒有公開要求把馬歇爾作為邊際效用思想的一位先驅者。不過，1874年年底或1875年年初福克斯威爾可能根據這個思路給杰文斯寫過什麼（他認識杰文斯）。杰文斯在1875年2月7日的復信中曾對福克斯威爾告訴他「劍橋近來哲學問題上的觀點」表示感謝，並說：「我不瞭解馬歇爾對政治經濟學的數學理論已有了如此長期的考慮，而令人遺憾的是，延遲了這麼久才發表出來。」② 這句話雖未說到「效用」，但下面一句卻暗示他說的可能就是效用：「我力主我的效用概念是正確的，而且是為數學理論奠定基礎的唯一健全的途徑。」③

大約5年後福克斯威爾再次提起這個問題，而杰文斯在1879年11月14日的復信中做了更詳細的回答，甚至帶有幾分惱怒。杰文斯說：「至於馬歇爾的優先權，我一點也不想提出疑問，既無此願望，也無什麼根據。一方面，你看來忘記了我的理論的各個基本點早在1862年就已充分表達出來了，那是在不列顛協會的劍橋會議上。我沒有理由設想馬歇爾看過我這篇簡論的任何發表的報告。不過，當然，另一方面，在我1871年的著作中，我也不可能從馬歇爾借用任何東西。這些問題在今天看來確已沒有什麼意義了，我們已經發現了

---

① 潘達里奧尼：《純經濟學原理》（佛羅倫薩，1889年）第96頁註。
② 《杰文斯通信和日記》，第331頁。
③ 《杰文斯通信和日記》，第331頁。

諸如戈森、古爾諾、杜皮特等人早期的著作。」①

福克斯威爾提到，杰文斯的《理論》和「馬歇爾的講授（先前已恢復和擴大了古爾諾的思想）」對英國經濟理論發生了不尋常的影響②。【82】但是，恢復和擴大古爾諾的思想完全不需要運用邊際效用思想。

VI

認為馬歇爾在讀到杰文斯《理論》之前已經在其分析中運用了邊際效用觀點的另一個來源，無疑是凱恩斯寫的杰文斯傳記，而凱恩斯又是（在某些方面）依據他的同事福克斯威爾的說法，此人當時仍健在並有活動。凱恩斯在這篇傳記中實際上並沒有斷定馬歇爾1871年前用過邊際效用思想，但他也沒有衝淡這種印象。例如，帕森斯說：「凱恩斯告訴我們，馬歇爾是邊際效用原理的獨立發現者，」他還引用了《馬歇爾紀念文集》第23頁的話作為證明③。這一頁顯示出凱恩斯僅僅暗示馬歇爾發現了邊際效用原理，實際上最強烈暗示馬歇爾優先權的段落是在前面兩頁。凱恩斯在這裡說：「到1871年他（馬歇爾）沿著這條路線已經取得了相當的進展。他向學生詳細講解了這一新思想，以及他的圖解經濟學的基礎。在那一年出現了杰文斯的作為獨立工作成果的《政治經濟學理論》。對馬歇爾來說，杰文斯這本書的問世必定是一件有點令人失望的事。因為它從馬歇爾正在緩慢制定的新思想中奪走了最精彩的部分，而且在馬歇爾看來，杰文斯還沒有給予適當和正確的陳述。但它卻給了杰文斯有關『邊際的』（或如杰文斯所說『最後的』）效用思想的首創權。馬歇爾對優先權的說法是極有保留的。他對杰文斯的無可爭議的要求聽之任之，同時卻間接地但又是相當明確和肯定地指出，他自己的著作很少或完全沒有借重杰文斯。」④

從字面上看這段話並沒有說到馬歇爾在讀到杰文斯《理論》之前研究過邊際效用。第一句話中的「這條路線」和第二句話中的「新思想」所涉及的可能是馬歇爾對圖解法的應用。而所謂杰文斯《理論》「從馬歇爾正在緩慢制

---

① 《杰文斯通信和日記》，第408~409頁。
② 福克斯威爾：《英國的經濟發展》，《經濟學季刊》，第2卷（1887年）第88頁。
③ 帕森斯：《馬歇爾體系中的慾望和行為》，《經濟學季刊》，第XLVI卷（1931年），第103頁。
④ 《馬歇爾紀念文集》，第21~22頁。

定的新思想中奪走了最精彩的部分」則可能是指效用以外的其他東西。這段話的最後提到了效用,【83】並提到了馬歇爾的要求,但他對此未於置評。

凱恩斯 1936 年向皇家統計學會宣讀的《W. S. 杰文斯》的論文再次談到馬歇爾和杰文斯的關係①。凱恩斯說杰文斯的《理論》「在 1871 年並非是唯一首創的,儘管它在 1862 年已經形成了……」這是因為可以設想的理由:「有一些經濟學家(著名的有瓦爾拉斯和馬歇爾)在 1871 年正在草擬帶有 x 和 y, Δ 和 D 的方程式」②。不過,凱恩斯還是讚譽杰文斯的「第一篇論文以一種最終的形式表述了基於主觀估價的價值理論」③。凱恩斯認為馬歇爾對杰文斯的《理論》的評論是「不冷不熱和嫉妒的」,還認為馬歇爾在《原理》中是帶著「幾分嫉妒談及杰文斯的」④。在考察了馬歇爾和杰文斯的關係之後,凱恩斯對馬歇爾關於獨立發現的要求既未表讚成也未表示反對。他說:「的確,認為杰文斯可能從馬歇爾那裡借重了什麼,這是荒謬的。不過,在往後 10 多年(1879 年後)期間……『馬歇爾在 1869 年的演講中提出的東西』在別人的著述中還是一種禁忌。在後來的歲月中,馬歇爾對他對杰文斯缺乏起碼的同情、評價有欠公允感到有些不安。」⑤

在凱恩斯關於杰文斯的論文發表之後進行的討論中,皇家統計協會的一些成員注意到杰文斯和馬歇爾的關係問題。杰文斯之子說:「凱恩斯先生非常公平地論及馬歇爾和我父親的關係。」⑥ 但是他又指出他對凱恩斯的一個觀點不

---

① 《杰文斯,1835—1882 年,作為經濟學家和統計學家的生平和著作的百年啟示》,《皇家統計學會雜誌》,第 XCIX 卷(1936 年),第 516~548 頁。
② 《杰文斯,1835—1882 年,作為經濟學家和統計學家的生平和著作的百年啟示》,《皇家統計學會雜誌》,第 XCIX 卷(1936 年),第 533 頁。
③ 《杰文斯,1835—1882 年,作為經濟學家和統計學家的生平和著作的百年啟示》,《皇家統計學會雜誌》,第 XCIX 卷(1936 年),第 533 頁。
④ 《杰文斯,1835—1882 年,作為經濟學家和統計學家的生平和著作的百年啟示》,《皇家統計學會雜誌》,第 XCIX 卷(1936 年),第 535 頁。
⑤ 《杰文斯,1835—1882 年,作為經濟學家和統計學家的生平和著作的百年啟示》,《皇家統計學會雜誌》,第 XCIX 卷(1936 年),第 536 頁。馬歇爾享有在其演講中優先於杰文斯(提出邊際效用思想)的聲譽,他還享有發表如此不系統的講演的聲譽,以至於我們搞不清楚他究竟想說什麼。凱恩斯承認馬歇爾講演的「非正式性」與日俱增,但他認為「在 1906 年……作出連貫的筆記是不可能的」(《馬歇爾紀念文集》,第 51 頁)。別人也有同樣的印象。麥克利戈寫道:「在某個總標題下他談的可能是在上課的路上忽然想到的什麼經濟利益問題,也可能是晨報上提出的什麼問題;各次演講之間互不連貫。」(《馬歇爾及其著作》,見《經濟學》,新編,第 IX 卷〔1942 年〕,第 313 頁)。因為這種「非正式性」和「不連貫性」,所以同他的著作相比,不應過分強調他的講演在傳播其理論觀點方面的作用。
⑥ 《杰文斯,1835—1882 年,作為經濟學家和統計學家的生平和著作的百年啟示》,《皇家統計學會雜誌》,第 XCIX 卷(1936 年),第 549 頁。

敢「苟同」①。他拒絕了凱恩斯關於他父親和馬歇爾走在一條路上的說法，他說他父親屬於起自邊沁、中經西尼爾的「心理經濟學派」，而馬歇爾則繼承了穆勒的觀點，後者屬於「完全不同的思想流派」。

VII

馬歇爾本人認為他自己首創了邊際效用思想，並公開暗示了這一點；不過他也僅此而已。【84】即使在他對杰文斯《理論》的評價中，馬歇爾也是想讓讀者相信，當他介紹邊際效用問題（他稱之為「熟悉的真理」）時，他已經懂得邊際效用了②。馬歇爾在《原理》第 1 版中說，他借用了杜能的「最終的」一詞，不過他「逐漸相信『邊際』這個詞更好」③。這種說法讓人難以置信。第一，杜能根本沒有用過與「邊際的」同義的德文字。一定有人提請馬歇爾注意這個錯誤，馬歇爾在《原理》第二版才予以糾正，而且做了一個不能令人滿意的解釋：「『邊際的』增量一詞同杜能的思想方法是一致的，我就受到他的啟發，雖然他沒有使用過這個詞，」他接著又抱歉地指出「第一版的這個腳註有一個錯誤的說法，即『邊際增量』這個詞和這種思想可以追溯到杜能」④。第二，《原理》第一版的上述說法同下述事實也不符合，即馬歇爾在 1879 年的《工業經濟學》中曾稱「最後的效用」是一個「巧妙的措辭」，這至少意味著他在一段時間裡並不吝嗇地堅持採用了杰文斯的表述。在這個爭論點上，馬歇爾的記憶力不像在其他許多問題上一樣給他幫什麼忙。

《原理》再版還有一個說法可能被解釋為馬歇爾要求承認他以前已經使用過邊際效用的概念。在談到消費者租金（這同他首次運用邊際效用思想有關）時，馬歇爾說：「消費者租金概念是本作者在古爾諾、杜能和邊沁的影響下，經由研究供給和需求的數學方面而提出來的。」⑤《原理》第 3 版（1895 年）保留著這句話，但第四版（1898 年）刪去了。假如這是一種要求的話，則馬歇爾所依據的僅僅是對 20 多年前所發生的事情（缺乏事實的證明）的回憶。

---

① 《杰文斯，1835—1882 年，作為經濟學家和統計學家的生平和著作的百年啟示》，《皇家統計學會雜誌》，第 XCIX 卷（1936 年），第 550 頁。
② 《學會》，第 3 卷（1872 年），第 131 頁。
③ 馬歇爾：《經濟學原理》（倫敦，1890 年），第 1 篇，第 X 頁註。
④ 馬歇爾：《經濟學原理》（倫敦，1890 年），第 2 版，第 1 篇，第 XIV 頁註。
⑤ 馬歇爾：《經濟學原理》（倫敦，1890 年），第 184 頁註。

他顯然不應基於對久遠時期的回憶來推定思想起源上的優先權。

　　所有上述要求都可不予考慮，儘管它不是無意的；馬歇爾在通信中以不同的措辭再次重申他在1869年講授過邊際效用理論，他1883年給瓦爾拉斯的信中說：【85】「不能說我接受了杰文斯的『最後效用』學說，我在他的書問世之前已在劍橋公開講授過它，不過我用的是另一個名詞：『終點使用價值』。在古爾諾的指引下我已預見到了杰文斯著作的所有基本點，並在很多方面超過了他。因為我想對我的學說的實踐方面進一步加工，所以我沒有急於發表它。」① 馬歇爾在這裡直率地表露了他在公開場合從未提出的要求，但我們對馬歇爾的記憶力，特別是對他記得曾用「終點的」或「終點使用價值」代替「最後效用程度」，我們該相信到什麼程度呢？這特別是因為杰文斯在《理論》中使用「最終的」這個詞是用來解釋「最後程度」的。杰文斯說：「我可以說，這種不同的價值感情也許同最後效用程度是一致的。亞當·斯密常說的使用價值是一種商品對我們的總效用，他所說的交換價值則可解釋為『終點效用』，即我們或其他人想佔有更多剩餘的慾望」②。馬歇爾本人根本沒有用過「終點使用價值」或「終點效用」這些詞，任何時候任何一篇文章都沒有用過。在1872年評杰文斯《理論》的文章中，馬歇爾用的是打引號的「最終效用程度」③。在《國內價值純理論》和《工業經濟學》中他的說法簡化為「最後效用」；在《原理》初版中也是如此；他還把它同「邊際效用」一起使用④。

　　在同其他人的通信中，馬歇爾常常提起他同杰文斯的關係問題，但都不如他同瓦爾拉斯的上述信件說得那樣直截了當。例如，馬歇爾在給克拉克的信中說，他是「從杜能的 Grenze（界限、限度）得到『邊際的』一詞」，而且他「可能在1869年或1870年」即已讀過杜能的書⑤。馬歇爾可能正確地回憶起30多年前的某一時間讀過某一本書，但他不可能正確地把他使用「邊際的」一詞歸功於杜能的 Grenze，理由已如上述⑥。他似乎忘記了早些時候他對這一

---

① 賈菲：《瓦爾拉斯未發表的論文和書信》，見《政治經濟學雜誌》，第XLIII卷（1935）第202頁。
② 杰文斯：《理論》，第1版，第157頁。
③ 《學會》，第III卷（1872年），第131頁。
④ 《國內價值純理論》，第21頁；《工業經濟學》，第69頁；《經濟學原理》，第1版，第155頁。
⑤ 《馬歇爾紀念文集》，第412~413頁。
⑥ 參看《馬歇爾紀念文集》，第412~413頁。

錯誤說法的更正。馬歇爾在 1908 年給克拉克的另一封信中說：「我的價值論和分配論的基本觀點實際上在 1867—1870 年已經完成，杰文斯的著作一出版，我就看出了他同我的觀點的異同」①。馬歇爾對這裡所說的「效用」未加解釋，【86】但無疑是想暗示他在發現邊際效用思想方面也是有份的。

差不多在致信克拉克的同時，馬歇爾對科爾松說了同樣有趣的話：「杰文斯非常重要的《政治經濟學理論》於 1871 年問世前，我已經以數學（雖然不是以英文）制定了我現在體系的基本框架。我的數學註釋 XXI 涉及我的概念；但是前面的大部分註釋（特別是註釋 XIV-XX）實際上是幾乎同時引申出來的。」② 註釋 XIV-XXI 在《原理》各卷中差別不大，但是都沒有論及效用；它們所提供的是供求分析的框架（就像他的《國內價值純理論》一樣），而沒有分析效用。馬歇爾論及效用問題的註釋是在他特別提請科爾松注意的那些註釋之前。

馬歇爾於 1896—1900 年給塞利格曼的信件大體也是這個意思，而且效用問題也只是經由與有關論題相關的暗示才提出來的。在否認他的著作和弗列明·詹金的著作之間的聯繫方面，馬歇爾 1896 年 4 月 6 日對塞利格曼說：「下述一點無關緊要，但確是事實：我僅僅借重於古爾諾，而不是詹金或杜皮特。他在愛丁堡宣讀他的論文的前一兩年，我已在我的講授中提出了我的理論的主體；而在他宣讀論文之後不久，我即在劍橋宣讀了一篇論文，我在該文提出了我在論壟斷的那一章出現的曲線。」③ 馬歇爾在這裡對他早先提及的早期講義做了同樣的說明，但也沒有特別提到效用。剛才提到的「在劍橋宣讀的論文」並沒有提到效用，只提出了一個簡單的用數學方法（特別是圖解法）來表述的供求價格分析④。馬歇爾可能從詹金的上述兩篇早期論文中汲取了不少東西，但後者均未運用效用⑤。馬歇爾對詹金的經濟著述早就熟悉了，在他 1872 年評論杰文斯的《理論》時已經提到了他⑥。

馬歇爾在給塞利格曼的另一封信中重申了他關於其早期講義的說法（1900 年 4 月 23 日）。在談到他的《國外貿易純理論》和《國內價值純理論》

---

① 《馬歇爾紀念文集》，第 416 頁。
② 《以數學家自命的馬歇爾》，《計量經濟學》，第 I 卷（1933 年），第 221 頁。
③ 多夫曼：《塞利格曼通信集（III）》，《政治經濟學季刊》，第 LVI 卷（1941 年），第 407 頁。
④ 馬歇爾：《用一系列雙曲線圖解有關壟斷的問題》，《劍橋哲學會刊》（1873 年 10 月 20 日），第 318~319 頁。
⑤ 參看本書第二章。
⑥ 《學會》，第 III 卷（1872 年），第 132 頁。

時，馬歇爾說：「它們的主體，早在杰文斯的《理論》問世之前【87】就已經在我早期的講義中提出來了。」① 馬歇爾於同年在給塞利格曼的另一封信中又一次提出，他在1871年前已經運用了邊際效用思想，雖然像過去一樣他在這裡小心翼翼地迴避直接涉及優先權或效用。很可能塞利格曼要馬歇爾評論一本書，所以馬歇爾說：「我一直不習慣寫評論，我生平只寫過一篇評論即對杰文斯《理論》的評論，那是在該書初版問世之際；而我之所以要寫，是因為英國沒有人對該書的課題做過系統研究。」② 也許這有助於說明馬歇爾在1871年前的整個時期沒有寫什麼東西；而他1890年前的全部著述講到效用的只有三次：一次是評論杰文斯的《理論》，一次是他的《工業經濟學》，還有一次是《國內價值純理論》。其中沒有一次可使讀者相信他對效用思想非常讚賞，更不用說他對這種思想能抱有一種父親般的關懷了。下面這一點也是很清楚的：沒有一個人說過1871年前聽過馬歇爾關於邊際效用或類似內容的講課。還有一點也是明確的：馬歇爾根本沒有發表過他堅信自己首創權的任何說法，儘管他在出版物中有所暗示，在通信中有露骨的表示。

VIII

馬歇爾與發現邊際效用的關係是1942年紀念他100週年誕辰的文章討論的話題之一。熊彼得對無論什麼人表示的馬歇爾的優先權都表示懷疑。他認為他的懷疑是如此完全，不可能加以拒絕。他說馬歇爾《原理》的「首創性並不突出，就像（就其功過而論）它該有的那樣。因為對我們來說它不過是當時已經成長或正在成長的家庭的一個成員。該家庭的其他成員無疑獨立於馬歇爾，而他的工作習慣和他發表的方法（對經濟學史家來說），又使有關他的意見不可能是同樣明確的」③。熊彼特接受這個說法：馬歇爾最初閱讀穆勒和李嘉圖的著作時，就感到【88】「兩位作者（特別是穆勒）在顯示證據的說服力和結果的決定方面是模糊不清和粗枝大葉的」，馬歇爾利用他的數學知識和素養將他們的著作置入數學的概念。這種說法不過是老調重彈，它是缺乏證據

---

① 《政治經濟學季刊》，第LVI卷（1941年），第409頁。
② 《政治經濟學季刊》，第LVI卷（1941年），第410頁。編者在一個腳註中指出馬歇爾弄錯了，因為他還評論過埃杰沃思的《數學心理學》。
③ 熊彼得：《馬歇爾的〈原理〉：半世紀評價》，《美國經濟評論》，第XXXI卷（1941年），第238頁。

的。可以肯定的是，馬歇爾的方程式（見其「數學附錄」）即使是他提出的最好的方程式，都確實與穆勒和李嘉圖無關。這個說法暗示著這樣的意思：一個像馬歇爾這樣受過數學訓練的人，有能力把李嘉圖或穆勒《原理》的一頁簡化為不同的方程式，並能在邊際效用問題上獲得重要發現。這種說法可能過高估計了人們當時把數學和經濟學結合起來的能力，也過高估計了馬歇爾的數學能力和他在1866—1871年的經濟洞察力。只有威廉·休厄爾在此前後聲言試圖要做據說馬歇爾已經完成的事情，但休厄爾的方程式沒有表明他認識到需要引進效用①。

G. F. 肖夫在紀念馬歇爾100週年誕辰的文章中指出，許多早期著作家（特別是杜能、古爾諾、約翰·穆勒和李嘉圖）對馬歇爾1867—1870年的思想有過明顯的影響；但1870年後他就沒有受到任何人的影響了。他認為這就解釋了馬歇爾的《原理》和後來許多作者的著作之間的任何相似性；其原因在於馬歇爾的數學修養使他能把舊的學說加以改變，使之成為完整連貫和綜合的學說，這些變化預示了後來的作者們的著作。肖夫認為馬歇爾在經濟學說史上是李嘉圖（經由穆勒）的直接繼承者；肖夫完全無視杰文斯，或者將他置於次要地位。下面的引語表明肖夫完全以馬歇爾代替杰文斯在經濟學說史上的地位。

「馬歇爾的《原理》在其故鄉同亞當·斯密《國富論》和李嘉圖《原理》是並駕齊驅的，他是經濟思想發展史上三大分水嶺之一。依照通常的評價，我們可以把英國政治經濟學史劃分為三個時代，即古典主義、李嘉圖主義和馬歇爾主義（或重新改造的李嘉圖主義）」②。

「這樣，興起於70年代的經濟理論的三個流派便注入到了不同的渠道：奧地利學派、洛桑學派和英國學派或馬歇爾主義，【89】而沒有匯成一股潮流，儘管它們之間難免有些滲透」③。

---

① 休厄爾對馬歇爾可能有過很好的影響。他們兩人同時在劍橋，馬歇爾幾乎不可能無視休厄爾的名聲和許多令人矚目的成就，包括他在數學和經濟學方面的著作。馬歇爾對兩方面課題早有興趣或是已有興趣。馬歇爾根本不提休厄爾不會有助於給學生留下一個（馬歇爾擁有）特權的印象。哈奇遜在談及馬歇爾和休厄爾的關係時指出：「令人十分驚訝的是，馬歇爾似乎從未提及三一學院院長威廉·休厄爾在數量經濟學方面的開拓性論文。」（哈奇遜：《經濟理論評論，1870—1929》，牛津，1953年，第64頁註）。

② 肖夫：《馬歇爾的〈原理〉在經濟思想史中的地位》，《經濟學家》雜誌，第LII卷（1942年），第313頁。

③ 肖夫：《馬歇爾的〈原理〉在經濟思想史中的地位》，《經濟學家》雜誌，第LII卷（1942年），第315頁。

「在英國和奧地利（本地的學說體系在這裡幾乎居於無可爭辯的支配地位）以外的地區，馬歇爾的《原理》和瓦爾拉斯的著作肩並肩地發揮了激勵和孕育歐洲理論經濟學復興的作用」①。

在這裡，馬歇爾不是同杰文斯並列，而是遠在杰文斯之上。因為肖夫對馬歇爾持這種態度，所以他特別起勁地反駁下述觀點，即認為馬歇爾是一位具有調和精神的人，他把早期經濟學家的成本分析和杰文斯、門格爾和瓦爾拉斯的效用分析結合起來。他認為馬歇爾的「分析的框架」「並不像許多人想像的那樣是把李嘉圖主義概念同邊際效用學派的概念協調起來」②。肖夫堅持說，馬歇爾經濟學「是李嘉圖主義的真正繼承者，既非雜種也非游戲」③。這看法並非始自肖夫本人，他是從馬歇爾那裡拿來的，而馬歇爾所以作如是觀，則是出自他的這種信念：他的效用觀點先於杰文斯、門格爾和瓦爾拉斯。馬歇爾首次表露這種想法是在1908年給克拉克的一封信中（該信最早發表在1925年的《馬歇爾紀念文集》中）。馬歇爾在信中說：「在美國人的批評中，有一件事使我感到惱怒，儘管它不是出於惡意。據說我試圖在不同的思想派別之間搞調和與折中。在我看來這樣的說法是中看不中用的。」④ 馬歇爾認為說他有「調和精神」的觀點來自美國，這是不正確的。它實際上起源於英國，而且廣泛傳播，延續至今。提出這個看法的當首推 L. L. 普雷斯，馬歇爾在《原理》中提到過他，感謝他閱讀了「全部校樣」⑤。普雷斯為馬歇爾的《原理》寫了一篇很長的評論，其中一段（如下述）為這樣的看法奠定了基礎：馬歇爾的名聲主要是基於他對李嘉圖和杰文斯不同觀點的解析。

普雷斯說：「至於（馬歇爾以前的）情況可以這樣說，要學生相信李嘉圖描繪的圖景是困難的，要他們相信杰文斯描繪的圖景也是困難的。他（馬歇爾）持有前人的許多未完成的草圖，並把它們綜合成一副整體……為什麼在思想的連續性上會有這種突然的中斷和對先前傳統的完全拋棄呢？」

---

① 肖夫：《馬歇爾的〈原理〉在經濟思想史中的地位》，《經濟學家》雜誌，第 LII 卷（1942年），第 315~316 頁。

② 肖夫：《馬歇爾的〈原理〉在經濟思想史中的地位》，《經濟學家》雜誌，第 LII 卷（1942年），第 295 頁。

③ 【238】肖夫：《馬歇爾的〈原理〉在經濟思想史中的地位》，《經濟學家》雜誌，第 LII 卷（1942年），第 295 頁。

④ 《馬歇爾紀念文集》，第 418 頁。為什麼在涉及自己時就說折中調和是「廢話」，而在談到亞當·斯密時又對折中主義加以讚揚呢？馬歇爾說過，亞當·斯密的主要著作「綜合與發展了他的法國和英國同時代人和先驅者關於價值的思想」（《原理》，第1版，第7頁）。

⑤ 馬歇爾《原理》，第1版，第 XII 頁。

普雷斯接著說：「馬歇爾教授的著作對這些糾纏不清的問題做出了回答。沒有中斷，也沒有拋棄。新近的成果能夠同舊有的成果結合起來，得出一種更好的概念，而不破壞藝術繪畫的基本原理；因為畫面的統一未受損害，【90】它甚至經此加工而變得更加光彩奪目了。」①

普雷斯把他關於馬歇爾和杰文斯及李嘉圖的關係的觀點扼要地寫進了他的《英國政治經濟學簡史》（1891年出版）。馬歇爾的《原理》出現在經濟思想史著作中，這是第一次②，後來的大多數（但不是全部）經濟思想史家談及馬歇爾同李嘉圖、穆勒學派和同杰文斯的關係時，都是步普雷斯的後塵。L. 科薩在1893年說，馬歇爾從杰文斯那裡採納了最後效用程度的觀點……然後他直截了當地指出，這種邊際效用概念解釋和完善了流行的生產成本學說③。L. 漢尼提到 H. J. 達文波特的「題為《試圖折中：馬歇爾》的一章」，並說儘管「這是一個公允合適的說明……但說『馬歇爾的綜合』可能更好些」④。A. 格雷在1931年寫到，馬歇爾「作為第一次嘗試，最好被看成是反應了這樣的一種努力，即給奧地利人的觀點一定的地位……並把奧地利人的思想同較早的政治經濟學加以綜合」⑤。E. 威特克在1940年說：「正像他吸取了杰文斯的思想一樣，馬歇爾也把穆勒關於生產方面的思想加進了他的理論中。」⑥

1942年肖夫關於馬歇爾的文章顯然實現了公布馬歇爾信件未曾達到的目的，因為從這些信件披露以後，一些歷史學家否認馬歇爾把杰文斯和李嘉圖的思想捏合到一起；事實上也出現了一些不一致的看法，有人認為馬歇爾是古典學派的真正繼承人，又有人認為他是邊際效用理論的早期創始人。E. 羅爾的《經濟思想史》（1938年初版，1942年增訂再版）持有同樣模棱兩可的立場。他把馬歇爾和杰文斯以及門格爾並列為邊際效用論的先驅者。他說：「據說，1871年杰文斯的《理論》和門格爾的《原理》問世時，馬歇爾已經發表了類似的研究成果。」⑦ 羅爾認為，同奧地利人和純數理經濟學相比，馬歇爾同英

---

① 普雷斯：「對新近經濟論文的短評」，見《經濟雜誌》，第II卷（1892年），第30頁。
② 普雷斯：《英國政治經濟學簡史：從亞當·斯密到托因比》（倫敦，1891年）。在該書第15版（1937年）中還保留著上述這段引語。
③ 科薩：《政治經濟學研究導論》，經作者改定，由路易·戴爾從義大利文譯成英文（倫敦，1893年），第360頁。
④ 漢尼：《經濟思想史》，第3版（紐約1936年），第694頁。
⑤ 格雷：《經濟理論的發展》（倫敦，1931年），第364頁。
⑥ 威特克：《經濟思想史》（紐約，1940年），第453頁。
⑦ 羅爾：《經濟思想史》（增訂本，紐約，1942年），第436頁。

國傳統的決裂不那麼明顯。他還把馬歇爾折中主義的出現解釋為「他的體系具有非常精細特點」的緣故①。

【91】 J. F. 貝爾在新近出版的一部經濟思想史教材中說:「可以同意這種說法：馬歇爾關於需求和效用的觀點是完全獨立於杰文斯和奧地利人而形成的，因為他的經濟學著作形成於 1867—1868 年，杰文斯和門格爾著作問世之前。」② P. L. 紐曼在論馬歇爾的很長的一章中說:「當杰文斯發表他的《政治經濟學理論》時，馬歇爾已經在他的圖解經濟學的範圍內制定出了他的思想。」③ 紐曼認為馬歇爾「使下述這一點非常清楚：儘管杰文斯在發表著作方面領先，但馬歇爾本人的著作是完全獨立地搞出來的」④。紐曼也接受這種說法：馬歇爾不曾將杰文斯或奧地利人的學說同古典派的學說綜合起來。他指出：「無論是馬歇爾著作的融合的總的性質，還是從（在他先驅者的任何理論中都沒有的）許多新穎思想來看，情形都不像是這樣。」⑤ 紐曼的結論是：「馬歇爾所做的一切是要表明古典派理論的不同部分……怎樣用供給和需求來表述。」⑥ 歷史學家在這裡又要面對起著一種特殊作用的馬歇爾了。但對馬歇爾的這種新看法還沒有滲透進非英語的經濟思想史家的頭腦之中，他們繼續把他看作是一位折中主義者⑦。

關於馬歇爾在經濟學上利用邊際效用的見解的混亂狀況就是這樣。他對他自己在經濟思想史上的作用的看法，至少可以說，也沒有對此有所澄清。困難因為許多作者對馬歇爾的友情而加重了，這使他們隨意地對待證據；而對他們不太熟悉或不那麼敬重的人就不會這樣了。馬歇爾的聲譽太大了，不需要歸功於杰文斯。在邊際效用史上，只有馬歇爾享有穩固的地位，即使不提發明權也罷。【92】原因之一是，馬歇爾的《原理》就像任何其他著作所能做的那樣，有助於把邊際效用思想鑲進經濟思想的總體。

---

① 羅爾：《經濟思想史》，第 437 頁。
② 貝爾：《經濟思想史》（紐約，1953 年）第 575 頁。
③ 紐曼：《經濟思想的發展》（紐約，1952 年），第 279 頁。
④ 紐曼：《經濟思想的發展》（紐約，1952 年），第 279 頁。
⑤ 紐曼：《經濟思想的發展》（紐約，1952 年），第 279 頁。
⑥ 紐曼：《經濟思想的發展》（紐約，1952 年），第 184 頁。
⑦ 參看詹姆斯：《經濟思想史》（巴黎，1950 年），第 173 頁。克魯斯：《國民經濟學史》（慕尼黑，1948 年），第 161 頁。克里茨曼：《經濟理論史》（都靈，1949 年），第 370~371 頁。考德：《邊際效用理論的緩慢接受》，見《經濟學季刊》，第 LXVII 卷（1953 年），第 570 頁。

第十一章　埃杰沃思

I

【93】在到1890年為止的時期中，除了馬歇爾以外，F. Y. 埃杰沃思像英國的其他人一樣，也很好地運用了邊際效用思想，但他將這一思想用於同哲學和心理學有關的課題比用於同經濟學有關的課題要多。因此，經濟思想史家難得把他的名字同邊際效用學說的發展聯繫起來。對他的三卷本《政治經濟學論文集》是這樣①，他的訃告中也是這樣②。

埃杰沃思在都柏林度過四年之後，於1867年來到牛津，1873年獲得學士學位。此時正值經濟學的「現代時期」開端之際，但他沒有對經濟學表現出興趣，此後許多年也是如此。他的主要興趣在法律上。1873年後他從牛津來到倫敦，全身心地投入法律研究，內殿法學協會（Inner Temple）要他1877年到法庭任職。不過法律還不是他的唯一的或永久的興趣，他也從未實踐過。1873—1877年他讀法學時，還忙於他的第一愛好——哲學，而且寫了關於哲

---

① 【238】A. A. 楊，《美國經濟評論》，第四類，第XV卷（1925年），第721~724頁；I. 費雪，《經濟學季刊》，第XL卷（1926年），第167~171頁；A. C. 皮古，《經濟雜誌》，第XXXV卷（1925年），第177~185頁；E. 凱南，《經濟學》，第V卷（1925年），第332~333頁；J. 熊彼特：《埃杰沃思和他的新國民經濟理論》，《世界經濟文獻》，第XXII卷（1925年），第183~202頁。

② 這些訃告中較長和較有名的有以下這些：凱恩斯：《訃告：埃杰沃思，1845—1926》，《經濟雜誌》，第XXXVI卷（1926年），第140~153頁；J. 鮑納：《回憶埃杰沃思》，《經濟雜誌》，第XXXVI卷（1926年），第647~653頁；L. L. 普雷斯：《訃告：埃杰沃思》，《皇家統計協會雜誌》，第LXXXIX卷（1926年），第371~376頁；O. 摩根頓：《埃杰沃思》，《國民經濟和社會政治雜誌》，新編，第V卷（1927年），第646~652頁；O. 溫伯格：《埃杰沃思：訃告》，《國民經濟和統計年鑒》，第CXXIV卷（1926年），第205~217頁；C. 古德：《訃告：埃杰沃思教授》，《政治經濟學評論》，第XL卷（1926年），第1217~1218頁。

學問題的第一篇文章①，這是一頁短評：《麥休·阿諾德先生論畢曉普·巴特勒的自愛心學說》，刊登在《精神》雜誌上，這是一本可敬佩的哲學和心理學雜誌，第一期於同年早些時候出版②。該雜誌後來的一篇文章③（作者阿爾弗雷德·巴雷特，他對亨利·西季威克《倫理學方法》的若干部分提出了批評）直接促使埃杰沃思動手寫了他一生所寫三本小書中的第一本。

這本書名為《倫理學的新舊方法，或「物理心理學」和「倫理學方法」》，內容完全是討論西季威克和巴雷特之間的爭論④。正好在埃杰沃思來牛津白利爾學院之前的那些年，巴雷特在該學院的出現引起了埃杰沃思對這場討論的注意。【94】在指出了這兩位作者的主要分歧之後，埃杰沃思主要考察了討論享樂主義的部分，討論是圍繞快樂和痛苦的測量問題進行的。在《精神》雜誌著文的這位評論者在談及埃杰沃思的《倫理學的新舊方法》的第二部分時指出，作者「從邊沁的『最大多數人的最大幸福』的公式出發（儘管對據說暗含的嚴格的功利主義思想感到不滿），完全依據菲希納和汪茨等人對心理學概念所做的最新解釋，還運用了適用於這個問題的計算各變量的公式，得出了有關最佳（最有利）分配外部享樂資料的一系列結論。」⑤

埃杰沃思的書包含著（或觸及）許多人所想像的經濟問題，享樂主義總是要包括這一類經濟問題的。不過，享樂主義的分析結果通常（特別在埃杰沃思的場合）並不同經濟分析的結果相一致，至少埃杰沃思沒有再得出杰文斯、門格爾和瓦爾拉斯在同一問題上已經得出的許多結論。原因之一是他沒有分析價格與交換現象，這樣，他的結果就不會包含交換或價格同『幸福』的關係，像杰文斯、門格爾和瓦爾拉斯所得出的結論那樣。儘管他的分析限於非價格現象，他還是在另一個方向上擴展了他的分析，由於他許可進行個人之間比較效用，從而擴展到杰文斯、門格爾和瓦爾拉斯一直迴避的領域。

埃杰沃思的基本結論更多地來自他所許可的個人之間效用的比較，而不是更多來自其他的論據。他的結論是：「①在進化次序如此接近的種族和社會中（如雅利安人）中，平均分配是規律……②人口應受限制……③（人口的）質

---

① 凱恩斯：《埃杰沃思》，《國民傳記辭典》（牛津，1937年，第284~285頁）。
② 【239】第570~571頁。該文署名為「T. Y. 埃杰沃思」，而不是「F. Y. 埃杰沃思」。
③ 第II卷（1877年），第167~186頁。
④ 牛津，1877年，還可參考對《倫理學新舊方法》的評論，見《精神》，第III卷（1878年），第146~147頁。
⑤ 《精神》，第III卷（1878年），第146頁。

量……應當盡可能地高……（但是）……無限制地改進人口質量將不再是希求的事……（假如它）……只有通過減少人口才可能實現的話……」①

埃杰沃思的情形很明顯地表明了「享樂主義」同「邊際效用經濟學」的關係。埃杰沃思研究的問題在開始時同杰文斯是一樣的，但他在第一次攻擊結束時未曾達到【95】杰文斯那樣的地位。西季威克擁有埃杰沃思和杰文斯使用過的全部工具，還有經濟學講席，但他的結局不與此二人同歸。甚至邊沁也不曾從他已提出的各種分析要素中提煉出邊際經濟學的任何東西。經濟學家不得不閱讀和消化邊沁的著作，然後再把它引進經濟學。像通常所說的那樣，在把享樂主義變成邊際效用經濟學之前，經濟學家們還必須給它增加一些東西，同時又從中去掉一些東西。杰文斯和戈森可以實現這種轉變；西季威克絕無可能；埃杰沃思在 1877 年也不可能。

II

19 世紀 70 年代，甚至更早一些時候，有三股不同的思潮包含關於個人對其滿足的反應的解釋，它們是經濟學中的邊際效用、哲學中的享樂主義、心理學的新分支心理物理學。這三種思潮可以都來自某些條件的共同作用，但它們在表面上是各不相同的思想運動。知其一者難得知其二三。但埃杰沃思卻從一開始就鑽研了其中的兩者。在他的第一本著作中，他在享樂主義哲學方面援引邊沁、西季威克和巴雷特；在心理物理學方面援引韋伯和費希納。這時他對經濟學中的邊際主義還毫無所知。

經濟思想史著作時常提到享樂主義，但卻完全忽視心理物理學，只有漢尼對它做過簡要評論②。斯蒂格勒的論文《效用理論的發展（1）》中對邊際效用和心理物理學的關係做了最長的探討（兩頁）③。在邊際效用的早期著作中，只有埃杰沃思對它給予很多的注意，至少在他肯定地轉向經濟學之前是這樣。

心理物理學發端於韋伯 1831 年在萊比錫出版的著作，儘管「心理物理學」這個名詞很久之後才通用。韋伯的實驗在數理心理學上佔有永久的地

---

① 《精神》，第 III 卷（1878 年），第 146 頁。
② 《經濟思想史》第 3 版，第 581~582 頁。
③ 《政治經濟學雜誌》，第 lviii 卷（1950 年），第 375~177 頁。

位①。經濟學家注意到韋伯只是因為他的實驗涉及與效用相類似的感覺，雖然感覺和效用不是一回事；還因為他提出的有關感覺的一條規律同邊際效用遞減規律相似，特別是在早期由伯努利表述的形式上。

【96】韋伯試驗了一個人感知重量差別的能力。在早期的一個實驗中，他給一個人一個物體，重 32 盎司；又給他一個稍輕一點的物體，然後問他「哪個物體更重？」回答是感覺不出什麼差別。於是韋伯減少第二個物體的重量，直到該人能說出哪個更重為止。韋伯通過這種方法確定了「剛可覺察的差異」。他的一個試驗者用舉高的方式可以在 32 盎司和 30.5 盎司之間感到差異，於是這 1.5 盎司便是他的「剛可覺察的差異」（當重物在 2 磅左右時）。

可以看出韋伯的問題同邊際效用問題有一點類似，儘管不完全類似。這種類似基於下述情形：兩者涉及的都是個人對外部條件的反應；所處理的都是總量的差別。不過重量的差別同期待於物品消費的效用感覺是不一樣的。

韋伯接著試驗由於重量改變而引起的「剛可覺察的差異」的變化。當重物是 32 盎司時一個人能夠區分出的重量至少是 1.5 盎司。假如該物不是 32 盎司，而是 4 盎司時，其「剛可覺察的差異」是否還是 1.5 盎司呢？韋伯的試驗證實了通常的看法：不是這樣。實驗表明這時該舉重者所需重量差別僅為 0.2 盎司。韋伯依據這些為數不多的實驗得出結論：「剛可覺察的差異」同重量成比例②。韋伯還把類似的結果擴及判斷一條線的總長度的差異以及判斷音量變化的差異上，後來心理學家稱此為「韋伯定理」。

韋伯定理同邊際效用遞減規律有一定的關係，但也僅是類似而已。隨著某物體盎司數量的增加，該物每盎司對個人判斷相對重量的能力的影響在減少；隨著重量的不斷增加，判斷差異的邊際影響力在遞減。一個人能在 10～11 盎司之間作出區分，但他不可能在 100～101 盎司之間作出區分；【97】因為第 101 盎司對個人重量感覺的影響遠低於第 11 盎司的影響。在效用的場合，每 1 增量美元收入對僅有 10 美元的人還有可以感覺到的差別，但對有 100 美元的人就不會如此，因為第 101 美元對個人總滿足的影響遠低於第 11 美元的影響。不過這裡僅是類似而已。

---

① E. B. 蒂奇納：《實驗心理學》（紐約，1905 年，II，第 2 部分，第 XX 頁）。
② 韋伯：《脈搏、吸收、觸摸》（萊比錫，1834 年），重印於他的《解剖心理學註釋》（萊比錫，1851 年）。他還將其發表於瓦格納的《物理學袖珍辭典》（布倫斯威格，1846 年），III，第 481～588 頁。請注意，8 年之後出版戈森《人類行為法則》一書的也是這個出版社。

由於顯而易見的理由，韋伯的實驗結果在1834年公之於世之後的若干年間並沒有引起經濟學家的注意；不過，當費希納循著類似於韋伯研究的路徑，發現了韋伯已經指出的同樣理由並得出了新成果時，韋伯的著作在心理學中便結出了果實。費希納最早得出測定精神活動或感覺的觀點是在1850年，次年他曾扼要提到這一新觀點，1858年公布了初步報告，1859年有了重要的應用，1860年出版了他在這方面的主要著作《心理物理學原理》[1]。而戈森和詹寧斯關於效用的著作在此之前好幾年就問世了。費希納的貢獻在於用韋伯的「剛可覺察的差異」來衡量感覺。他考察了感覺的每一種狀態，並用它所引起的「剛可覺察的差異」數加以測定。1.5盎司可以看作32盎司和較輕的重物之間的「剛可覺察的差異」，他有1個單位的重量感覺。1.43盎司可作為第二個重量感覺單位——從30.5盎司的重物和更輕一些物體的感覺便可得出此數。循此方法把全部重量分解到接近於零的水準，費希納得出了某物全部重量對個人的重量感覺的全部單位數。這種把一個重量感覺單位解釋為「剛可覺察的差異」的思想，對邊際效用理論幾乎沒有產生什麼影響[2]。

　　在這裡可以把1860年即心理物理學開端之時，在心理學中佔有一定地位的課題，同邊際效用在經濟學中的地位加以比較。心理物理學和邊際效用經濟學都強調個人同外界刺激的關係。【98】它們都運用數學。兩者都得出結論說，隨著刺激量的增加，個人的反應在一定程度上會減少，費希納和杰文斯都承認伯努利在100多年前已經看到了這種關係[3]。

　　心理物理學和邊際效用經濟學也有許多區別。在對刺激的反應的性質的看法上，它們基本不同。邊際效用經濟學研究的是個人所期待的消費滿足；經濟學家假定從不同的物品的預期滿足的增量中可以得到有意義的總結果。心理物理學則限於考察同重量、距離、音調等相關的感覺。任何這種不同感覺量是沒有意義的。心理物理學研究到個人為止，沒有從解釋個人對刺激的反應中得出進一步的結論。相反，邊際經濟學只是利用個人邊際效用作為一個出發點，以便勾勒出整個經濟體系運行的圖景。心理物理學從一開始就關注測定問題，而

---

[1]　蒂奇納：《實驗心理學》，II，第2部分，第XX-XXII頁。
[2]　L. L. 索斯頓在無差異函數的經驗性不變量導數中，使用了同費希納可比較的方法來測定滿足或效用。他說：「在測定滿足方面，我們將始終暗示著：它是依據一種主觀尺度單位來實現的，即根據可辨別的誤差來進行的。」（索斯頓：《無差異函數》，《社會心理學雜誌》，第II卷〔1931年〕，第140~141頁）他還發現，在心理物理學中，表現滿足量與消費物品量關係的方程式是「不足為怪的，那就是我的老友費希納發現的定理」。
[3]　費希納：《心理物理學原理》（萊比錫，1889年，II，第549頁）。

边际效用经济学在相当一段时间则迴避测定问题。心理物理学的结论是基于实验材料，边际效用经济学则诉诸于通常的经验。也许因为心理物理学使用实验室的缘故，它从一开始就以特殊函数式来表示它的结论；而边际效用经济学则仍旧只包含表现满足最小值的函数。

心理物理学比边际效用经济学在时间上领先。如上所述，1860年当费希纳的《心理物理学》问世时，人们已经注意到了它；这离边际效用学派开始之时（按照通常的说法）还有10多年。心理物理学在19世纪60年代和70年代初已经在欧洲大陆（主要是德国）得到了广泛的评论、批评和传播，而传入英国已是70年代中期的事了。

英国人是通过詹姆斯·苏里（埃杰沃思的朋友）的著作才注意到心理物理学的①。可以说埃杰沃思的兴趣部分地来自苏里。事实上埃杰沃思在他自己著作的开头就说：「我要感谢我的朋友苏里先生（《感觉与直觉》、《悲观论》的作者），【99】他在百忙之中阅读了本书校样并提出了许多建议」②。

苏里在自传中几次提到埃杰沃思，不过没有都点名③。苏里把他同埃杰沃思的会见归因于萨维尔俱乐部。他觉得「埃杰沃思的多方面的才能甚至在两个范畴之内都容纳不下」④。埃杰沃思显然一直劝苏里搬到安静的汉斯蒂，以避开城市的喧闹，苏里对此喧闹感到特别不适⑤。苏里下面几段话谈到了他在汉斯蒂的生活情况，都是同埃杰沃思（他称埃杰沃思是「我的单身汉朋友」）和杰文斯有关的。

苏里说，吸引我来到汉斯蒂这个非常宁静的地方的是他（我的单身汉朋友）。想到有他作为邻居，加之他对北方高地宜人气候的赞美，我来到了这里。我对他的兄弟般的提议的回答，就是选择了一处离他的住宅不远的别墅做我的房舍。我们几乎天天见面，有时在早餐后散步，有时远足（杰文斯也参加进来），有时去海登或艾斯特里溜冰。自行车后来出了毛病，对我们不慌不忙的徒步漫游是个打击。我始终跟他在一起，虽然我知道我不过是他的一名随从。有一天晨练，我不能和他在一起，他一大早就泡在浴塘中了。像我这样经

---

① 参阅苏里：《感觉和直觉》（伦敦，1874年）；又见苏里对 W. 汪茨《心理物理学原理》的评论，见《精神》，1876年，I，第20~43页。
② 埃杰沃思：《伦理学中的新旧方法》，第 II 页。
③ 苏里：《我的生活与朋友》（纽约，1918年）。
④ 苏里：《我的生活与朋友》（纽约，1918年），第164页。
⑤ 参看苏里：「文明与噪音」，《双周评论》。第 XXX 卷（1878年），第704~720页。

得起瑞士或挪威夏日暴曬和冰冷刺骨海水鍛煉的人，也不敢一大早就鑽進冬天的池塘中。

蘇里又說，我們的研究路線有些重合，加之他的興趣廣泛，因而我們的話題很多。他的頭腦似乎總是不停地思考著新問題，有一次在海爾斯遇到他，他向我提出一個難題：「假如你有許多錢可用於投資，條件如何如何，你是否準備冒險？」我被他的神情逗樂了，因為他以為我會為擁有大筆財產感到困惑。我的這種態度是對他的最好回答。我高興地知道在我早晨開始眺望高地上的哈羅鎮的景色時，我準會在白石塘附近碰到他。我遠遠地就能認出他那緩慢移動的有點駝背的身影；我喜歡使他從凝神靜思中大吃一驚，喜歡看他像飛鳥一樣走上來，還喜歡聽他高興地呼喚：「你好，蘇里！」

最後，蘇里還說，雖然我比他年幼，可是他似乎得到了我的特別關照。這部分地是由於他生性謙恭（他來自禮儀之邦）。我能同他一起一再回憶起這些美好的時光，在他的祖傳宅第中度過一週。夏日的一週還由於他的周到而殷勤的照顧而變得更令人歡愉。（現在）近鄰不再使我能輕易地得到他真誠而持續的友情了，【100】但我仍夢想著有那麼一天，假定我能來到天堂，將會再次受到歡迎，聽到發自肺腑的呼喚「你好！」①

III

甚至到1879年當埃杰沃思發表《享樂計算》一文時，他還沒有觸及經濟學②，他仍處於享樂主義和心理物理學的範圍內；不過，這篇文章充分運用了類似於邊際效用的若干概念，因而可以把他看成一名遲到的邊際效用遞減法則的獨立發現者。在目的與方法問題（《倫理學的新舊方法》已經包含了這些問題）中，他將一種寬泛形式的邊際效用遞減法則作為他的分析的「第一前提」。他這樣表述這個前提：「享樂增長的比率隨著享樂資料的增加而減少。這個前提認為享樂對享樂資料的第二個微分數連續是負數。它並不認為第一個微分數連續是正數。」③ 埃杰沃思援引經驗事實和權威的話來支持他的這個前提。他所援引的權威不包含邊際效用學派的那位作者。他說的是：「布芬的

---

① 蘇里：《我的生活與朋友》（紐約，1918年），第177~179頁。
② 《精神》，第 IV 卷（1879年），第394~408頁。
③ 《精神》，第 IV 卷（1879年），第397頁。

《道德算術》，萊布尼茲的《概率論》，威廉・湯普森的《財富分配的研究》以及西季威克先生的《倫理學方法》……」① 遺憾的是他沒有指明頁數。他還指出「從較簡單的歸納所得出的『推論』（部分是費希納的後繼者所共有的，部分是迪包夫教授所特有的）」證實了他的前提②。

最相似的一點是埃杰沃思提出了包含三個變量的效用函數，這個函數同他後來研究經濟學時所用的函數是類似的。他說：「F（xy）是一單位的消費享樂……」③ 但其中的 x 和 y 並不像他後來的著作那樣代表兩個物品，而是 x 表示個人享樂能力，y 表示享樂資料量。但我們必須承認埃杰沃思已經提出了邊際效用學派的一個基本分析工具的形式。

IV

是什麼因素使埃杰沃思轉向經濟學呢？也許部分的原因是 1879 年問世的三本書，其中的兩本是【101】埃杰沃思在其《數學心理學》中多次提到的；埃杰沃思的《數學心理學》出版於 1881 年，他在這裡首次考察經濟學④。其中的另一本書是杰文斯的《政治經濟學理論》第 2 版。這本書也許在 1879 年晚些時候才到埃杰沃思手上。至少他說他在這一年早些時候還不知道杰文斯這本書⑤。埃杰沃思從這本書得到線索，進而閱讀了古爾諾、戈森，特別是瓦爾拉斯的著作，而且在《數學心理學》中提到了他們的名字。埃杰沃思這一時期在漢斯蒂還得到了他的鄰居杰文斯的親自幫助。馬歇爾《國內價值純理論》（1879 年出版）也給了他強烈的影響。埃杰沃思在《數學心理學》中多次提到這本私人印刷的一冊書中的一些部分，但他沒有指出全名。埃杰沃思還有一本馬歇爾的《工業經濟學》（也出版於 1879 年），不過他所注意的是《國內價值純理論》中的曲線和主張，而不是《工業經濟學》的簡明性⑥。

埃杰沃思對效用的興趣在《數學心理學》（1881 年）中達到了頂點。他在 19 世紀 80 年代去牛津當教授之前曾轉向統計學；儘管他後來又曾回到更嚴

---

① 《精神》，第 IV 卷（1879 年），第 397 頁。
② 《精神》，第 IV 卷（1879 年），第 397 頁。
③ 《精神》，第 IV 卷（1879 年），第 400 頁。
④ 《數學心理學》（倫敦，1881 年）。
⑤ 《數學心理學》（倫敦，1881 年），第 34 頁註。
⑥ 堪薩斯大學圖書館存有一本馬歇爾《工業經濟學》初版。在該書標題頁上有埃杰沃思的名字和地址（漢斯蒂，伏龍山 5 號），全書有埃杰沃思手寫的許多註釋性說明。

格意義上的經濟課題，但他絕沒有單一地、長時間地再回到效用問題上。《數學心理學》幾乎未加改動地重印了他 1879 年的論文（《享樂計算》），補充了一節《經濟計算》和《附錄》，它們是新的擴大的經濟學①。

埃杰沃思在《經濟計算》中談到的一個問題是效用測定的可能性。他這個研究方向部分地來自心理物理學的研究，部分地來自新近對涉及測定問題的邊際效用文獻的接觸。他對這個問題提出了三種完全不同的答案，第一，將來會提出某種現在尚不為人知的測定方法，如其他學科的情形；第二，經濟學家能以無數字的數學處理許多問題；第三，心理物理學測定感覺的方法使經濟學家傾向於接受經濟學中的測定問題。

埃杰沃思最不注意的是上述的第一種想法。杰文斯對此想法有過許多的暗示，但埃杰沃思僅表讚成而已。埃杰沃思在一個附錄中說：【102】「這裡無疑存在許多困難，這門新興學科仍籠罩在陰影之下；享樂主義在變成精確科學之前，如杰文斯所說，仍處在熱與電的階段。」②

埃杰沃思對第二種想法比較重視，即認為涉及經濟問題的大量數學論證只用得著「無數字」的數學，也就是說它僅僅涉及「一個量比另一個量或大或小，或增或減，或最大或最小……」③ 他還援引了「數理經濟學之父」古爾諾的話作為證明④。

埃杰沃思不滿意於將來會找出測定尺度的說法，也不滿意於經濟學家無須基數測定的看法，他在《數學心理學》中有兩處讚揚了主張把心理物理學用於經濟學的經濟學家⑤。他在這裡提出了心理物理學同經濟學為數不多的相關點之一⑥。埃杰沃思接受杰文斯關於效用有兩種尺度（強度大小和時間長短）的看法，並說：「每種尺度的單位就是剛可覺察的增量。」⑦ 他接著轉而討論（為了計算）不同的個別的「剛可覺察的單位」的相似點，討論費希納試圖測定心理量的觀點究竟在何時成了爭論之點。他在《數學心理學》的前半部分

---

① 埃杰沃思對《數學心理學》第 57 頁上的一個腳註加了一句，此句在《精神》雜誌第 404 頁的一段中被有意無意地省略了。
② 埃杰沃思：《數學心理學》，第 98 頁。
③ 埃杰沃思：《數學心理學》，第 2 頁。
④ 【240】埃杰沃思：《數學心理學》，第 83 頁。
⑤ 埃杰沃思：《數學心理學》，第 7~8、99 頁。
⑥ 只有 F. A. 蘭格較早論及韋伯和費希特的思想同經濟學的聯繫。見蘭格：《工人問題在現在和將來的意義》（迪斯伯格，1865 年）。
⑦ 埃杰沃思：《數學心理學》，第 7 頁。

接受這個觀點：不同單位的相等是沒有根據的，雖然它確實存在。他說：「每一**最小可感覺量**彼此暗含的相等這個首要原理是不能證明的。他類似於不能區分的事物或場合彼此相等一樣，而後者構成對**信念**進行數學計算的首要原理。這個原理無疑是在評價過程中得出的。時間強度單位的暗含的可相等性（不論時間長短和享樂種類）仍未完全推定。**經濟**計算的單位就是如此。」① 他後來又對「剛可覺察的單位」的可相等性提出了含糊的推測性的證據。他說：「假定可能選擇這種而不選擇那種剛可覺察的增量，那它一定可依據某些享樂可能性的差別作出選擇（不存在非享樂行為或它對眼下的研究無關緊要）。但是，如果一種增量的【103】享樂可能性超過了另一種，則前者就不是**剛可覺察的增量**，至少這**兩種**增量都包含在內。」② 但埃杰沃思對他的論證沒有把握，因為他接著遺憾地說：「當然，這種變換課題的方法稱不上是演繹。這種思想之流是沿著『同它的源頭一樣的水準前進的』。」③

這樣，埃杰沃思就退回到了這樣的觀點，即必須把「剛可覺察的增量」視為等量；並重新支持他早先在論證概率論下存在的類似公理時所提出的一種看法：「反過來說，我認為，一定要假定存在著這樣的方程式，它們也許能同概率論的首要原理相比擬。按照這個原理，我們同樣不知有關的條件，在這些條件之間也得不出重要的差別，因而認為它們是相等的；我們可以同意按照某個原理行事，但我們難以講出這樣做的理由。」④

所有這些都是對心理物理學界 20 年爭論的一種反響。他所加進的另一個推測是，我們也許只能在未來某種完美世界中才能獲得彼此相等的增量。他說：「的確，這種相等性或可相等性，事實上不會像完全開方那樣存在。」⑤ 他還認為，在「剛可覺察的單位」的可比性方面，效用**時間**的長短同**強度**的大小處於一樣的地位。他起先讚同（後來又放棄了）把第二個尺度引進效用；這樣，效用將有「三個尺度即客觀時間、主觀時間和強度」⑥。

埃杰沃思接著提出建議，作為替代增加一種尺度的辦法，「把比率和強度兩者自覺地結合為單一的標記也許更為適切」⑦。在舉了一個簡短而無效的關

---

① 埃杰沃思：《數學心理學》，第 7 頁。
② 埃杰沃思：《數學心理學》，第 99 頁。
③ 埃杰沃思：《數學心理學》，第 99 頁。
④ 埃杰沃思：《數學心理學》，第 99 頁。
⑤ 埃杰沃思：《數學心理學》，第 100 頁。
⑥ 埃杰沃思：《數學心理學》，第 100 頁。
⑦ 埃杰沃思：《數學心理學》，第 100 頁。

於測定的例子之後，埃杰沃思作出結論：「應當承認，比較享樂量是含糊不清的；更含糊不清的是用一種包含數字的例證進行的比較。」① 最後，他從現實的不完善性轉到天衣無縫的想像，並要求讀者「想像一種理想的完善的裝備，一種心理物理學的機器，嚴格按照自覺判斷，連續記錄下個人感受的高度，【104】或者不如說根據**誤差法則**，分辨出不同的感受」②。埃杰沃思就這樣從一個課題漫遊到另一個課題，他的想法雖有啓發性，但卻毫無結果。

V

埃杰沃思從效用測定轉到效用在個人之間的比較問題。他在此發現了在測定效用時已經遇到的困難。他再次依靠（毋寧說擴展了）他先前提出的一條公理：「任何感覺在任何時候所經歷的剛可覺察的享樂增量具有相同的價值。」③ 依據這個擴展了的假定前提，像較簡單的前提一樣，埃杰沃思發現了「最終公理的主要奧秘」。他把這個涉及個人之間比較的擴展了的公理稱為**功利主義**原理，而把較簡單的公理稱為**經濟的**原理。他滿足於提出這樣的異議，即對於「剛可覺察的增量」的唯一推理是，在功利主義原理之下，「在其他人的享樂可以被數目更大的尺度所補償的情況下，享樂的不確定性越大，則平均數越大；恰如依據概率論，用較不完善的工具對為數眾多的現象的觀察可以獲得相當精確的結果」④。

VI

埃杰沃思的《數學心理學》有一部分寫於 1879 年後，也就是說，是在他讀了杰文斯的《政治經濟學原理》再版和馬歇爾的兩篇論價值的私人發表的小冊子之後，又是在進而鑽研了瓦爾拉斯、戈森和古爾諾的著作之後；這一部分內容同埃杰沃思先前在沒有任何幫助的情況下所寫的東西形成了明顯的對照。杰文斯把他引上尋求經濟答案的道路，其中就有邊際效用，但我們可以有

---

① 埃杰沃思：《數學心理學》，第 101 頁。
② 埃杰沃思：《數學心理學》，第 101 頁。
③ 埃杰沃思：《數學心理學》，第 101 頁。
④ 埃杰沃思：《數學心理學》，第 102 頁。

把握地說，邊際效用沒有以任何形式構成埃杰沃思上述著作的中心內容，即使《數學心理學》中嚴格的經濟部分也是如此，他雖然在分析中運用了邊際效用，但他實際上從考察心理學轉向了新的問題，即形成交換的不同市場的均衡決定問題，或如他自己所說的「契約」問題①。

埃杰沃思對「契約」的研究始於【105】杰文斯所列舉的兩個人交換兩種物品的場合，但他做了一個值得注意的變動，他把兩種物品對某人的總效用結合到同一個函數中，而杰文斯是對每種物品使用一個不同的函數。他對該變動的說明是：「更一般地說，讓 P（代表 X 方的效用）$= F(xy)$，讓 π（代表 Y 方的效用）$= \varphi(xy)$。」② 他說這樣做的唯一好處是：「第 34 頁（接近底部）的這種研究不可能由杰文斯教授的公式所提出。」這又涉及第二交叉導數，或者換句話說，一種物品每單位的邊際效用的變化，改變著被消費的另一種物品的量。在他後來的著述中，埃杰沃思用這些第二交叉導數的符號去說明兩種物品之間的關係：獨立的、補充的或替代的。不過他在《數學心理學》中沒有提及這些交叉導數的特殊用途。

埃杰沃思選用的這種類型的效用函數的另一個結果，是提出了無差異曲線。埃杰沃思由於首次使用這種方法而受到了經濟學史家的稱讚。他為說明這個思想而提出的主要圖解顯示了禮拜五和羅賓遜之間的交換契約曲線。禮拜五帶到市場上的是勞動，羅賓遜則把貨幣作為工資支付出去。「契約曲線的這個有用的部分位於兩點之間……這兩點分別是契約曲線同每一個部分經由原點引出的**無差異曲線**的交點」③。【106】埃杰沃思以 X 軸測定羅賓遜的貨幣，以 Y 軸測定禮拜五的勞動。帶點的無差異曲線屬於羅賓遜；帶點和帶破折號的曲線屬於禮拜五。羅賓遜的曲線表示他願意為得到禮拜五的一定量勞動而支付的貨幣。禮拜五的曲線表示他為得到一定量工資而願意提供的勞動量。儘管埃杰沃思在圖解中沒有表示出來，但羅賓遜的曲線群和禮拜五的曲線群會填滿平面。羅賓遜的曲線越高，他得到的滿足越多。禮拜五的曲線越低，他得到的享樂越多。兩群曲線的切點的軌跡就是契約曲線 CC′，雖然埃杰沃思沒有這樣作圖（見下圖）。

---

① 埃杰沃思：《數學心理學》，第 20 頁。埃杰沃思的「契約」一詞可能來自他的法學修養（他在《數學心理學》的簽字是「高級律師」），在他以前和以後均無人在此意義上用這個詞。
② 埃杰沃思：《數學心理學》，第 20 頁。
③ 埃杰沃思：《數學心理學》，第 29 頁。

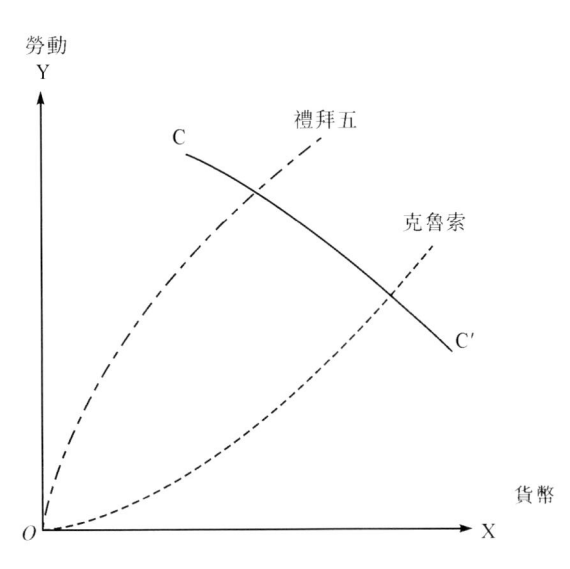

```
         勞動
          Y
           │
           │    C        禮拜五
           │
           │              克魯索
           │
           │                  C'
           │
           │
          O└──────────────── 貨幣
                            X
```

　　埃杰沃思的這種形式的無差異曲線沒有在經濟學中流行開來，也許是因為它以效用函數為基礎，所以沒有為直接使用效用曲線提供什麼幫助。埃杰沃思對他自己思想的不恰當地解釋也可能起了一定的作用。此外，還因為他的曲線同現在的相比具有一種不對稱的特點。現在使用的無差異曲線涉及的是個人持有的兩種物品的不同量，而不是為獲得一定量第二種物品而放棄的第一種物品的量。

VII

　　也許是由於埃杰沃思在著作中多次提到杰文斯和馬歇爾，所以這兩位經濟學家評論過埃杰沃思的《數學心理學》。我們考察過馬歇爾早些時候對埃杰沃思所做的有名的和有利的評論[1]，但看來無人知曉杰文斯同一時期對埃杰沃思所做的同樣有利的評論[2]，甚至《杰文斯通信和日記》的書目也未提到它。杰文斯評論說：「不管讀者對本書會有何其他看法，它們可能全都同意說，這是一部非常令人敬佩的著作。」[3] 杰文斯沒有注意到埃杰沃思在他的效用函數上所做的變動，所以也就沒有評論這方面的內容或優點。杰文斯說的多半是

---

[1]　參看本書第 8 章。
[2]　《精神》，第 VI 卷（1881 年），第 581~583 頁。
[3]　《精神》，第 VI 卷（1881 年），第 581 頁。

「效用計算」，他也難得對埃杰沃思的「經濟計算」多置一詞。杰文斯還抓住機會對埃杰沃思的含糊不清的文風表示遺憾，要求埃杰沃思對其方法加以改進①。埃杰沃思看來在【107】模仿傑出而早熟的巴雷特的文風的同時也發揮了他自己的特點，巴雷特的著作讀來酷似埃杰沃思的手筆。杰文斯的責備可能起了一點作用，埃杰沃思的文章在此後一段時間裡寫得比較明白易懂了，總的說來減少了不少隱語、古典掌故和深奧的敘述；但不久他又恢復了原狀。

VIII

1882 年後，埃杰沃思的第一篇包含直接的經濟內容的文章介紹了他的指數觀點②。效用同指數當然有關。埃杰沃思對此問題的解釋使人勉強可以明白，他說：「一個人 200 年前從一定收入所得的總效用，等於他 100 年後從同量貨幣所得總效用與適當數字的乘積。」③ 他這是第一次把效用同指數聯繫起來，但他的文章中所談的主要內容不是這個。他於 1887 年重提這個問題④，在這裡他說到「最後效用的邊際」，這是杰文斯的「最後」和「邊際」的奇怪結合，他實際上取代了杰文斯的說法。埃杰沃思在向不列顛科學促進協會的報告中用了「邊際」一詞，次年見諸文字。這是現代教科書所指意義上首批公開使用這個詞的場合之一。

IX

埃杰沃思於 1887 年發表了一篇不知名的小冊子，書名為《量度：測定概率和效用的方法》⑤。這本書肯定涉及效用，但在一定意義上它對埃杰沃思本人比對讀者顯得更重要。本書在今天的意義主要在於它在效用的測定上使用了概率，但也只有間接的意義。埃杰沃思這裡所說的公理在他看來存在於概率和效用這兩種課題之下，但對多數人來說就相當遙遠了。在試圖以費希納的方法

---

① 《精神》，第 VI 卷（1881 年），第 583 頁。
② 《確定金價變動的方法》，《統計學會雜誌》，第 XLVI 卷（1883 年），第 714~718 頁。
③ 《確定金價變動的方法》，《統計學會雜誌》，第 XLVI 卷（1883 年），第 714 頁。
④ 《不列顛科學促進協會第 57 次會議報告》（倫敦，1885 年），第 263~265 頁。
⑤ 倫敦，1887 年。

測定效用以及考察個人之間的效用比較之前，埃杰沃思一直在擺弄這個公理①。他把概率和效用看作「姐妹科學」，【108】他認為「除非考慮它們之間的相互關係，否則就不能充分理解其特性」②。但他沒有展開論述這種關係，因為其他人都沒有發現在概率和效用之間有任何實際的或可能有的「一般類似性」和「局部的一致性」。其次，埃杰沃思到1887年又恢復了他的非常含糊不清的風格，可能因此而失去了大多數讀者。埃杰沃思為《精神》雜誌寫了一篇上述著作的簡短總結③；但沒有任何人對他的小冊子發表評論。他的整個討論再次離開了經濟學領域；一則他一般地研究效用，二則他關注的是對效用起作用的公理。這樣，埃杰沃思就根本沒有把他的研究同經濟學文獻的主體或邊際效用聯繫起來，雖然這時他已熟知杰文斯、瓦爾拉斯和許多先驅者的著作。

X

1889年埃杰沃思被選為不列顛科學促進協會F組的主席，他在主席致辭一開頭就要求大家回想一下25年前杰文斯在該組發表的論文，並說他打算「對我們的前人對杰文斯引進的數學方法所做的不利判斷的公正性加以考慮」④。因為杰文斯的論文既討論數學方法，又討論邊際效用，所以埃杰沃思也一起討論這兩者，但他只是對邊際效用和價值問題的聯繫作了一個扼要地解釋。他說：「我不想對馬歇爾、西季威克和沃爾克各位教授在他們的廣為人知的論文中以及闡明的問題詳加評論，而只想對尼科爾森教授為《大不列顛百科全書》所寫的論價值的文章稍加補充。」⑤ 埃杰沃思顯然希望表明邊際效用思想已經擴展到了整個經濟學領域，所以他對這方面的先驅者均未提及。應當注意的是，在上述四人中只有馬歇爾在1889年前對邊際效用思想留下了一席之地。

---

① 參閱本章第 IV 部分。
② 埃杰沃思：《量度》，第1頁。
③ 埃杰沃思：《測定概率和效用的方法》（《精神》，第 XII 卷〔1887年〕，第484～485頁）。A. L. 鮑萊僅提到埃杰沃思關於效用和概率關係的次要說法。見鮑萊《埃杰沃思對數理統計學的貢獻》（倫敦，1928年）中的一章：《統計概率和經濟學的效用》。
④ 《不列顛科學促進協會第59次會議報告》（倫敦，1890年），第671頁。
⑤ 《不列顛科學促進協會第59次會議報告》（倫敦，1890年），第671頁。

儘管埃杰沃思不打算討論效用問題，但他還是在演講中斷斷續續地談到了它。他提到的早期作者有【109】杜皮特、戈森、瓦爾拉斯和門格爾。他還提到了龐巴維克和威斯蒂德以及奧地利學派。埃杰沃思在這個公開的專業會議上全面地列舉邊際效用學派的各位成員的名字，此時這個學派已經不是作為什麼新奇之物，而是經濟學中已被認可的有價值的部分了。他的演講標誌著，經濟學家只是在偶然場合作為一種革新而談論邊際效用思想的時期已經告終。

第十二章 克拉克

I

【110】邊際效用史經常討論到約翰·貝茲·克拉克，這不僅因為人們通常稱讚他在美國傳播了邊際效用學說，還增加了一些觀點，而且因為人們常把他視為邊際效用學說本身的一位發現者，儘管晚於杰文斯、門格爾和瓦爾拉斯多年。把他看作邊際效用論的一位獨立發現者的說法，始於最初對他在經濟思想史上的地位的完整闡述①。大多數近期的歷史著作都重複了這個要求②。克拉克之子 J. M. 克拉克把關於他父親的首創性的看法又向前推進了一步，他認為其父能夠沒有杰文斯的幫助而輕易地創立邊際效用學說。

他說：「如前所述，克拉克提出邊際效用價值論雖晚於杰文斯和其他的首創者，但顯然是獨立的。古典經濟學已經為該理論準備了若干資料；它在效用和交換價值的關係問題上留下了一種挑戰，而且它在李嘉圖的場合又遇到了這樣一種勞動理論，該理論在李嘉圖接受了勞動成本並非單獨決定物品彼此交換比率的觀點之後，又轉變成了生產成本論。古典經濟學還包含著合理量度效用的概念和邊際方法，只需將兩者結合在一起便可提出邊際效用理論。」③

甚至維也納經濟科學協會在歡迎克拉克為名譽會員時也稱讚他是「獨立於其他探索者而發現這一新學說的人之一，該學說半個世紀以來已構成經濟理

---

① 【240】漢尼：《經濟思想史》（紐約，1911年），第521頁；吉德和利斯特：《經濟學說史》（巴黎，1909年），第607頁註。

② 羅爾：《經濟思想史》（再版，紐約，1942年），第467頁；貝爾：《經濟思想史》（紐約，1953年），第527頁；哈奇遜：《經濟理論評論，1870—1929》（牛津，1953年），第255頁。

③ J. M. 克拉克：《論克拉克》，見斯皮格爾：《經濟思想的發展》（紐約，1952年），第605頁。

论发展的基础……」①他的母校哥伦比亚大学也持此看法②。经济思想史家（像马歇尔一样）从未评论过克拉克作为边际效用独立发现者的权利，但谁也没有想反驳这种看法。

II

让我们来解释一下这种无异议的权利，并从他的早期著作开始。【111】克拉克生于1847年，埃杰沃思生于1845年，马歇尔生于1842年，相隔不远。杰文斯的《理论》和门格尔的《原理》问世后一年（1872年），埃杰沃思正就读于牛津，马歇尔已任教剑桥，克拉克已从阿赫斯特毕业，赴德国进修经济学。1872年年底到1875年克拉克多半在海德堡，只有六周在苏黎世。在海德堡对克拉克影响最大的一位教授是卡尔·克尼斯③。尽管德国当时盛行历史学派（克尼斯就是该学派的一位主要成员），但海德堡和克尼斯都不可能一直阻止边际效用分析的发展；这不仅因为克拉克避开了克尼斯的影响，而且克拉克刚刚离开，维塞尔和庞巴维克就到了，他们向克尼斯的研究班提交了报告，从此开始了他们作为奥地利学派主要成员的生涯。克尼斯本人有几处提到他们，他在自己著作中加了一个涉及杰文斯《理论》的脚注，又在《历史观点的政治经济学》（1883年再版）中花了好几页篇幅解释瓦尔拉斯的《纲要》④。不过，他的兴趣是数学方法，而不是效用在经济分析中的作用。维塞尔向研究班提交的报告谈的是成本和价值的关系，庞巴维克的报告的内容是资本理论⑤，这些报告显然已受到门格尔《原理》的影响。传播边际效用经济学的这三位杰出人物在先后几年间都来到海德堡，这是令人瞩目的。

克拉克后来对克尼斯的影响看得也许过重了，他曾赞扬克尼斯向他提出了若干「建议」，说这些建议旨在指导他「发现一种单位，用于衡量财富的各种

---

① 【4】《克拉克回忆录》（私人出版，1938年），第21页。
② 《克拉克回忆录》（私人出版，1938年），第21页。
③ 托依尔：《克拉克的经济思想》，这是一篇经济学学位论文，1951年12月为部分地实现纽约大学博士学位要求而作，该文注意到（但不够）克拉克同边际效用的联系。参阅第15~16页。
④ 克尼斯：《历史观点的政治经济学》（布鲁茨威格，1883年），第500~107页。
⑤ 哈耶克：《弗里德利希·冯·维塞尔》，见维塞尔：《论文集》（廷伯根，1929年），第VIII页。

變量」①，但克拉克沒有列出這些建議的內容，當然也就沒有具體說明這些建議對他走上發現邊際效用之路究竟起了什麼作用。

III

克拉克回到美國就教於卡爾頓學院之初就發表了他的第一篇經濟學論文《財富的新哲學》②。這篇文章幾乎全是談效用概念的，但沒有提及任何與**邊際**效用類似的思想，沒有顯示出任何先驅者【112】著作的跡象；它討論的是財富的性質。他的分析有意離開勞動價值論而偏向效用論，只能說是在效用理論方面作出了一個微弱的開端。沒有跡象顯示出他已認識到下述思想：如不瞭解邊際效用對經濟問題的意義，運用效用概念就不會得出什麼成果。所以他要求作為邊際效用論的獨立發現者，是不能基於他最早的這篇文章所包含的對效用概念的運用的。另外，這篇文章無疑也表明克拉克沒有從杰文斯、門格爾或瓦爾拉斯的研究中獲益。

1887 年年底克拉克又發表了一篇涉及效用思想的論文，該文明顯地顯示出克尼斯的影響③。克拉克在此研究了人的本質，其前提是認為政治經濟學把人看得「太機械」「太自私」「根本沒有被各種高尚的精神力量團結在一起」，使人過分遠離社會（而人不過是社會的一分子）④。與此相關，克拉克對「需求」做了長篇討論，這討論在許多方面同效用思想有關。他在解釋需求的可滿足性時最接近於考察到邊際效用遞減。他說，較低的需求可以全部被滿足，較高的需求可以無限擴展⑤。這樣，需求在這兩種極端和含糊不清的場合都不會隨著某人消費的增加而顯著地下降，但在這兩個極端之間的需求的強度會隨

---

① 克拉克：《財富的單位》，見《政治學說：送給卡爾・克尼斯的生日禮物》（柏林，1896 年），第 1 頁。龐巴維克在本書也發表了一篇文章，這樣，除了五篇出自德國歷史學派著名成員之手，還有兩篇則出自對立的邊際效用學派的同樣著名的成員之手。

② 《新英格蘭人》第 XXXVI 卷（1877 年），第 170~186 頁。該雜誌為聯邦時代嚴肅的經濟學文章提供了難得的發表機會，它後來變成《耶魯評論》。在其早期階段，神學興趣起著很大作用（它還向神學研究班的學生們降價出售），這肯定使它偏向於克拉克的著作，因為克拉克起初是傾向於這個方向的。

③ 《政治經濟學中未被認識的力量》，《新英格蘭人》，第 XXXVI 卷（1877 年），第 710~724 頁。

④ 《政治經濟學中未被認識的力量》，第 712 頁。克拉克這裡發揮的思想在克尼斯著作中佔有中心地位。參閱蓋里：《卡爾・古斯塔夫・阿道夫・克尼斯（1821—1898）》，《社會科學百科全書》，第 VIII 卷，第 580~581 頁。

⑤ 《政治經濟學中未被認識的力量》，第 714 頁。

著用於滿足的物品量的增加而降低。我們在這裡發現了克拉克接近於邊際效用遞減思想的第一個表述:「這種中間類型的需求可以無限擴展,但其強度會隨著所供給物品的增加而降低,甚至趨向厭煩。首先滿足的是比第二個物品的慾望強度更強的物品,對第二個的慾望強度比對第三個的更強,以此類推。每一次都能獲得一些滿足,但卻是在遞減的程度上。」①

克拉克還把他對需求的看法同消費者的購買即價格體系聯繫起來。他一開頭就提出了下述公式:

「A, B, C, D, E = 所需求的不同物品;

5, 4, 3, 2, 1 = 不同慾望的相對強度。」②

【113】這個表沒有任何邊際效用遞減的意思,因為物品各不相同。克拉克假定它適用於所有的消費者,並調節著它們的購買次序。假定價格不允許所有物品被所有的人所消費,則價格必定下跌,下跌的程度取決於物品的特點。

克拉克這兩篇文章充其量不過是答應進一步研究邊際效用。第二篇與第一篇一樣,一直讓效用或需求占據著舞臺的中心。他根本沒有表現出對邊際效用論的早期作者(特別是杰文斯、門格爾和瓦爾拉斯)有任何直接或間接地瞭解。他討論時用的是「需求」或「慾望」而不是「效用」,這反應了德國文獻的一些特點(就其在早期經濟學家著作中有一定淵源的限度內)。

IV

四年後克拉克再次論及效用問題,而在此期間他一直致力於研究社會主義、共產主義和商業倫理這些更令人關心的課題③。他要求承認他是邊際效用早期獨立發現者的文章還是發表在《新英格蘭人》上(1881年7月),題為《價值的哲學》④。他說該文緣起於對價值文獻的不滿,他在文章開頭抱怨說:「可以肯定,在對這個已做了十分詳盡研究的問題所寫的全部東西中,對事情的真正性質的表述還未發現。」⑤ 他在接下來的段落中重申了這個觀點,他說:

---

① 《政治經濟學中未被認識的力量》,第714頁。
② 《政治經濟學中未被認識的力量》,第714頁。
③ 《克拉克著作目錄:發表在報紙雜誌上的文章》,見《紀念克拉克經濟論文集》(紐約,1927年),第339頁。
④ 《新英格蘭人》,新編,第Ⅳ卷,第457~469頁。
⑤ 《新英格蘭人》,新編,第Ⅳ卷,第457頁。

「如此大量文獻……（讀者）盡可耐心閱讀，而他對價值為何物仍不得而知。」①他在文章結尾中說：「想要從經濟文獻尋找令人滿意的關於價值的普通公式，那是枉費心機。」② 克拉克不曾指出「大量文獻」是指那些，本文未指出，他的其他文章也未指出。他很想看到一部相當完善的圖書目錄。【114】他的文章也確實表明他對價值問題的文獻並不熟悉，他只是間接地提到了這些文獻，但對其中新的有希望的文獻完全不熟悉。

克拉克首先試圖把「社會」同價值問題聯繫起來，這是他關於效用的著述同其他同時代人著述的一個重要區別；這個意向後來吸引了其他美國經濟學家，而且有助於辨別美國學派和奧地利學派③。克拉克學說的這個特點無疑可以追溯到他在德國的學習期間；上述思想在德國有長久的歷史，而且在其老師克尼斯的著作中起著重要作用④。在提出關於社會和價值的關係的新觀點之後，克拉克考察了效用和價值的關係。他從亞當·斯密關於鑽石和水的反論開始，接著指出答案在於邊際效用思想。以下是他對這個發現的全部陳述：

「現在我們必須作出一種區分，就我所知，這種區分過去從未應用於政治經濟學，但是我希望指明，對於在這個科學領域的明確論證來說，某種區分是絕對需要的……

「這種估價方式給出的東西可以稱為絕對效用，就空氣而言，它無限大；這種估價方式給出的另一種東西可稱為有效效用，在空氣的場合，它並不存在。有效效用是改變我們主觀條件的能力（在實際環境之內），它在心理上是用某種假設我們佔有並預計要被毀滅的某種東西，或是我們還沒有得到的某種東西來衡量的。

「這不就是政治經濟學應當加以研究的效用（指有效效用——譯者註）嗎？而人們一直在研究的卻是絕對效用。對不同性質的東西不加區分，對任何哲學來說難道不是毀滅性的嗎？」⑤

克拉克在這裡比其他人更有力地強調了區分邊際效用和總效用的意義。他的基本要求（作為邊際效用的獨立發現者並認識到它的意義）的依據正在這

---

① 《新英格蘭人》，新編，第 IV 卷，第 457 頁。
② 《新英格蘭人》，新編，第 IV 卷，第 358 頁。
③ 安德森：《社會價值》（波士頓，1911 年）。
④ 蓋里：《卡爾·古斯塔夫·阿道夫·克尼斯（1821—1898）》，《社會科學百科全書》，第 VIII 卷，第 580 頁。
⑤ 克拉克：《價值的哲學》，《新英格蘭人》，新編，第 IV 卷（1881 年），第 461~462 頁。

裡。他特別強調的是第一句，即他不知道有哪位經濟學家曾經做出這種區分。

克拉克的分析從衡量空氣的邊際或有效效用這一簡單例證開始。這種情形之所以簡單，是因為空氣沒有邊際效用。然後他研究【115】更複雜的情形（飲水）下邊際效用的衡量問題。這之所以更複雜，是因為飲水有一定的邊際效用。把某人的一杯水拿走，他的滿足就減少了，這可能因為「遭到無水之苦」，也可能因為「替代物不合格」①。效用在此顯然不是被直接衡量的，而只是經由難易和從替代品所得到滿足的可能減少來衡量的。

克拉克把上述論證應用於更重要的一類物品，即任何人在市場上購得的各種物品。他在這裡也沒有直接衡量邊際效用。他舉例說：「拿走一件上衣減少了所有者的享樂，這不是由於他有這件上衣或是沒有這件上衣所帶來的，而是由於他有這件上衣時所帶來的享樂量，同由於替代它（替代品可能完全有用，也可能不完全有用）所必然受到的損失之間的差別造成的。」② 克拉克的做法比堅持直接衡量邊際效用的做法要好，他沒有圖方便而引進早期經濟學家提出的「損失法」。不過，與此同時，考慮到替代品的不完善性，我們只能這樣來理解他的思想，即任何物品的邊際效用應以個人貨幣收入的邊際效用來衡量，因為貨幣的邊際效用必定取決於物品的邊際效用，而不是相反。

V

克拉克於 1886 年出版了他的第一部著作《財富的哲學：新經濟學原理》③。本書的一章就是他 1877 年的論文（沒有做實質性修改）；他還收進了 1877 年發表在《新英格蘭人》上的兩篇文章，這兩篇文章反應了他早期對價值和效用的部分看法，但做了較多的改動和調整。亞當斯在評論該書時指出了克拉克和杰文斯的相似。他說：「對熟悉杰文斯教授的人來說，這一章沒有什麼新東西；但是讚成杰文斯教授的人還為他的觀點再次變得引人矚目而感到高興。」④ 亞當斯的說法無疑使克拉克感到震驚，【116】他在再版前言中用了大半篇幅否認他依從於杰文斯的任何說法，堅持認為他的思想的獨立性。

---

① 克拉克：《價值的哲學》，《新英格蘭人》，新編，第 IV 卷（1881 年），第 463 頁。
② 克拉克：《價值的哲學》，《新英格蘭人》，新編，第 IV 卷（1881 年），第 463 頁。
③ 克拉克：《財富的哲學》（波士頓，1886 年），再版前言註明日期為 1887 年 2 月 2 日。他在再版只改寫了一段（第 83~84 頁），這一段談的是「社會的價值」，並沒有改變其含義。
④ 亞當斯，《政治科學季刊》，第 I 卷（1886 年），第 688 頁。

克拉克說：「我同意一個善意評論所提出的看法，即本書第 5 章提出的價值理論同杰文斯教授的理論有一定關係。但我的理論是在很久以前獨立地得出的，我的理論在以下兩方面同杰文斯教授的理論相一致：即在效用和交換價值之間建立一種更緊密聯繫的一般要素上，以及把效用作為心理測定的對象上。在更特殊的各點上，我的理論同他的理論類似，但並不完全一致。所有這些都未加改動地予以發表。該理論（我仍堅信那是我自己的理論）的特徵在於：價值在其各種形式上同效用尺度相一致；絕對效用與有效效用的區分；分析了社會作為一個有機整體在市場估價過程中所起的作用。」①

　　克拉克在 1927 年給邁亞基馬教授的一封信中，對他的邊際效用觀點和杰文斯的觀點之間的差別作了進一步解釋②。在克拉克看來，杰文斯設想的是：個人增加消費，而消費的「最後的」或「最終的」增量，就是在價值判斷中要估價的量。相反，克拉克想像的是，某物品的全部數量已在某人掌握之中，個人必須依據為了替代他供給的任何部分所缺乏的東西來估價其價值。不過這兩種估價過程（一個是個人已經獲得他的物品儲量，另一個是個人預期獲得某種物品儲量）之間的差別對結果顯然沒有實質性影響。克拉克同意這一點。他在結束對自己理論的描述時說：「它等於是一種**最後效用**理論，不過形式有所不同。」

　　克拉克後來著作的一些徵兆表明，他認為他的早期經濟理論與杰文斯、門格爾和瓦爾拉斯理論的區別比實際的差別還要多些。他為此所做的解釋在一定程度上是基於如下的事實，即他確實沒有認真閱讀過杰文斯、門格爾和瓦爾拉斯的書，即使在他知道了他的著作同他們的著作相類似以後也是如此。這也就是說，他根本不知道人家寫了些什麼。能說明這一點的間接證據是，克拉克在他後來的著作中根本未提及三人中的任何一人，除了否認他在 1881 年前已讀過他們的書之外。我們還可以注意到，很瞭解他的人指出，由於合乎情理的理由，他幾乎什麼也沒有讀。約翰遜說：「他的身體很不好，他能用於研究的一些時間【117】多半用在解釋具體事實和加工他自己的理論體系。吉丁斯教授有一次告訴我，翻譯維塞爾和龐巴維克的偉大著作時，起初想讓克拉克也參與其事，因為他們的著作同克拉克自己的體系是非常相似的。但這沒有辦到。克拉克若干年後才讀了這些著作，而且對他的立場和奧地利學派的立場的差別並

---

① 克拉克：《財富的哲學》（再版，波士頓，1887 年），第 VII 頁。
② 多夫曼：《美國文明中的經濟人》，第 III 卷，紐約，1949 年版，附錄 III。

不很感興趣。」① 克拉克的力量顯然來自他自己的思想，他顯然也沒有從其他經濟學作者的著作中受益或受到鼓勵。他的這種個性支持了下述說法：當他剛開始寫效用和價值問題時，對邊際效用學派的三位奠基人在此問題上所寫的一切確實毫無所知。

從《財富的哲學》再版到1892年，克拉克沒有再回到邊際效用和價值理論的關係問題上，在此期間邊際效用學派贏得了國際聲譽。克拉克本來有一個很好的機會來評論邊際效用，因為他準備了一篇很好的評論馬歇爾《原理》的文章，但他沒有利用這個機會，一次也沒有把「效用」一詞引進他的討論。② 克拉克在後來若干年對邊際效用價值論增加了許多新的修正。

---

① 【242】約翰遜：《約翰·貝茲·克拉克》，《美國經濟評論》，第XXVIII卷（1938年），第427頁。
② 《馬歇爾的經濟學原理》，《政治科學季刊》，第VI卷（1891年），第16~151頁。

第十三章　威斯蒂德

I

【118】馬歇爾、埃杰沃思和克拉克對運用邊際效用的優先權均有某種要求，但菲力普‧亨利‧威斯蒂德則有所不同，他在邊際效用學史上多半是一位門徒，而且主要是作為教師而聞名，他在 19 世紀 80 年代曾對許多人很好地運用邊際效用學說作出了貢獻。

我們不知道最初是什麼因素引起了威斯蒂德對杰文斯《理論》的注意。威斯蒂德於 1874 年來到倫敦①，任小波特蘭街唯一神教教會牧師 20 多年。杰文斯於 1876 年來到倫敦，比威斯蒂德晚來 2 年，一直在此住到去世（1882年）。他們都住在倫敦期間（1876—1882 年）可能有些來往，但沒有什麼材料可以說明這些來往的性質。事實上他們在進入大學學院前的許多年間已有不少來往。羅賓遜說，威斯蒂德在 1882 年買了一本杰文斯的《理論》（再版），「在幾乎每一頁上都加了邊註，說明他對杰文斯的理論做了多麼深入和廣泛的思考」②。也許這就是他對杰文斯經濟學的最初一瞥；此後不久（1884 年）就出現了威斯蒂德的第一篇經濟學著述。

II

威斯蒂德最初是在一個名為「經濟圈」（The Economic Circle）的團體發

---

① 【242】關於威斯蒂德的生平詳情，可參看 C. H. 赫弗德：《菲力普‧亨利‧威斯蒂德的生平和著作》（倫敦，1931 年）。該書還收入了 L. 羅賓遜讚揚威斯蒂德經濟學的文章（第 228~247 頁），重印自《經濟學》，第 X 卷（1930 年），第 245~258 頁。

② C. H. 赫弗德：《菲力普‧亨利‧威斯蒂德的生平和著作》（倫敦，1931 年），第 229 頁。

表他對杰文斯著作看法的，該團體在傳播邊際效用思想從而在 19 世紀 80 年代英國經濟思想史上起過重要作用。可惜其歷史詳情至今不明，為數不多的資料也散失了。他的所有成員已不在人世，也沒有發表任何有關的重要史料。這個團體最初幾年同當時的非國教的「貝德福德教堂辯論學會」有聯繫，該學會的發起人是 S. A. 布魯克牧師，他在 80 年代初【119】退出英國國教還曾引起相當大的轟動。至少，貝德福德教堂辯論學會的一些成員也屬於這個「經濟圈」①，他們是悉尼·韋伯，伯納·肖，格拉斯·瓦拉斯，亨利·比頓。

赫弗德曾提到布魯克，他說：「布魯克本人（在貝德福德教堂）現在也表現出同樣的異端徵兆，而他（威斯蒂德）為了避難已經轉到布魯克的教堂。在曼徹斯特學院就讀於他名下的青年人中，一些思想敏銳的人也在探討亨利·喬治的學說。這是重要的，因為事實上我們正是把『經濟圈』的基礎歸於他們的首創精神……」② 曼徹斯特學院的這批思想非正統的學生受到亨利·喬治新近在倫敦多次演講的激勵，大都具有社會好奇心。他們從一開始就得到威斯蒂德的指導，而威斯蒂德（按赫弗德的說法）「作為一種回報，也要求他們為此而掌握杰文斯提出的數學分析工具」③。赫弗德指出了幾位曼徹斯特學院學生的名字，但其中無人同我們這裡所談的問題有關。

比頓於 1884 年 3 月成為這個「經濟圈」的成員。該團體成員第一次遇見比頓是在「哈姆斯蒂自由俱樂部」的一次會議上。比頓和威斯蒂德在會上稱讚了亨利·喬治④。這次會議標誌著「比頓和威斯蒂德終生友誼的開端」⑤，它還標誌著邊際效用思想傳播的一個里程碑，因為比頓以許多方式給予威斯蒂德大力支持。比頓在經商上取得了很大成功，他是倫敦證券交易所的成員，他在 19 世紀 80 年代草創電器工業方面起過積極和有益作用。他晚年遷出倫敦，並轉向農業研究，不過他還總是有時間和辦法撰寫有關復本位制的小冊子，他

---

① L. P. 杰克：《斯道弗德·布魯克的生平和通信》（倫敦，1917 年），第 II 卷，第 359 頁。杰克還提到貝德福德教堂辯論學會的其他成員：威廉·克拉克，威廉·柯林斯爵士，弗蘭克·奈特，米契爾·戴威特，哈伯特·鮑洛斯和約翰·繆赫。威廉·克拉克曾說「辯論學會通常由布魯克先生主持，而我是一個忠實的參加者……」見其文章：《S. A. 布魯克》，《新英格蘭雜誌》，第 III 卷（1890），第 239 頁。杰克還引證了（第 378 頁）布魯克提到比頓的一封信（1886 年 1 月 29 日）。

② 赫弗德：《菲力普·亨利·威斯蒂德》，第 205~206 頁。

③ 赫弗德：《菲力普·亨利·威斯蒂德》，第 206 頁。

④ 福克斯威爾早在 1879 年即已認識比頓，當時比頓已經參加了福克斯威爾在哈姆斯蒂舉辦的一些進修課程。參看 A. G. D. 福克斯威爾：《H. S. 福克斯威爾：一副肖像》，《商業和經濟學克瑞斯圖書館》（波士頓，1939 年），第 8 頁。

⑤ 赫弗德：《菲力普·亨利·威斯蒂德》，第 207 頁。

熱心操辦經濟學家這個協會的活動①。博納說，他「是那些影響大於名聲的人之一」②。

III

1884年10月，「經濟圈」再次得到了加強：它的會議轉到比頓的宅第舉行；【120】成員也增加了，其中有哈伯特·薩默頓·福克斯威爾，弗朗西斯·西德羅·埃杰沃思，悉尼·韋伯。③ 威斯蒂德繼續「作為一位熱心的研究者，他現在發現了一個難得的機會，可以緊緊地把握國內經濟問題的核心」。④ 同年同月威斯蒂德發表了他的第一篇經濟學文章，刊登在馬克思主義社會民主聯盟的機關刊物、宣傳性雜誌《今日》上⑤。

這篇文章試圖反駁馬克思主義經濟學的基本點即剩餘價值理論，反駁的依據是，物品的價值不取決於生產它所使用的勞動量，而取決於它的邊際效用。威斯蒂德在反駁馬克思時使用了杰文斯的方法，他說：「對這個問題所提出的完整而確切的答案使杰文斯的名字永垂不朽，我在本文所做的，就是把杰文斯交給我們的這個有效的研究工具用於解決我們討論的各種問題。」⑥ 他花在研究杰文斯著作上的兩年時間終於結出了果實。

威斯蒂德反駁馬克思的理由如下：商品和勞動的價值均取決於勞動的邊際效用，更準確地說，取決於勞動產品的邊際效用。關鍵之點仍然在於依照邊際

---

① 博納：《訃告：亨利·瑞米·比頓》，見《皇家統計學會雜誌》，新編，第XCVII卷（1934年），第693~694頁。比頓的著作顯然限於1894—1895年出版的三本有關復本位制的小冊子：一是《對舍勒先生反對復本位制的文章的評論》（1894年，7頁），有關該問題的另一篇論文的題目是《比頓先生對舍勒先生反對復本位制的論文的評論，以及舍勒先生的答復》（1894年，10頁）。二是《貨幣改革形勢》（1894年，48頁）。三是《復本位制：它的利弊》（1895年，24頁）。

② 博納：《訃告：亨利·瑞米·比頓》，見《皇家統計學會雜誌》，新編，第XCVII卷（1934年），第693~694頁。

③ 赫弗德：《菲力普·亨利·威斯蒂德》，第207頁。

④ 赫弗德：《菲力普·亨利·威斯蒂德》，第207頁。

⑤ 威斯蒂德：《資本論：批評》，見於《今日：科學社會主義月刊》，新編，第II卷（1884年），第188~409頁。該期刊1883年創刊，1889年轉為《國際評論》，但後者只出了3期。下述重印本使讀者易於看到威斯蒂德的這篇文章，喬治·伯納·肖的答復以及威斯蒂德後來的反應：赫弗德的《菲力普·亨利·威斯蒂德》附錄II，威斯蒂德：《政治經濟學常識和對經濟學理論的論文和評論選》，L. 羅賓斯編並序（倫敦，1933年），第II卷，第705~733頁；《伯納·肖和卡爾·馬克思：論叢，1884—1889》（紐約，1930年），第11~99頁。引用頁碼均依照《今日》。

⑥ 威斯蒂德：《資本論：批評》，見於《今日：科學社會主義月刊》，新編，第II卷（1884年），第399頁。

效用論，物品的價值和勞動的價值絕不會同生產它們所用的勞動量趨於一致，這是不言自明的。而按照勞動價值論它們卻是一致的。它們的價值（依照邊際效用論）不相符合，除非假定勞動能流入物品的生產，或能流入勞動的生產，但這是不可能的，除非「有可能蓄奴」①。對於強調邊際效用（而不是勞動成本）價值論和反駁馬克思來說，這些說法是遠遠不夠的，因為只要物品和勞動的價值仍然同生產它們所需要的勞動量成比例，馬克思的剩餘價值理論就依然能站得住；威斯蒂德對馬克思的反駁在於表明，這種比例性只在例外場合才成立。威斯蒂德以其引進的邊際效用的方法，可能對馬克思的全部學說（不僅是剩餘價值理論）投下了陰影，因為馬克思的整個價值論和「科學社會主義」都是建立在勞動價值論之上的。

IV

【121】威斯蒂德的文章激怒了馬克思主義者，特別是其領導者亨利·邁耶爾·赫德曼。赫德曼儘管沒有答復威斯蒂德，但他一生都致力於詆毀杰文斯和邊際效用學說②。對威斯蒂德的回答最終來自一位熱誠而年輕的社會主義者喬治·伯納·肖。他的回答是在些許躊躇並意識到無論那位社會主義朋友和熟人也沒有他對此問題懂得更多之後做出的。「他後來說：『我讀了杰文斯的書，絞盡腦汁去猜想他的混亂不堪的微分法究竟意味著什麼，因為我就像一頭豬不懂節假日一樣不懂微分學。』」③ 若干年後，他又寫道，他的答復「對一種謊言來說並不錯……」④。他在答復接近末尾時抱歉地表示：「位於供給邊際上的效用，杰文斯語言的模糊不清以及討論課題的極不通俗，迫使我強烈地反對威斯蒂德先生，而不是去徹底分析和討論他的有趣的貢獻。」⑤

同反對威斯蒂德立場的一些小的爭論相比，伯納·肖並不想走得更遠。他

---

① 威斯蒂德：《資本論：批評》，見於《今日：科學社會主義月刊》，新編，第 II 卷（1884 年），第 408 頁。
② 特別參看 H. M. 赫德曼：《最終效用的最終無用》，見國民自由俱樂部：政治經濟學組：《演進》（倫敦，1895 年），第 II 卷，第 118～133 頁。重印於海因德曼：《社會主義經濟學》（第 XI 章）（波士頓，1921 年）。
③ 【243】亨德森：《喬治·伯納·肖的生平和著作》（辛辛那提，1911 年），第 56 頁。
④ 皮斯：《費邊社會主義史》（倫敦，1916 年），第 261 頁。
⑤ 伯納·肖：《杰文斯主義者對馬克思的評論（對威斯蒂德評論文章的評論）》，見《今日：科學社會主義月刊》，新編，第 III 卷（1885 年），第 26 頁。本章腳註 12 指出了這篇文章的更易看到的重印本。

公開表示「他一點也不想在這裡保衛馬克思而反對威斯蒂德」①。肖甚至認為馬克思在未出版的《資本論》中可能對杰文斯的效用理論做了大量研究，這種情況可能使對馬克思的任何維護以及對威斯蒂德的反駁都歸於無效。他還認為，把馬克思放在「標準的英國學派（亞當·斯密，李嘉圖，穆勒和加尼斯等人）一邊」這個特點，促使他「反對古爾諾、杰文斯瓦爾拉斯、馬歇爾教授和埃杰沃思……」②。肖把這整個爭論看作是社會主義者的內部爭論，認為它「似乎……有重大意義，因為在這場爭論中，社會主義者（完全沒有停止作為社會主義者）迅速地分化了……」③，肖承認他的經濟學知識不足以應對這種爭論。他又說，他「不是數學家，不足以駁倒運用杰文斯方法的威斯蒂德先生」④。難怪肖直接反駁效用論的某些段落難以使人信服（儘管他做了種種謙遜的表示）。實際上，我們感到懷疑的是，他在準備這個回答時究竟在多大程度上明確希望反駁威斯蒂德，又在多大程度上準備保持對馬克思的信仰。當然，他說過「我不在乎【122】承認我的一部分看法會被拋棄，如果這個攻擊被打退，李嘉圖勞動價值論的清澈溪流陷進泥潭的話。已故的杰文斯提出，從數量上來說，這種模糊不清的東西除了用微分法表述為無限小量以外，什麼也不是」⑤。但是，看來肖對這樣的社會主義者已經感到厭煩了：這些人「經常在馬克思說過的問題上，或者他們以為馬克思說過的問題上，在價值問題上，進行不能容忍的教條化……」⑥ 如果肖還沒有轉到威斯蒂德一邊的話，他何以會說：「在我看來，在引導立即或稍後一些時候向集體主義的經濟城堡發起攻擊方面（我已經）……盡可能地寫作和明智的行動了？」⑦ 除去那些離題之談而外，肖的文章確實沒有什麼有利於馬克思勞動價值論的東西，也沒有多

---

① 伯納·肖：《杰文斯主義者對馬克思的評論（對威斯蒂德評論文章的評論）》，見《今日：科學社會主義月刊》，新編，第 III 卷（1885 年），第 23 頁。
② 伯納·肖：《杰文斯主義者對馬克思的評論（對威斯蒂德評論文章的評論）》，見《今日：科學社會主義月刊》，新編，第 III 卷（1885 年），第 22 頁。
③ 伯納·肖：《杰文斯主義者對馬克思的評論（對威斯蒂德評論文章的評論）》，見《今日：科學社會主義月刊》，新編，第 III 卷（1885 年），第 23 頁。
④ 伯納·肖：《杰文斯主義者對馬克思的評論（對威斯蒂德評論文章的評論）》，見《今日：科學社會主義月刊》，新編，第 III 卷（1885 年），第 23 頁。
⑤ 伯納·肖：《杰文斯主義者對馬克思的評論（對威斯蒂德評論文章的評論）》，見《今日：科學社會主義月刊》，新編，第 III 卷（1885 年），第 22 頁。
⑥ 伯納·肖：《杰文斯主義者對馬克思的評論（對威斯蒂德評論文章的評論）》，見《今日：科學社會主義月刊》，新編，第 III 卷（1885 年），第 22 頁。
⑦ 伯納·肖：《杰文斯主義者對馬克思的評論（對威斯蒂德評論文章的評論）》，見《今日：科學社會主義月刊》，新編，第 III 卷（1885 年），第 22 頁。

少反對杰文斯最後效用論的話。

肖顯然認為他發現了威斯蒂德和杰文斯完全以效用解釋價值這種觀點的弱點。他認為他們應當把成本也包括在內。這表明他顯然拒絕或不理會他們對成本通過影響供給從而影響效用的解釋。他為此舉例說，假定有這樣一個世界，每人都擁有他在某一特定時刻能夠消費的全部牛肉，這樣，牛肉的價值就是零。在這種條件下，肖作出結論說：「牛肉的效用也是零；精選的里脊肉也沒有價值，好比在天堂一樣，而不管生產它們花費了多少勞動。因此效用顯然是價值的一個條件。」① 到此為止，肖所發現的東西是有利於杰文斯和威斯蒂德的。現在，肖假定在某個共同體中人人都變得如此饑餓，以致牛肉的效用「從無（升）到一切」，結論是，在這些條件下價值將不會有相當大的提高，而是僅僅提高到「放養、屠宰、烹調所花成本的水準，不會更高」②。否則就無人願意支付這種高價，寧可「自己放養、屠宰和烹調了」③。

他對杰文斯主義者關於價格會同邊際效用成比例的命題作了過於嚴格的解釋，並錯誤地以為下述壟斷價格歧視的例證不符合於杰文斯或威斯蒂德的結論：「對於半打因干渴而垂危、但擁有不同財產的旅遊者來說，幾口水就具有相等的效用；【123】但是控制水的年輕杰文斯主義者會為每一口水索要不同量的商品。」④ 他還發現邊際分析的一個弱點，即在個人時常不想消費所有物品的情況下，價格便不能等於邊際效用。這個「家用聖經和一打白蘭地」的例子來自威斯蒂德：「即使威斯蒂德先生突然厭煩聖經而變成了一名酒鬼，它們的價格既不會提高也不會降低一個法新（貨幣單位——譯者註）。此外，他的一位從不沾酒的鄰居也許會為一本聖經而支付比購買一桶酒更多的貨幣；而一個嗜酒者則願意以一打聖經去交換一瓶白蘭地，如果交換比例由商品效用決定的話。但是，就像雨落在誰頭上都是一樣的，聖經和白蘭地的價格對威斯蒂德和他的鄰居也無二致，儘管效用對它們各有不同。」⑤ 杰文斯已經打算修改

---

① 伯納·肖：《杰文斯主義者對馬克思的評論（對威斯蒂德評論文章的評論）》，見《今日：科學社會主義月刊》，新編，第 III 卷（1885 年），第 24 頁。
② 伯納·肖：《杰文斯主義者對馬克思的評論（對威斯蒂德評論文章的評論）》，見《今日：科學社會主義月刊》，新編，第 III 卷（1885 年），第 24 頁。
③ 伯納·肖：《杰文斯主義者對馬克思的評論（對威斯蒂德評論文章的評論）》，見《今日：科學社會主義月刊》，新編，第 III 卷（1885 年），第 24 頁。
④ 伯納·肖：《杰文斯主義者對馬克思的評論（對威斯蒂德評論文章的評論）》，見《今日：科學社會主義月刊》，新編，第 III 卷（1885 年），第 26 頁。
⑤ 伯納·肖：《杰文斯主義者對馬克思的評論（對威斯蒂德評論文章的評論）》，見《今日：科學社會主義月刊》，新編，第 III 卷（1885 年），第 25 頁。

他原有的體系以便把個人一點也未消費的情況考慮在內。

肖要求威斯蒂德作答，而答復很快就來了，而且較短。威斯蒂德重申了他第一篇文章的重要性，即試圖說明馬克思體系的基礎是「不牢靠的」①。威斯蒂德對肖是有禮貌和很尊敬的。他心平氣和地看待這個論據：成本像效用一樣地影響著牛肉的價格。他指出：「那也只是通過生產更多的牛肉，從而同時增加它的總效用和降低它的邊際效用，通過提高牛肉製作的質量，才能對價格發生影響。」②他迴避了在「敲竹杠的年輕人」的場合可能出現的問題，但他指出消費者剩餘會被一些旅遊者享受；他未談不可分割的物品的情況，也未涉及與這些物品和邊際效用比例有關的困難，「家用聖經和一打白蘭地」的例子就是如此。

V

同威斯蒂德的交往促使肖加入了隔周一次在比頓先生家中聚會的「經濟圈」。有一位成員對伯納·肖作了這樣的描述：【124】「他的頭髮和胡子發紅，他身著灰裝（大多同伴都穿晚裝）。他站著同威斯蒂德和大家談話，言語之間不時流露出睿智和十足的趣味。他說：『大家對選擇談論得很多了；假定要你們像我一樣每晚上床之前在一盆爐火和一頓剩飯之間作一選擇，你們一定知道該選擇那一個』。至於曲線，則隨著某個人對市場的控制而使供給和需求曲線少之又少。他本人在過去12個月中僅僅掙了100英鎊，而我們的老板（他有一副剛毅的富於曲線的臉）則可以得到10,000英鎊。他在同伴們的苦笑聲中解釋著自己的觀點，黑板上不時映出他的身影。」③

肖說他自己進入這個圈子以後「就像凶神惡煞那樣一直抓住它不放，直到這個圈子後來成為『皇家經濟學會』，創辦《經濟雜誌》，比頓的客廳不能再容納為止」④。

肖加入這個圈子時，其主要成員有威斯蒂德、埃杰沃思、韋伯、福克斯威

---

① 威斯蒂德：《對馬克思的杰文斯主義批評：一個答復》，見《今日：科學社會主義月刊》，新編，第Ⅲ卷（1885年），第177～179頁。參看本章腳註12。
② 威斯蒂德：《對馬克思的杰文斯主義批評：一個答復》，見《今日：科學社會主義月刊》，新編，第Ⅲ卷（1885年），第177頁。
③ 赫弗德：《菲力普·亨利·威斯蒂德》，第208～209頁。
④ 漢德森：《伯納·肖：花花公子和預言家》（紐約，1932年），第223頁。

爾和比頓。當時已加入或不久加入的其他成員，據哈羅德說，有埃斯利和布魯克①。埃斯利是個藝術家，為威斯蒂德畫過像，還做了一副蝕刻畫，表現他邀請「經濟圈」成員觀看這幅畫像的情景。漢德森（肖的傳記作者）還加上了馬歇爾、坎寧安、阿米塔奇·斯密等人②。同前面提到的成員相比，「經濟圈」對後面這些人的影響較小。坎寧安的著作未顯示出「經濟圈」的影響。馬歇爾沒有住在倫敦，受的影響也不大。阿米塔奇·斯密 1892 年曾為倫敦學會的大學函授講課，他發現邊際效用在該課程中沒有多大用處③。他在兩年後的另一課程中特意提到了效用④。

「經濟圈」的聚會先後有五年之久，它在利用邊際效用理論方面起了重要作用，但在確定日後經濟研究的路線方面的作用較小。我們可以列舉出一些特殊的結果，它們在一定程度上是從這個「經濟圈」的討論中得出來的，這些結果是：採納杰文斯經濟學，而沒有採納費邊社所主張的馬克思主義經濟學；組織不列顛經濟學會和【125】後來的（1890）皇家經濟學會；創立青少年經濟俱樂部和後來（在倫敦大學）的經濟俱樂部；威斯蒂德的《經濟學入門》於 1888 年問世。讓我們對它們逐個加以考察。

VI

費邊社的前身「新生活聯誼會」於 1883 年 10 月 24 日開始活動，比「經濟圈」首次聚會稍早⑤。該聯誼會的一部分成員心懷不滿，他們在馬克思著作的影響下於 1884 年 1 月 4 日聚會成立了獨立的組織「費邊社」。

喬治·伯納·肖初次參加費邊社的會議是在 1884 年 5 月 16 日，1884 年 9 月 5 日他被選為該社成員，1885 年 1 月 2 日他又被推舉為常設局成員。在他成為一名成員和進入常設局之間的期間，他同威斯蒂德就馬克思著作進行了爭論，而且開始參加「經濟圈」在哈姆斯蒂德的會議。

肖在「經濟圈」的出現標誌著這個圈子同費邊社的最初聯繫，其他的聯

---

① 赫弗德：《菲力普·亨利·威斯蒂德》，第 210 頁。
② 漢德森：《喬治·伯納·肖的生平和著作》，第 158 頁。
③ 阿米塔奇·斯密：《社會經濟問題演講摘要（對社會主義若干經濟方面的討論）》（倫敦，1892 年），第 9 頁。
④ 阿米塔奇·斯密：《財富生產和分配 12 講擇要》（倫敦，1894 年），第 5~6 頁。
⑤ 皮斯：《費邊社史》，第 28 頁。

繫是隨著費邊社選舉韋伯（1885年3月20日）和瓦拉斯（1886年4月）作為成員時開始的。這三個人還有另外一個聚會的場所——哈姆斯蒂德歷史學會。這個學會開始於1884年底和1885年初……對這些抱負不凡的費邊社分子來說，該學會是一個彼此共進的學會，他們要求閱讀、註解、研究、消化和理解馬克思和普魯東的學說①。杰文斯的精神在這裡也有所顯現，因為肖寫道，他們曾爭論花瓶的價值決定於「製作邊際的生產成本還是花瓶的『最後效用』」②。他們也是隔周一次會議，與「經濟圈」交叉進行。

威斯蒂德在「經濟圈」的出現，促使肖把杰文斯的邊際效用經濟學帶進費邊社。肖說他自己已經倒向「威斯蒂德一邊，成了一名自信的杰文斯主義者，為杰文斯理論的精巧和優雅所迷戀；由於具有這種特點，該理論才能適應以往經濟學家（包括馬克思在內）所涉及的一切場合，為各種笨拙的區分（使用價值、交換價值、勞動價值、供給和需求價值等）找到了出路」③。伯納·肖雖然掌握和瞭解了杰文斯經濟學的核心，但由於他不大懂初等數學，所以一定漏掉了其中的許多細節。直到1887年肖還說他不理解「2a+3b」之類的說法會有什麼意義④。

肖於1886年和1887年在《保羅·邁爾》報上發表了兩篇論及邊際效用的文章。他在1886年5月29日還曾撰文評論《杰文斯通信和日記》⑤。肖在發表於該報的第三篇文章中說：「赫德曼不合時宜的吹毛求疵的非難使我感到惱怒，以致我在《保羅·邁爾報》上的一封信中（1887年5月）粗暴地攻擊了他。」⑥赫德曼和比桑特夫人卷進了這場討論⑦。

肖把他關於杰文斯和邊際效用的知識積極用於實踐，這在馬克思《資本論》第一卷於1887年譯成英文時反應出來。他說：「容許公眾相信社會主義，

---

① 漢德森：《伯納·肖：花花公子和預言家》，第163頁。「漢普斯蒂德歷史學會」的皮斯把它的起始日期定在「1885年或1886年初」（《費邊社史》，第64頁）
② 漢德森：《伯納·肖：花花公子和預言家》，第163頁。
③ 皮斯：《費邊社史》，第261頁。
④ 漢德森：《伯納·肖：花花公子和預言家》，第221頁註。
⑤ 《保羅·邁爾報》，1886年5月29日，第5頁。
⑥ 《嚇唬這種價值理論》，見《伯納·肖和卡爾·馬克思：1884—1889年論叢》，第182頁。
⑦ 漢德森：《喬治·伯納·肖的生平和著作》，第164頁。他列舉了發於《保羅·邁爾報》上關於效用的文章的書單（見上述著作，第65頁註）：《馬克思和現代社會主義》（1887年4月7日），第3頁；赫德曼的回答（5月11日）；肖的回答：「家裡的社會主義」（這個標題無疑表示了編者的嘲笑）（5月12日），第11頁；赫德曼的回答（5月16日），第2頁；比桑特夫人的文章（5月24日），第2頁。

或甚至相信馬克思本人的歷史社會觀的危險是否成立，以他論價值的各章為轉移。」①肖在《國民改革者》中進一步發揮了他的評論②。其中第一篇突出了馬克思的力量，因為他把資本主義看作是一種過時的社會條件，而且相信人的平等。肖希望「在以後的文章中研究馬克思的錯誤，這些錯誤幾乎像摩西的錯誤一樣可能在不久的將來的爭論中結出成果」③。

　　肖對馬克思《資本論》第二篇連載評論幾乎全是批評馬克思由於接受勞動價值論而造成的錯誤，他責備馬克思把勞動價值論當作教條，因而不可能預見到杰文斯的效用理論將會取而代之。他說：「……當一種定理被如此經常地提出，以至於所有人都高喊『同意』時，它也就變成一條公理了。我們認為是公理的，也許對我們的父輩仍是定理，而對我們的祖輩來說也許就是大不敬或者似是而非的東西了。馬克思可能認為他的李嘉圖主義定理……在當時可以作為某種公理提出來」④。但他立即指出：「使李嘉圖和馬克思滿意的理由卻不能使杰文斯滿意；無論如何，現今的馬克思主義者不能指望他的父輩的公理在現在仍像本世紀中葉一樣得到認可。」⑤肖指出，【127】當馬克思把效用看作對每一物品是「特殊的」而不是「抽象的」（兩種物品可比較時），同時卻把生產每一物品所用的勞動看作既是「特殊的」又是「抽象的」時候，他是犯了第一個錯誤，但他表示要運用勞動價值論。肖指出，同「抽象勞動」相比，「抽象效用」特別是「最後抽象效用」在價值決定上的作用更有效得多。

　　第三篇連載評論較少涉及馬克思的價值論，而是更關注剩餘價值究竟是來自資本還是來自勞動。不過他多次提到杰文斯和效用價值論，並以強烈的勸告結束：「把杰文斯等人的著作作為你的經濟學來閱讀，而閱讀馬克思的著作為的是瞭解經濟學家們以往著述的歷史以及今天運用他們的條件。」⑥

　　出版於1889年的《費邊論叢》為該社後來的發展定了調子。肖在他的文章中說：「就價值理論來說，《費邊論叢》的抽象經濟學是杰文斯的經濟

---

① 《伯納·肖和卡爾·馬克思：1884—1889年論叢》，第182頁。
② 《國民改革者》，新編，第L卷（1887年8月7日），第84~86頁；（1887年8月1日），第106~108頁；（1887年8月21日），第07~108頁。這三篇短評重印於《伯納·肖和卡爾·馬克思：1884—1889年論叢》。第103~171頁。本文頁碼印自原文。
③ 【244】《國民改革者》，新編，第L卷（1887年8月7日），第86頁。
④ 《國民改革者》，新編，第L卷（1887年8月14日），第106~108頁。
⑤ 《國民改革者》，新編，第L卷（1887年8月14日），第106~108頁。
⑥ 《國民改革者》，新編，第L卷（1887年8月21日），第118頁。

學。」① 杰文斯肯定比馬克思受到更多的關注。肖的第一篇文章對效用價值論作了充分地解釋，還舉了不少例證②。他說：「『一些經濟學家』通過對『邊際效用』（從耕作的效用到我們的儲金所暗含的效用）的精巧的解釋（如果不是準確解釋的話），把最後效用稱為『邊際效用』。」在讀者可能發現其他一些解釋時，肖的這個解釋還是簡潔而明確的。他表示威斯蒂德和杰文斯的努力已經產生了可欽佩的結果。

肖於 1888 年 9 月 7 日在不列顛科學促進會宣讀了他的第二篇文章。同一天在同一個會上宣讀論文的還有他在「經濟圈」的另外兩個朋友埃杰沃思和福克斯威爾③。瑞斯和西季威克的論文結束了這方面的研討。肖的論文（今天看來相當單調）顯然特別對西季威克很快產生了影響。【128】關於這種影響有兩種說法。肖本人於 28 年後說：「1888 年晚些時候我在不列顛科學促進會上（在巴斯召開）剛剛宣讀了關於《向社會民主轉變》的論文（該文後來收入《費邊論叢》），西季威克（穆勒的追隨者）激憤地站起來指責我主張土地國有化，而土地國有化是壞事，所以他不參加討論，隨之就離開了講臺。此事因為他生性溫和、公正而顯得愈發使人印象深刻，以致很難讓未曾目睹的朋友相信確實發生過這種事。」④

西季威克的說法則全然不同，他沒有顯露一點激憤之情。他在 9 月 8 日的日記中說：「在我參加的經濟組，最有趣的是關於社會主義的討論。委員會邀請了一位活躍的社會主義者，一位『來自街頭』的激進者，他告訴我們，只要我們在華麗的住宅構想一些激進的步驟，便可使現代社會和平地進入社會民主……至於如何使對農業租金的剝奪發展到完全的產業國有化，我不記得他後來說了些什麼，但看來終究要走到這一步的。還有一篇辭藻華麗和大膽的結束語……完全值得一提——此人名為伯納·肖。邁爾說，此人寫了一些值得一讀的書。」⑤

肖的這第二篇文章，在轉向更激動人心的社會變遷問題之前，對杰文斯只簡略提及，對勞動價值論的反駁也是簡略的。肖在一定意義上絕沒有忘記最後

---

① 皮斯：《費邊社史》，第 261 頁。
② 《費邊論叢》（瓊比利編，倫敦，1948 年），第 12~17 頁。
③ 《不列顛科學促進會第 58 次會議報告》（倫敦，1889 年），第 760~763 頁。
④ 皮斯：《費邊社史》，第 258~259 頁。
⑤ A. 西季威克和 E. M. 西季威克：《亨利·西季威克：回憶錄》（倫敦，1906 年），第 497~498 頁。

效用,儘管他在 19 世紀 90 年代末只偶爾提到它;而他在 91 歲時還曾在《費邊論叢》1948 年版的附錄中間接地提到它①。另外,費邊社的兩位「經濟圈」的先驅者華萊士和悉尼·韋伯,在他們的著作中從來也沒有過直接的暗示,表明威斯蒂德通過講授杰文斯經濟學而影響了他們的思想方式。關於費邊社分子後來迴避直接觸及邊際效用論和威斯蒂德的唯一解釋,無疑在於這些人後來活動和興趣的性質。【129】他們有過旨在達到直接目標的實踐綱領,絕不把精力浪費在辨明意識形態的衝突上。按韋伯夫婦的說法,肖表述了他們觀點的範圍和特點。肖說,韋伯夫婦「沒有時間去處理馬克思的黑格爾主義形而上學和馬克思·伊斯特曼的笛卡爾唯物主義之間的爭吵。社會主義是不是一種自私的巴甫洛夫的條件反射,或是聖·約翰關於世界之光的最新說教,這個問題不曾使他們遲疑;他們尊重事實和這些事實所揭示的方法」②。費邊社分子從杰文斯理論得到了哪些實際的好處(如果有的話)?杰文斯在早期沒有向他們提供一種工具,以便在必要時對抗英國那些與馬克思聯繫在一起的人們的論證,同時卻讓他們自由地接受吸引他們的那部分馬克思主義。赫德曼有力地領導了馬克思主義的社會民主聯盟,他在國民自由俱樂部的政治經濟學組猛烈地攻擊了最後效用學說,這極好地說明了費邊社對杰文斯和最後效用所提出的看法如何激怒了馬克思主義者③。

VII

「經濟圈」在建立不列顛經濟學會方面也起過一定作用,它的兩位成員在 1890 年 11 月 21 日下午見面時,討論到建立一個經濟學會或協會的想法。亨利·希格斯和伯納·肖,代表了「經濟圈」和不列顛經濟協會之間的聯繫④。我們還注意到在這個有組織的聚會中,還有下列各位同「經濟圈」是聯繫在一起的,他們是:比頓、埃杰沃思教授、福克斯威爾教授、馬歇爾教授和喬治·阿

---

① 《費邊論叢》(瓊比利編),第 228 頁。
② 肖:《韋伯夫婦》,見韋伯夫婦:《蘇俄真相》(紐約,1942 年),第 12~13 頁。
③ 赫德曼:《最後效用的最終無用》,見國民自由俱樂部政治經濟學組:《演進》(倫敦,1895 年),第 II 卷,第 118~133 頁。
④ H. 希格斯:《訃告:H. R. 比頓》,《皇家統計學會雜誌》,第 XCVII 卷(1934 年),第 693 頁;漢德森:《伯納·肖:花花公子和預言家》,第 223 頁。

米塔奇·斯密先生①。威斯蒂德和威廉·坎寧安接受提名加入這個委員會，改變了該組織的作用②。「不列顛經濟協會開幕會議上的報告」只有一處提到「經濟圈」，還是夾雜在談論經濟學家有必要聚會時順便提及的——其中說到「在牛津、劍橋、倫敦和其他地方關於這個問題的私人聚會和討論……」③

【130】另一個俱樂部即青少年經濟俱樂部（後稱經濟俱樂部）成立於1890年，也一定來自「經濟圈」，它最初的很多成員就是這個圈子的知名成員。該俱樂部的成立顯然滿足了在倫敦使經濟學家可偶然聚會的需要，這種聚會過去一直在比頓的寓所舉行，而不列顛經濟協會也一直沒有起到這種作用，它除了出版《經濟雜誌》外，沒有再做多少事。青年經濟俱樂部最初的成員中，在一定意義上和一定時期內又屬於「經濟圈」的有福克斯威爾，埃杰沃思，比頓、威斯蒂德和馬歇爾④。

---

① 《不列顛經濟協會》，《經濟雜誌》，第I卷（1891年），第3頁。
② 《不列顛經濟協會》，《經濟雜誌》，第I卷（1891年），第13頁。
③ 《不列顛經濟協會》，《經濟雜誌》，第I卷（1891年），第2頁。
④ 柯利特：《福克斯威爾教授和大學學院》，《經濟雜誌》，第XLVI卷（1936年），第617頁。

第十四章　威斯蒂德的《經濟科學入門》

I

【131】在1888年「經濟圈」的一次會議上，威斯蒂德宣讀了「一本書的最後幾頁，這本書是他們聚會的第一個成果，不久即以《經濟科學入門》出版了」①。威斯蒂德把此書獻給亨利·瑞米和伊麗莎白·比頓，以及「抱著極大的熱情參與討論此書所提出的各項原理的朋友們」，作為「他們襄助的第一個成果」②。「經濟圈」的這個成果，是繼杰文斯《理論》於1871年問世後在英國以一本書的篇幅對邊際效用思想的首次系統的解說。

在該書序中，威斯蒂德主要依據杰文斯的《理論》和《通信和日記》對邊際效用學派的發展作了一個歷史的敘述。他在杰文斯之外和加上了門格爾作為19世紀70年代初邊際效用學說的合作發現者之一③。這表明門格爾的《原理》問世後18年英國才有人公開承認他的著作基本上是杰文斯和瓦爾拉斯同時所寫著作的複製。威斯蒂德還注意到杰文斯對門格爾毫無所知。

《經濟科學入門》開頭40頁是數學研究，在討論了函授的一般概念之後，他表示能把毯子、水或食肉的使用價值表示為某人所佔有的該物品數量的函數。他當然懂得對於一個消費者僅有的一個物品來說，這樣說有些不便。他認為「使用價值」或「效用」這些說法最好代之以避開倫理內容的一些術語，如「利益量」「欲求」「滿意」或「滿足」。

---

① 【244】赫弗德：《菲力普·亨利·威斯蒂德》，第211頁。
② 威斯蒂德：《經濟科學入門》（倫敦，1888年），第V頁。
③ 威斯蒂德：《經濟科學入門》（倫敦，1888年），第XII頁。

II

當威斯蒂德最終用曲線來表示他的效用函數時，他首次遇到了效用衡量的問題。【132】他在這一點上主要是向讀者保證他並不認為對衡量問題的異議是「難以對付的」；他引證他在本書前面部分對此問題所做的充分研究；他還認為「可以看出，由於滿足可『大』也可『小』，由於內心可以估計一種滿足比另一種『更大』或『更小』或『相等』，所以在理論上確定一種東西作為衡量滿足的準確尺度不是不可能的，甚至可以把它的實際尺度設想為持久不變的，就像溫度計發明以前衡量體溫的尺度一樣」①。

威斯蒂德在後來又回到衡量問題時首先指出，因為我們可以從不同物品的增量中區分出滿足的大小，所以能把這些滿足「在理論上看作是**可以公約的尺度**，從而在長度上加以測定，並用一根曲線把表現同這些滿足相應的商品量的不同長度聯結起來」②。他舉例說明這些比較，例如瓷器和尼龍、新鮮空氣和友誼，朋友們來去方便的住宅、大英博物館和有新鮮空氣和新鮮雞蛋的鄉間住所，放書的空間和去圖書館所需要的時間。

威斯蒂德甚至建議用「一定量的勞動」作為標準單位去估量滿足的多少，例如他用一個人為獲得一英擔煤所願意付出的搬運勞動去表現不同數量（噸）煤的效用。他指出我們沒有必要用「搬運勞動」作為尺度，完全可以用別的勞動。他解釋說：「在學者圈子裡用一小時批閱試卷的勞動作為苦樂的標準尺度，不是不常見的。」③當然這要假定該勞動的「享樂價值」保持不變。他為說明衡量過程舉例說，某人為測定亞麻布（X）的總效用（Y），他選擇從事500英尺勞動所獲得之滿足作為 Y 的單位。對於第一單位 X，某人做工 3300英尺，因而總效用 Y 是 6.6；對於第二單位 X，他做工 1750 英尺，【133】他的 Y 增至 10.1；對第三單位 X，Y 是 12.3，以此類推。

威斯蒂德顯然錯誤地以為他提出了一個衡量邊際效用的適當方法，他說：「雖然我們想像的是一種完全理想的和精確的估計能力，即估計某人在既定條件下為獲得所欲之物品而願意做些什麼，但是在這個想像的過程中，從理論上

---

① 威斯蒂德：《經濟科學入門》（倫敦，1888年），第15頁。
② 威斯蒂德：《經濟科學入門》（倫敦，1888年），第53頁。
③ 威斯蒂德：《經濟科學入門》（倫敦，1888年），第53頁。

來說沒有什麼謬誤；因而經濟曲線方法在理論上應被看作是可取的。」① 他在另一處又說：「說有如此多單位的滿足是不錯的。」② 威斯蒂德衡量方法的不可能性，來自他的這個假定，即所做的勞動的「享樂價值」保持不變。同「想像一種完全理想和精確的估價能力」相比，他想像一種**直接的**效用尺度並沒有更多的困難。他的分析程序為部分地圖解無差異圖提供了足夠的信息。在無差異圖上，任何一對數量都不可能是一致的價值，不管某人擁有的數量如何，也不管它可否直接衡量。當然，威斯蒂德可以得出一定的英尺數，但是，假定他開始分析時他所說的這個人已經付出了大量勞動（除非此人已感到厭倦），他便會得出另一套尺度，與第一套尺度有所不同。這兩套尺度只在序數上相似；它並不構成通常所說的尺度。

威斯蒂德讓讀者自己作出「諸如咖啡和菸草之類」的曲線。他要讀者自問：「每週或每天為一杯咖啡或一袋菸要干多少活，又要為第二杯付出多少勞動，把這些結果用虛線表示出來，看看它們是否遵循著什麼規律，是否構成有規則的曲線。」③ 儘管一個人能為他自己作出這種曲線——假定他有足夠的想像力；儘管這些曲線可能對許多問題有用處；但它們並沒有對效用作出令人滿意的測定。

III

【134】通過研究效用衡量問題，威斯蒂德堅決認為，總效用曲線總會達於最大化，然後轉而下降，直至變成負數④。作者接著用了整整 20 頁篇幅論及微積分，但同任何經濟問題都毫不相干⑤。當他回過頭對曲線作出經濟上的解釋時，他就把曲線的斜度稱為「邊際效率」或「邊際有用性」⑥。從「最終的」變為「邊際的」，這個術語的變動就此開始流行起來。但威斯蒂德沒有解釋他為什麼認為「邊際的」說法優於「最後的」和「最終的」說法，也沒有對他從何處得此名詞作出任何暗示，甚至在作為維塞爾的 Grenznutzen（邊際）

---

① 威斯蒂德：《經濟科學入門》（倫敦，1888 年），第 54 頁。
② 威斯蒂德：《經濟科學入門》（倫敦，1888 年），第 40 頁。
③ 威斯蒂德：《經濟科學入門》（倫敦，1888 年），第 54~55 頁。
④ 威斯蒂德：《經濟科學入門》（倫敦，1888 年），第 15~19 頁。
⑤ 威斯蒂德：《經濟科學入門》（倫敦，1888 年），第 19~39 頁。
⑥ 威斯蒂德：《經濟科學入門》（倫敦，1888 年），第 40~41 頁。

一詞的字面翻譯而用它時也是如此。「邊際的」一詞在威斯蒂德《經濟科學入門》一書中的確是突然出現的。也許作者在「經濟圈」內已經用過這個詞，而且覺得比較滿意；無論如何，他是經常地很有把握地用這個名詞了。

威斯蒂德在為他的基本概念下定義後，詳細闡述了這些概念的用途，其詳細的程度是前所未有的。他從這些用途（它們是我們把邊際效用和總效用作為思想和行動的指南而形成的）之間的區分開始，從杰文斯、門格爾和瓦爾拉斯的著作所做的嚴格區分開始①。威斯蒂德解釋了人們分配他們的時間於可供選擇的兩種業務之間的原理②。他還研究了使邊際效用曲線發生轉折的條件，並對可能出現的基本轉換類型作了說明③。

關於與不同的物品效用的相互依存性有關的效用函數，看來威斯蒂德並沒有想到。威斯蒂德為什麼繼續解釋總效用（即一個人享受的效用量來自每種物品的各不相同的效用函數），而不是解釋來自單一的效用函數呢？在單一效用函數中，所有商品作為變量加入其中，埃杰沃思此前已經指出了通向更一般函數的道路。對埃杰沃思的《數學心理學》一書，威斯蒂德是十分瞭解的，並引證過它，因而他理應對他同埃杰沃思的解說的任何差別感興趣，但他沒有④。埃杰沃思當然參加過「經濟圈」的會議，並可能已向同伴們提出了他一直渴望提出的這一點，但他顯然沒有做到使他的異議【135】給威斯蒂德留下必要印象的程度。是因為他沒有看到這種差別的意義，還是他有名的無所謂態度再次勝過他對這種意義的感受，我們不得而知。埃杰沃思後來有一次機會來談他想談的這個問題，即在他對《經濟科學入門》的評論（為數不多的評論之一）時，他的評論總的調子是肯定和讚揚，但也有批評⑤。可是他在這裡根本沒有提到效用函數的形式問題。多變量函數沒有隨威斯蒂德著作而流行起來，肯定是因為在「經濟圈」裡沒有人看出它的意義，埃杰沃思和威斯蒂德也不例外。

---

① 威斯蒂德：《經濟科學入門》（倫敦，1888年），第46~52頁。
② 威斯蒂德：《經濟科學入門》（倫敦，1888年），第58~61頁。
③ 威斯蒂德：《經濟科學入門》（倫敦，1888年），第62~67頁。
④ 威斯蒂德：《經濟科學入門》（倫敦，1888年），第136頁。
⑤ 《學會》，第XXXV卷（1889年），第71頁。

IV

《經濟科學入門》第一部分研究個人，第二部分研究個人之間的關係。第二部分一開頭，對不可能在個人之間比較效用作了有力的申述。威斯蒂德說，這種不可能性「絕不要因為怕完全誤解了我們可以得出的全部結果而被忽視」，他說：「慾望和需求，即便是對一種相同的物品，只有存在不同的想法，就不可能彼此測定，或歸結到一種共同的尺度……」他又說，假定三個人想要一件物品，就「無法確定其中誰最想得到它……」進行個人之間的任何比較，都會帶來「這種可悲的異議：這種比較一定把某種東西作為測定的標準，而這種東西在作比較的不同人的心目中的含義並不相同……因此，在兩個或兩個人以上的個人之間比較需求和慾望是不可能的」①。他接著指出，在說明交換時使用邊際效用，並不涉及個人之間的效用比較，因為所用的僅僅是邊際效用的比率，而比率在個人之間是可以比較的②。

不過，威斯蒂德也同意這種看法：儘管不能比較個人的邊際效用，但能比較一批人的**平均的**邊際效用。他說，我們甚至不可能確定一個窮人對一先令的評價就一定比富人的評價要高。他接著指出：「但是，假定我們考慮到平均原理，【136】即考慮到任何純粹個人變量可以設想為在一定範圍內彼此抵銷，那我們就可以斷定若干先令對窮人比對富人確實或應當值得更多。」③威斯蒂德特別用這種集體之間邊際效用的比較，首次依據上述論斷說明「財富的更加平等」。

在說明集體之間可比性之後，威斯蒂德用了很長一節來解釋需求曲線的性質。一開頭就顯現出他可能想利用同集體之間的比較相關的需求曲線。他以古爾諾的礦泉水例子指出，價格測定了「水對**某共同體**的邊際效用」④。威斯蒂德通過價格媒介得出了一條「集體的或社會的」曲線。到此為止，由於樂於以集體代替個人，他已經遠離最初避免個人之間比較效用的立場；他甚至願意比較個人的效用曲線了，他設計了一種方法，以此方法，他能從個人的各不相同的需求曲線引出對某共同體的總效用曲線。某人 A 從一個溫泉購買藥水 q

---

① 威斯蒂德：《經濟科學入門》，第 68~69 頁。
② 威斯蒂德：《經濟科學入門》，第 69~86 頁。
③ 威斯蒂德：《經濟科學入門》，第 86 頁。
④ 威斯蒂德：《經濟科學入門》，第 96 頁。

誇脫，「A 在這年所用的 q 誇脫的總效用是：他寧願為 1 誇脫支付而不願沒有它的數額，加上他寧願為第 2 誇脫支付而不願只有 1 誇脫的總數……再加上他寧願為第 q 誇脫支付而不滿足於（q-1）誇脫的總數」①。威斯蒂德樂於把 A、B、C、D 等人的總效用加總，表示「所消費的總量對該共同體的效用之總和」。他知道這樣做是不容易的，也意識到在長久地堅持拒絕個人之間的比較之後，可以這樣做，他說他必須忽略下述事實：「他們彼此相等不是主觀而是客觀的。」

威斯蒂德接著轉向概述指導共同體內生產資源利用的各種因素，並指出其方向總是朝著這樣的物品生產，這些物品具有最大的相對的邊際效用（如其價格所示）。在這個分析中，特別是當他把分析擴展到許多物品時，越來越明顯的是，他在這之前閱讀過瓦爾拉斯的《綱要》，儘管他沒有提到這本書②。

他還表示了對勞動價值論的拒絕，【137】而且更多的是針對馬克思而不是針對英國古典派③。他稱勞動價值論是一種欺騙，他還解釋了嚴肅的思想家們接受它的原因。威斯蒂德還有一種看法，設計邊際效用論為什麼不能迅速地戰勝勞動價值論的欺騙，他說：「對任何一位留心觀察麵包片的家庭主婦來說，證明一般價值論是十分容易的，儘管他們從未受過經濟學教育。」④但遺憾的是研究經濟學的人，「不屬於這樣一個階級，在該階級的日常經驗中，經濟學的基本原理得到了最鮮明和最切實的證明」。因為他們不屬於「很窮或很小心」的人，所以經濟學的學生認為，日常經驗同邊際效用價值論是抵觸的。威斯蒂德指出，因為邊際效用論認為所有物品的邊際效用皆同商品的價格成比例，所以沒有一個人能有足夠的某種物品以維持價格，或是指望任一物品增加 1 先令之所值大於另 1 先令之所值。富人或無憂無慮者認為他們擁有所需的一切（如麵包）；他們還認為他們能指出他們所需要的許多物品優於其他人所需的物品，因此他們會說，對他們來說，經驗同邊際效用論的結論是直接抵觸的。可以設想這些論據已經在「經濟圈」中提出過；威斯蒂德的煞費苦心的回答在當時是作為反駁加以發揮的。威斯蒂德沒有困難地表明邊際效用理論同經驗事實的顯而易見的抵觸，主要是來自可分割性這個難題，加上「傳統和

---

① 威斯蒂德：《經濟科學入門》，第 99 頁。
② 威斯蒂德：《經濟科學入門》，第 113 頁。
③ 威斯蒂德：《經濟科學入門》，第 117~124 頁。
④ 威斯蒂德：《經濟科學入門》，第 127 頁。

黏性」所造成的某些東西①。

傳播許多新觀點和在經濟分析中擴大利用邊際效用方面，威斯蒂德的《經濟科學入門》樹立了不止一個里程碑，但本書並不成功。它沒有再版，未被譯成外文，直到最近才有了重印本。

《經濟科學入門》在當時受到的好評寥若晨星。埃杰沃思在《學會》上談過它，總的來說給予了相當熱情的肯定和讚揚；【138】但幾乎無人對埃杰沃思感興趣的東西產生共鳴。龐巴維克說威斯蒂德盡其所能地發表了一些正確的觀點，但是他又承認他不讚成《經濟科學入門》中的數學，而且暗示說，威斯蒂德的數學可能隱瞞了作者的某些錯誤②。後來的評論家一定會發現，龐巴維克的評論太過分了。

---

① 威斯蒂德：《經濟科學入門》，第 128~132 頁。
② 【245】龐巴維克：《英國和北美近期的國民經濟學文獻》，《國民經濟和統計年鑒》，新編，第 XVIII 卷（1889 年），第 676 頁。

第十五章　德國的雜誌文獻及門格爾的著述(1871—1889)

I

【139】杰文斯的《理論》出版當年（1871年）在德、法兩國無人問津，同樣，瓦爾拉斯的《綱要》1874年問世時在英、德兩國也無人置評①。門格爾的《原理》在1871年出版時處於同樣的境地，只有德國人對它有評論。德國當時有四種經濟學方面的雜誌，其中有三份注意到門格爾的《原理》②。

《國民經濟和文化史季刊》的評論最長③，它開頭提到1866年戰後奧地利經濟學方面的活動日漸活躍，對年輕的奧地利經濟學家著作的高質量表示稱讚。不過，完全是出於好意，這位評論者沒有認識到門格爾的《原理》是價值論的一種創新。這篇評論有兩段較長的引語：第一段引自門格爾上述著作的前言，涉及門格爾所用的方法。評論者對門格爾的方法是同意的。第二段是門

---

① 【245】1877年，即瓦爾拉斯的《綱要》第二部分出版時，《一般政治學雜誌》上發表了一篇評論（XXXIII［1877］，第547~548頁），署名「W」，它無疑是指貝拉·韋斯。他主要是談論數學方法，而且允諾在別處還要更徹底地談到這個問題。韋斯後來在《國民經濟和統計年鑒》（XXX［1878］）上發表了一篇文章：《國民經濟學中的數學方法》，從方法（而不是內容）的角度評論了杰文斯和瓦爾拉斯。

② 從理論經濟研究的角度看，《國民經濟和統計年鑒》在德國雜誌中居首位。它是布魯諾·希爾德布蘭德在1863年在耶納創辦的，約翰尼斯·康拉德後來接替了他的編輯職位。《一般政治雜誌》更早些，它創辦於1844年，編輯部幾經變動。第三本雜誌《立法、行政和國民經濟年鑒》在所有的德國雜誌中享有最有爭議的聲譽，它是歷史學派的非正式機關刊物。1871—1876年它的編者有：弗蘭茲·喬奇，威廉·菲利普·馮·霍森道夫，路約·布倫坦諾。1880年起的一個長時期內，編者是古斯塔夫·施穆勒，他對該雜誌的影響如此之大，以致人們有時乾脆稱之為《施穆勒年鑒》。只有《國民經濟和文化史季刊》未能延續至今，它的編者是米利斯·弗奇，還有包括埃米爾·薩克斯在內的若干助手。

③ XXXV（1871），第194~205頁。

格爾特有的物品等級表。這位評論者最後慎重表示，在他看門格爾允諾的續篇之前，不對該書的價值作出判斷。

門格爾的處境在下一篇評論中沒有變得更好些，該評論的作者是弗里德利希·海克，發表在《一般政治學雜誌》上①。海克像上述匿名作者一樣，對門格爾抱有特殊的態度。他稱《原理》是近期經濟學方面最好的著作之一，希望作者允諾的第二卷盡快問世。儘管有這些好意，海克還是忽視了這本書的中心思想，因而也就沒有對它作出正確的描述和評價。價值論的革命失去了贏得支持的第一批機會之一，不是因為支持者反對它，而是不理解它。在最後一篇（又是匿名）評論中，【140】作者對這本由年輕人寫的經濟學簡明教科書表示悲嘆②。不消說，這種態度根本不可能對經濟學中的新精神表示歡迎。評論者幾乎沒有觸及本書的思想，也完全沒有暗示它的內容有什麼優點。

II

從發表上述評論到19世紀70年代末，德國經濟學雜誌是世界上最好的專業雜誌，也是誰都能閱讀的，但它們都沒有觸及邊際效用思想。率先打破沉默的是威廉·萊克西，他在《國民經濟和統計年鑒》（1881年）上著文評論瓦爾拉斯的《經濟物品價格形成的數學理論》③。閱讀過萊克西的概述之後，當不會懷疑他對運用邊際效用的理解和重視，但他沒有把瓦爾拉斯的著作同門格爾的《原理》聯繫起來。其原因顯然是他沒有讀過門格爾的書，儘管他後來享有廣泛涉獵經濟文獻的名聲④。在龐巴維克1886年的重要文章發表之前再沒有出現什麼東西。我們將在後面對該文予以詳論⑤。

下一篇關於邊際效用的文章是朱利斯·萊爾在1889年寫的⑥，他有運用數學的能力和意願；他熟悉並援引過前述所有重要的文獻；這篇文章實際上在

---

① XXVIII（1872），第183~184頁。
② 《國民經濟和統計年鑒》，第XVIII卷（1872年），第342~345頁。
③ 萊克西：《數理經濟學文獻》，《國民經濟和統計年鑒》，新編，第III卷（1881年），第427~434頁。萊克西的評論和包含對瓦爾拉斯「經濟物品價格形成的數學理論」的評論，瓦爾拉斯這篇文獻幾乎沒有涉及效用。
④ 聖馬克：《德國與奧地利政治經濟學教學研究》（巴黎，1892年），第68頁。
⑤ 參看本書第17章。
⑥ 《價值、邊際價值和價格》，《國民經濟和統計年鑒》，新編，第XIX卷（1889年），第17~56頁。

某種程度上是對近期某些著作的評論。亨利希·狄茲於次年發表了一篇類似的文章。題為《古典價值論和邊際效用論》①，這是「邊際效用」一詞在標題中首次出現。該文把各種問題深化了，並在後來得到了魯道夫·奧斯皮茨、龐巴維克、朱利斯·萊爾和羅伯特·祖坎德的答復。

1871—1889年德國雜誌的文章很少談及邊際效用，這倒不是由於編者們反理論的傾向。一些理論文章甚至談到了價值問題，但沒有談到邊際效用，例如，朱利斯·沃爾夫1886年的一篇文章雖然援引了杰文斯的《理論》和門格爾的《原理》，還用了差不多50頁的篇幅討論價值問題，但根本未提邊際效用②。【141】次年同一雜誌發表的F. W. 加納的文章也是如此③。1888年發表的一篇文章比其他兩篇都長，該文提到了邊際效用，也涉及龐巴維克、維塞爾和杰文斯；即使不是這樣，它也是相當完整的④。

III

門格爾於1872年開始執教維也納大學，次年晉升為副教授，1879年升為教授；他於1903年退休，1921年去世。為了考察他同邊際效用思想的進一步聯繫，我們在此只追述一下他大學生涯的前20年。19世紀70年代初之後，門格爾同杰文斯和瓦爾拉斯一樣，在邊際效用問題上寫的東西極少。他在《原理》之後寫的第一批東西是一組文章，共有25篇，大部分是發表在《維也納晚郵報》上的書評。就其性質來說，沒有一篇包含效用方面的內容。評論的對象之一是J. E. 加尼斯的《政治經濟學文集》⑤，本書沒有給他提供任何評論價值論的機會。直到1874年評論加尼斯的《政治經濟學若干基本原理》（該書對杰文斯的效用理論持有異議），門格爾才可能被吸引來支持他的英國夥伴。1875年當他評論G. 庫茨的《匈牙利國民經濟學理論發展史》時，他又一次目光短淺地忽略了同他的一位先驅者的聯繫。他懷著極大的興趣仔細

---

① 《國民經濟和統計年鑒》，新編，第XX卷（1890年），第561~606頁。
② 《萊爾論價值》，《一般政治學雜誌》，第XLII卷（1886年），第415~463頁。
③ 《資本的經濟性質》，《一般政治學雜誌》，第XLIII卷（1887年），第417~473頁。
④ W. 沙林：《價值理論和價值假定》，《國民經濟和統計年鑒》，新編，第XVI卷（1888年），第417~437、513~562頁。
⑤ 《附錄：門格爾著作索引》，見《門格爾著作集》（倫敦，1935年），第IV卷，第328頁。

閱讀了庫茨的早期著作《國民經濟學及其文獻的歷史發展》，他理應看到戈森的有關材料，並預見到安德森多年前對戈森的發現①。

在發表這些報刊文章和評論之後，直到1883年出版《社會科學特別是政治經濟學方法論研究》之前，門格爾沒有發表什麼東西。1883年的這本書沒有直接同他的《原理》聯繫起來，但它確實間接地促進了《原理》的傳播，因為它在一定程度上和一定範圍內引起了人們對他的注意，而他先前的《原理》並沒有起到這樣的作用。門格爾對德國經濟學的批評自然引起了德國教授們的強烈反應，【142】特別是在他於次年以《德國歷史學派的錯誤》作為對最初反應的答復之後。這樣一來，在一些奧地利人中間便出現了某種凝聚力，後來的奧地利學派就是指這些人而言的。而沿著另一個方向慘淡經營的德國人，按哈耶克的說法，甚至「在這場爭論結束之後30年，同世界其他國家相比，德國人受這種現已在別處制勝的新思想的影響仍然較少」②。

不過，對邊際效用此時在奧地利人對效用的日益增長的認識中所起的作用不可估價過高。從門格爾1884年10月12日在《維也納報》上的評論可以看出，對數量不斷增加的奧地利經濟學家的文獻必須小心謹慎③。門格爾指出，奧地利在過去從未有過同一水準的經濟文獻。但他也根本沒有把他自己的名字同這種運動聯繫起來，他對該運動的起源未置一詞。儘管他在評論的開頭強調了奧地利人在反對歷史方法方面所起的作用，但他一點也沒有暗示邊際效用所起的作用。他有許多機會這樣做，因為他寫了一節論及維塞爾的《經濟價值的起源和主要規律》，該書評述了門格爾的思想，第一次使用了「邊際」一詞。門格爾後來對奧地利文獻的評論具有同樣的特點，其中一篇發表於1886年④，另一篇發表於1889年⑤，最後這篇尤其令人失望，因為他根本沒有把當年論及邊際效用的優秀之作同邊際效用問題或他本人聯繫起來。

總之，我們可以說，儘管門格爾談論過奧地利學派，但誰也不能從他1871年直到去世時發表的各種著述中得出這樣的看法：奧地利學派同邊際效

---

① 參看本書第9章。
② 哈耶克：《卡爾·門格爾》，《經濟學》，新編，第I卷（1934年），第407頁。
③ 哈耶克：《卡爾·門格爾》，《經濟學》，新編，第I卷（1934年），第3~5頁。
④ 門格爾：《國民經濟學文獻》，刊於《維也納報》，1886年1月14日，第3~4頁；1886年1月15日，第2~3頁。
⑤ 【246】門格爾：《奧地利國民經濟學文獻》，刊於《維也納報》，1889年3月7日，第2~4頁；1884年（原文如此）3月8日，第3~4頁。

用學派有什麼聯繫。門格爾既沒有認可這種聯繫，也不想把它減至最低程度，也不認為這種聯繫是當然之理。事實上，門格爾從未承認過他的學說同瓦爾拉斯或杰文斯的學說相似。

第十六章 維塞爾

I

【143】弗里德利希·馮·維塞爾在門格爾的《原理》問世後 13 年發表的《經濟價值的起源和主要規律》，是對門格爾著作深感興趣的首批公開標誌之一①。關於維塞爾和邊際效用理論的聯繫，以及促使他寫這本書的各種因素之類的故事，人們有許多說法②。這些說法可大體概括如下：維塞爾的父親是一位成功的政府官員，兒子本想繼承父業。他在中學和維也納大學（他於 1866 年入學）時有一位同窗好友龐巴維克。維塞爾研習法律，尤其喜愛法律史，他認為經濟學應能說明法律史。然而，一方面，當時執教經濟學的勞倫·馮·斯廷的講授不能使他滿意；另一方面，經濟學中的亞當、斯密、李嘉圖和馬克思的學說也不能使他滿足。他畢業於 1872 年，同年，他和龐巴維克發現門格爾的《原理》才是他們認為最有用的經濟學說。

按照通常的這種說法，事情的進程確實使人吃驚，而且具有偶然性。這太

---

① 【246】龐巴維克的《從國民經濟財富理論的觀點來看權利和關係》（因斯布魯克。1881 年）限於研究邊際效用在特殊問題上的應用。

② W. 弗里杰爾：《維塞爾（1851—1926）》，《社會科學百科全書》（紐約，1935），第 XV 卷，第 419~420 頁；H. 邁爾：《回憶維塞爾》，《國民經濟和社會政治雜誌》，新編，第 V 卷（1927 年），第 633~645 頁；此文又見《新奧地利人名辭典》（維也納，1929 年），第 VI 卷，第 180~198 頁；E. 舍穆斯：《維塞爾及其著作》，《一般政治學雜誌》，第 IXXXI 卷（1926 年），第 432~448 頁；O. 莫金特：《維塞爾（1851—1926）》，《美國經濟評論》，第 XVII 卷（1927 年），第 669~674 頁；熊彼得：《維塞爾》，《經濟雜誌》，第 XXXVII 卷（1927 年），第 328~330 頁；此文重印於《從馬克思到凱恩斯十大經濟學家》（紐約，1951 年），第 298~301 頁；哈耶克：《維塞爾》，《國民經濟和統計年鑒》，第 IXX 卷（1926 年），第 513~530 頁；此文重印於維塞爾：《論文集》（杜平根，1929 年），第 V-XXIII 卷；又節譯於 H. W. 施皮格爾：《經濟思想的發展》（紐約，1952 年），第 554~567 頁；L. 愛斯特：《維塞爾》，《政治學袖珍辭典》（耶納，1928 年），第 VIII 卷，第 1048~1049 頁。

玄虛了。其中最令人不解的是，他和龐巴維克拒絕斯廷的經濟學而接受門格爾的學說，是在他們 21 歲出頭，又正當別人還都沒有洞悉門格爾著作的優越之時。莫金特對上述傳說有明確的解釋：「他們（維塞爾和龐巴維克）對經濟學總是讚成的，但此時在維也納由斯廷講授的**這種**經濟學對他們卻一錢不值。恰在此時，他們得到了門格爾的《原理》，該書向他們展示了答案。他們從中發現了『阿基米德的觀點』以及獨立地建立他們自己的學說結構的基礎。」① 這種說法主要來自維塞爾的【144】自傳性筆記②。這是維塞爾在事隔 50 年之後所寫的富於戲劇性的故事。他不會借助於對往事的回顧來美化他的青年時代。但對今天持批判眼光，而且瞭解當時人們對先驅者的著作的接受是多麼不熱心的人來說，上述說法似乎過於完美了。

大學畢業後，維塞爾和龐巴維克一起為奧地利政府工作了 3 年之久。兩筆出國獎學金又把他們拉出了政府圈子並重新投入學者生活和價值一類的課題。這次他們來到歷史學派盛行的德國的大學。他們在海德堡、耶納和萊比錫的兩年間做了些什麼，我們知之不多。我們只知道他們 1876 年在海德堡克尼斯的研討班上宣讀過非常重要的論文，這些論文預示了日後他們的研究方向，也顯示出門格爾的影響。克尼斯的研討班雖然主要是進修歷史方法的，但對邊際效用並不過分敵視。他們向該研討班提交論文是為了申請 1876 年延續獎學金③。但奇怪的是，門格爾對維塞爾的論文並不熱情。事實上維塞爾的論文直到 1929 年才發表出來④。該論文的標題是描述性的：《成本與價值的關係》；該文沒有明確提及門格爾的《原理》，也未提及其他有關的文獻；但它明確顯示出門格爾的影響，因為其目的在於說明「高級物品」如何影響「低級物品」。它表明維塞爾並沒有忘記關注效用，特別是效用和成本的關係。

兩年學習後他們又回到政府任職，但時間不久。他們在德國的大學的學習激發了他們從事學者生涯的慾望，龐巴維克在維也納大學做了很短一段時間的「編外講師」之後，赴任因斯布魯克大學的講師；維塞爾則於 1884 年到了布拉格大學。

---

① 莫金特：《維塞爾》，《美國經濟評論》，第 XVII 卷（1927 年），第 669 頁。
② 《新奧地利人名辭典》（維也納，1923 年），第 I 卷，第 84~92 頁。
③ 哈耶克：《維塞爾》，見維塞爾：《論文集》，第 XI 頁。
④ 維塞爾：《論文集》，第 377~404 頁。

II

【145】維塞爾的《經濟價值的起源和主要規律》是作為任教維也納大學的條件而提交的①。該書共有 4 章。第 1 章討論價值的含義和性質，以考察「價值」一詞的日常意義開頭。第 2 章概述決定價值所需要的基本條件，實際上也就是對經濟問題的一般陳述。到第 3 章才碰到價值的**起源**問題（它是該書標題的一部分）。作者指出，價值起源於效用而不是起源於勞動成本。第 4 章即最後一章占了全書的一半（100 頁），闡述了基本的價值規律（如書名所示）。維塞爾把邊際效用規律作為價值決定的主要規律，他竭力表明只有在不可避免地進行抉擇的意義上，成本才有意義。他研究了產品在各生產要素中的分配。門格爾本人以及預見到並明確表述了這裡發現的基本思想。因為維塞爾 5 年後對這裡提出的所有問題有更詳盡的闡述，所以我們將在後面適當的地方再加以討論。

維塞爾的這本書在國外無人評論和注意，德國雜誌的評論也只有兩篇②。其中一篇注意到這是一個德國人寫的不同尋常的書，全書 200 多頁沒有一個腳註。維塞爾是在幾乎全無參考書目的情況下寫的，所以他不需要腳註。他只提到杰文斯和門格爾，但與 1876 年那篇誰也未提及的論文相比畢竟進了一步。門格爾的影響隨處可見，儘管沒有大段的引語。只有後來引用的一處表明他對杰文斯特別致謝，此時他顯然還不知道瓦爾拉斯與效用學說的聯繫。

維塞爾的這本書是邊際效用史的一個里程碑，因為他在本書提出了「Grenznutzen」一詞，威斯蒂德後來將它譯為「邊際效用」。【146】在提出這個詞之前，維塞爾的闡述是很費力的。這個詞是在他的這本書已經寫過一半時才提出來的，緣起於作為杰文斯的「終點效用」或「最後效度」的譯詞，原文如下：「下面我要把對物品單位的價值起決定作用的物品用途稱為經濟的邊際效用，或簡稱為邊際效用，因為這種物品的效用處於經濟所容許的應用邊際之上（參照杰文斯的『最後效用程度』或『終點效用』）。」③ 維塞爾特地說明他使用這個詞是因為該單位物品處於經濟效用的「界限」上。但這個詞是否完全

---

① 維也納，1884 年。
② H. 迪契爾，《國民經濟統計年鑒》，第 XI 卷（1885 年），第 161~162 頁；A. E. F. 謝夫勒，《一般政治學雜誌》，第 XLI 卷（1885 年），第 450~454 頁。
③ 維塞爾：《經濟價值的起源和主要規律》，第 128 頁。

表達了杰文斯的「終點效用」的含義呢?① 可否譯成另一個更確切的詞呢？假如我們認可維塞爾的譯法，即把杰文斯的「終點效用」譯為「Grenznutzen」，那麼，當我們把它譯回英語時，所得的是「邊際效用」而不是「終點效用」。維塞爾提出該詞之後，便在該書的後面部分反覆地使用它。他顯然為表述他的基本概念找到了一個很有用的工具；也許正因為如此，人們對他在先前的論文以及第一本著作的前半部分何以自處定會感到疑惑。1884年後維塞爾繼續在上述意義上使用「Grenznutzen」，其他人也採納了它。

除了提出這個詞以外，維塞爾的這本書幾乎沒有產生什麼影響；維塞爾的寫作風格也削弱了它的影響，成了人們理解其內容的一個實際的障礙。他的風格有兩個特點，都會給讀者造成困難。第一，他幾乎完全使用一般的或不確切的術語。他用「物體」而不用「食品」；用「食品」而不用「水果」；用「水果」而不用「蘋果」。他的概括性固可稱讚，但卻使讀者深感煩惱。第二，他在自己分析的許多重要部分，加進了大量有關的但不必要的陳述，而且沒有標出來，這會使讀者弄不清楚這種句子究竟是要表述一種有關的思想，還是簡單地說明顯而易見的某種信息。下面這句話可說是後一類句子的典型，其用意顯然是追求完整性。【147】他說：「假定某人想得到一個物品，不管他的慾望如何強烈，他也不會同意支付被要求的任何價格。」② 對這句話我們也許提不出什麼疑問，但問題在於，維塞爾接著又以另一種方式表述了相同的命題。

維塞爾的第一本書沒有給讀者留下印象的另一個原因是，它避開了對人物的評議，也缺乏有力的陳述。他的敘述有一種不切實際和漫無邊際的特點，結果沖淡了論據；而他所描繪的環境和條件又缺乏地理學的確切根據。它們可能發生在任何時間、任何地點，結果什麼也沒有發生。維塞爾試圖證明價值只存在於人的心中，但他所說的人卻同任何地方的人毫不相干。他對人的研究和對待可以說是最與人無關的。此外，該書幾乎沒有能給讀者留下鮮明記憶的章節。所有這些足以說明該書何以沒有取得成功。但當時並沒有人公開指責這本書，而今天的讀者就能輕而易舉地挑出毛病，在此意義上，該書並沒有失敗。但在下述意義上它的確也沒有成功：除了當初的兩三篇評論以外，今天人們只

---

① 至少，W. 列克希斯認為，維塞爾把杰文斯的「最後效用程度」譯成了「Grenznutzen」(《立法、行政和國民經濟年鑒》，第 XIV 卷 [1890年]，第290頁)。

② 維塞爾：《自然價值》，斯馬特編，邁洛赫譯 (倫敦，1893年)，第40頁。維塞爾閱讀過該書的譯文小樣。本書除註明者外，均指英譯本。

需用兩三頁評論即可說明該書的內容及其難點。

III

在布拉格的前五年，維塞爾寫了他的第二部著作《自然價值》（1889年），該書使他得以晉升為正教授①。只有一位德國人（維爾納·桑巴特）評論過它，但沒有發現什麼好東西②。的確，誰也不能說1889年德國人會熱忱歡迎邊際效用思想。法國人的態度一樣：有一篇評論，對維塞爾還是不利的③。只有英國人和美國人讚揚了這本書，但多半是在該書英譯本問世之後。不過，F. H. 吉丁斯在德文版問世當年曾發表了四頁評論以示祝賀④。

同1884年的那本書相比，《自然價值》酷似一部邊際效用學說史⑤。維塞爾承認邊際效用學說的許多先驅者未能取得圓滿成功；【148】但他對他們深表稱讚，尤其是奧古斯特·瓦爾拉斯、孔狄亞克、吉諾威西和西尼爾⑥。他列舉了四位各自獨立研究邊際效用學說的作者，並分別說明了他認為門格爾優於其他三人（戈森、杰文斯、里昂·瓦爾拉斯）的理由，其中一些理由顯示了維塞爾思想方法的突出特點；甚至他對戈森的簡短評論（認為戈森的論述是所有早期作者中『總的來說最不完善的』）也表露出維塞爾所抱的追求盡善盡美的態度，這使他盡可能完整地表達他的思想，即使冒犯讀者也罷，以至於他最後指出：「沒有那種價值理論在表面形式和論述方面做得更完整、更詳盡。」⑦ 在維塞爾看來，瓦爾拉斯的分析應受「數學因素過重」的批評⑧。我們在此碰到了維塞爾的著作中一個始終存在的方面，即由於他缺乏數學的基礎

---

① 維塞爾：《自然價值》，斯馬特編，邁洛赫譯（倫敦，1893年），第40頁。
② 《立法、行政和國民經濟年鑒》，第 XIII 卷（1889年），第1488~1490頁。
③ 《經濟學家》雜誌，第4類，第 XLVI 卷（1899年），第282~286頁。
④ 《政治科學季刊》，第 IV 卷（1889年），第681~684頁。下列評論出現在1894年譯本問世之後：《政治科學季刊》，第 IX 卷（1894年），第179頁；W. K. 弗明戈，《經濟評論》，第 V 卷（1895年），第423~427頁；A. C. 米勒，《政治經濟學雜誌》，第 II 卷（1894年），第308~309頁；A. 哈德利，《經濟文獻新思潮》，【247】《耶魯評論》，第 III 卷（1894年），第252~253頁；D. 格琳，《維塞爾的〈自然價值〉》，《美國政治和社會科學院年鑒》，第 V 卷（1895年），第512~530頁；埃杰沃思《經濟雜誌》，第 IV 卷（1894年），第279~285頁；《威斯特敏斯特評論》，第 CXLI 卷（1894年），第211~213頁；《國家》，第 LVIII 卷（1894年），第448頁。
⑤ 維塞爾：《自然價值》，第 XXXII 頁。
⑥ 維塞爾：《自然價值》，第 XXXII 頁。
⑦ 維塞爾：《自然價值》，第 XXXIII 頁。
⑧ 維塞爾：《自然價值》，第 XXXIII 頁。

訓練，所以他對使用數學的人始終抱有一種猜疑的態度，而且相信他不用數學也能同他們一樣，甚至做得更好。維塞爾對杰文斯的唯一批判是認為他比門格爾的論述膚淺，在他看來，門格爾「是從更一般的價值概念出發的」①。

《自然價值》一書在很大程度上是把邊際效用思想引進價值決定問題。對價值論中的邊際效用的主要論述是在第一卷中提出來的。第二卷研究「自然價值」（並以之定書名），研究它同交換價值的關係，同社會主義國家中價值的關係等。在有關「歸算」問題的很長的第三、四卷（占全書的40%）之後②，維塞爾又回到了他第一篇論文的論題：成本和價值的關係，這是第一卷論價值的繼續。最後一卷篇幅不大，探討邊際效用理論同國家經濟學的關係，特別是稅收和政府開支問題。這一卷顯然受到維塞爾在布拉格大學的同事薩克斯的鼓勵，後者兩年前在《國家學說原理》中已經研究過這個問題。

IV

維塞爾希望他的價值論能夠調和以往反對效用論者【149】指出的種種矛盾，他說，物品所以有價值，是因為它們能滿足需要；他又說，慾望會隨著消費量的增加而下降這個事實（他命名為戈森定理），適用於「所有的感情，從饑餓到愛情」③，概莫能外。

維塞爾接著說，他幾乎不必談論滿足的尺度問題。他假定存在測定的某種可能性，他說：「如果我們追蹤某種需要的滿足過程，並把每次滿足行為所帶來的價值標示出來，就會得到一種遞減的尺度，其零點在完全滿足或『飽和』時便可達到，而其較高的一點則相當於滿足的第一次行為。」④ 維塞爾在獲得測定尺度方面顯然感到存在兩個障礙：精確性和共通性。他幾乎未觸及缺乏共通尺度這個問題，也沒有指明當他把「共通性」一詞用於不同物品和不同的人時，他想的究竟是什麼。他接受近似準確值，他認為測定的尺度存在於「有可能在一百個不同的慾望強度之間作出區分」⑤。不消說，測定所要求的既

---

① 維塞爾：《自然價值》，第XXXIV頁。
② 斯蒂格勒對「歸算論」的評價，見《生產和分配理論》（倫敦，1940年）。「歸算」同效用和價值問題有關，但不是直接相關。
③ 維塞爾：《自然價值》，第10頁。
④ 維塞爾：《自然價值》，第10~11頁。
⑤ 維塞爾：《自然價值》，第24頁。

非任何設定的準確性，也非任何一種共通性；無論如何，在日常應用中兩種都有用。

當維塞爾在非常有限範圍內考察效用函數的形式時，他想的是不連續的效用函數（基於前述觀點：消費者能夠在相對極小的滿足強度之間作出區分）；他還傾向於認為別人也一定會抱有同樣的看法，因此他責備杰文斯等人相信「有必要使支出的每一個方面都嚴格地保持同樣的滿足程度，同樣的水準，同樣的邊際效用」①。為適用其不連續函數，維塞爾重新表述了收入在各種支出間最佳分配的原理，即「在所有的用途中達到盡可能低的邊際效用，而在其他用途中不必損失較高的效用」②。他對連續性函數的嫌棄更多的是基於他未能看到，連續性函數的假定只不過是對一部分現實世界的理想化。【150】儘管他在別的方面願意理想化，他卻繼續拒絕連續性觀點，這使他的分析付出了一定代價。它說明數學的稍許訓練可能對他會有所幫助；杰文斯和瓦爾拉斯就保持著他們的優勢。

維塞爾不僅在杰文斯、門格爾和瓦爾拉斯所說的意義上理解邊際效用價值論，而且在該理論的某些方面還有他自己獨特的不同看法。例如關於「需要的未來滿足」問題就是如此。在這個問題上他同杰文斯公開地保持距離，但卻不點名地也同龐巴維克分道揚鑣。他的觀點同這二人的看法形成對照。他認為人們對未來需要的估價一般來說並不低於對現在需要的估價。他承認原始人不能恰當地估價未來，但他堅持認為經濟上先進的民族要學習恰當地估價未來，他特地指出人們應學會儲備其整個的資本資產。他尤其否認未來慾望的減弱同資本和利息問題相關，理由是，利息「一點也不是管理不善的經濟的徵兆」③。

維塞爾在效用問題上的另一個貢獻是他關於一整批財物的價值的看法。他用該物品每單位的價值即其邊際效用，連同該物品的單位數來測定總價值。他指出：「一句話，一批同類物品的供給的價值等於其邊際效用與其件數的乘積。」④ 維塞爾用了兩章的篇幅來澄清他關於物品價值總量的這一特殊看法所引起的各種疑惑，其中之一即所謂「維塞爾的反論」。依照該理論，在物品數量增加到一定點之後，其價值便開始下降；當我們已經佔有了所需要的全部物

---

① 維塞爾：《自然價值》，第 15 頁。
② 維塞爾：《自然價值》，第 15 頁。
③ 維塞爾：《自然價值》，第 19 頁註。
④ 維塞爾：《自然價值》，第 25 頁。

品時，它對我們的價值就會降低到零。維塞爾這樣解決自己的反論：他指出，價值不僅有正的因素，即每一增量物品降低了歸於先前物品的效用，而且有負的因素，即每一增量物品降低了歸於先前物品的效用①。*比維塞爾所提出的不能令人滿意的答案更快捷的答案，必會涉及拒絕維塞爾的無成果的【151】總價值概念。維塞爾本人對此解答也一定不大滿意，因為他趕緊向讀者解釋說，在人類經濟中，我們的消費幾乎全都處於總價值隨著消費增加而增加的階段，因而福利和價值在將來也是正相關的②。

維塞爾接著考察了所謂「價值的反常現象」。這個詞可追溯到普魯東；該現象同上述反論有一定的關係。顯而易見的矛盾是：如果指導人們生活的原則是價值（即維塞爾所說的總價值），那麼，「對每個人來說，無論從賺錢或銷售的觀點看，還是從他的私人經濟來看……最有利的做法是把過分的富裕變成需要，把需要變成更大的需要，以便創造和增加價值」③。但他明智地指出，指導我們行動的不是**價值**而是**效用**。那麼，價值還有何用？維塞爾答復說，因為一般來說總價值和總效用是朝著相同的方向運動，又因為我們可以測定總價值而不是總效用，所以，「從效用考慮認為是滿意的交易，從價值來說也是滿意的」④。結論是，可以用價格和數量來測定總效用。普魯東認為上述不一致只能通過社會主義的社會組織來解決，維塞爾則拒絕這個結論。

V

維塞爾的書取名《自然價值》，也許是想反應該書中最富有獨創性和最有價值的部分，但他的思想終於未能證明是有用的，所以自然價值這一概念和用語也就從未進入後來經濟學家的著作。關於自然價值的含義，維塞爾本人沒有明說，他很可能把它看作一種虛構。他顯然認為自然價值是在這樣一種條件下出現的價值，即每個人都有相同的購買力和相同的口味，以至於交換價值會與

---

① *原文如此。這難以理解。維塞爾事實上說的是：「正的因素就是在使用財物中所得到的享受，」這享受的總量會隨物品數量的增加而增加，但其增加的幅度會遞減，以致遞減到零。他又說，我們對一批物品中的所有單件物品都按其邊際效用的價值來考慮，超過邊際效用的剩餘價值便從物品的價值中扣除下來，從而降低了先前物品的價值，可見，「價值構成中的負的因素等於被扣除的剩餘價值」。參看：《自然價值》，第1卷，第10章——譯者註。

② 維塞爾：《自然價值》，第31頁。
③ 維塞爾：《自然價值》，第32~33頁。
④ 維塞爾：《自然價值》，第33頁。

每個人的效用相一致①。維塞爾沒有這樣說，但意思是明確的。例如，他說，他著作第一章所討論的孤立個人的價值就是自然價值②。在此孤立個人的社會中，每人的收入相同，口味也一樣。他又說，【152】共產主義社會中的價值是自然價值，因為所有人的收入和口味都是一樣的③。自然價值肯定是不存在的。維塞爾也承認，「它終究是不是一種夢幻，令人懷疑」④。他建議我們「滿足於想像這種價值就行了。如果我們能夠設想去掉了私有財產以及由於人類的不完善性所帶來的全部麻煩，它（自然價值）就會很好地幫助我們認識現有經濟的面貌」⑤。當私有財產消失時，收入的不平等大概就會被抛到窗外，隨著人類不完善性的消滅，口味的差別也不復存在了。自然價值對維塞爾來說顯然是一種理想的不現實的東西。

　　維塞爾不能為其自然價值思想派上用處，所以它在中途就擱淺了。他本來的目的是要發揮來自以下兩種情況的思想：一種是（如他所說）邊際效用指導或應當指導我們的一切行動；另一種是，他沒有效用的尺度。可是，最後他卻把邊際效用同他能夠測定效用的想法連到一起了。他認為價值只在一定條件下符合邊際效用，他稱這些條件是「自然價值」。他認為他能測定客觀價值，從而，在自然價值和客觀價值一樣流行的限度內，他也能測定效用。他想盡力證明，現實世界發現的交換價值總是理所當然地接近於自然價值，因而我們對經濟行為的實際指導通常是服務於一種有益的目標。但是他未能達到目的。這種思想幾乎沒有什麼實際成果，因而後來的作者對它也就視若不見了。維塞爾在1914年的《社會經濟理論》中以不同的說法重提這一思想，但沒有得到什麼反響。

VI

　　效用與成本的關係是維塞爾頗感得意的課題之一。要注意的是，維塞爾看

---

　　① 哈耶克說：「維塞爾稱『自然價值』為這樣的價值，它流行於共產主義社會，並假定完全沒有交換，中央主腦直接支配全部經濟過程」（施皮格爾：《經濟思想的發展》，第561頁）。但維塞爾肯定不想把所有的交換都排除在外。
　　② 維塞爾：《自然價值》，第60頁。
　　③ 維塞爾：《自然價值》，第60頁。
　　④ 維塞爾：《自然價值》，第61頁。
　　⑤ 維塞爾：《自然價值》，第61頁註。

待價值的觀點不同於現今大多數經濟學家的觀點。他試圖發現價值的原因，而現今大多數經濟學家則試圖揭示出同時決定全部有關經濟量的各種因素，並不希求通過探討這種複合體，而從中找出某個特殊部分作為其他部分結果的原因。一般均衡價值論把影響價值的所有因素都包括在內，而不是只把其中的一個因素作為原因。

【153】維塞爾追隨門格爾，堅信效用（正確理解的效用）是價值的**原因**。他知道別人發現原因存在於不同的地方，特別是在某些東西（尤其是勞動）的成本上。維塞爾還看到這些成本是存在的，而且在經濟世界發揮著某種作用。他還知道門格爾的《原理》沒有研究這個問題。為彌補這個疏漏，說明效用（價值的真正原因）與成本的關係，維塞爾寫了提交給克尼斯研討班的論文，現在又在《自然價值》中回到這個論題。

維塞爾拒絕把勞動成本作為決定價值的一個因素，從邏輯上說完全是出自他當時所設想的那種經濟。在他討論的大多數地方，維塞爾都把價值看作是起源於某種最簡單的情形：一個消費者的市場，賣者有一定量商品。在這種市場上，勞動成本或任何其他成本顯然不會加入價值的計算，這主要是因為沒有勞動或任何其他生產努力發生作用。在市場完全被消費者的利益所支配時，調節交換價值或任何其他價值的就只有各種效用條件和既定的供給條件了。如果把各種生產條件加進他的模式，維塞爾也只是認為勞動成本只起有限的作用。他的論價值的著作始終把勞動量看作是一種不變的量，在此限度內談生產同他的模式的關係，因此維塞爾不把勞動成本作為價值的一個原因。

維塞爾設想了一種場合，一種很不可信的場合，在此場合下，他認為勞動成本決定價值。可是如果設想勞動能夠而且確實生產了如此豐裕的產品，以至於其邊際效用全都下降到零，這是不可思議的。應當假定，在這種場合，舒適（閒暇）的邊際效用是零。維塞爾認為，在這種場合，物品將是有價值的，因為如果放棄了任何勞動，則某些需要就不能滿足。但是邊際效用不可能表示出這種正的價值，因為它將等於零。維塞爾的結論是，我們不能發現勞動價值論成立的條件，因此效用總是支配價值的[①]。

維塞爾的《自然價值》是他對價值問題的主要貢獻。他在此後幾年中發表了兩篇文章，旨在向美國宣揚他的價值學說。【154】但再往後 25 年間，他

---

① 維塞爾：《自然價值》，第 198~199 頁。

沒有重溫這個課題①。哈耶克說：「在致力於高難度的各種問題進行了 25 年緊張工作之後，一種枯竭之情油然而生。因為在許多年間繼續進行理論研究是不可能了。」② 15 年間兩部篇幅甚小的著作的問世是否真的使他精疲力竭，我們可能有懷疑，但毋庸置疑的是，他此時的確了結了價值理論，而且再也沒有抱著同樣單一的目的（他曾為此鑽研到 1889 年），重新回到這個課題上來，並達到同一水準。

---

① 《奧地利學派和價值理論》，《經濟雜誌》，第 I 卷（1891 年），第 108~121 頁；《價值理論（答馬克文教授）》，《美國政治和社會科學學院年鑒》，第 II 卷（1891 年），第 600~628 頁。
② 施皮格爾：《經濟思想的發展》，第 562 頁。

第十七章　龐巴維克

I

【155】在討論維塞爾時，龐巴維克實際上已經進入了對邊際效用學派的興起的說明。龐巴維克同邊際效用的聯繫屈居維塞爾之後，只是因為他不如維塞爾那樣地專注於邊際效用問題的研究。但利用了邊際效用思想，即使在他致力於他所偏愛的資本與利息的課題時，他也大量地利用了邊際效用思想。

龐巴維克和維塞爾同步而行 30 年①。他們是中學和維也納大學的同窗，同在 1872 年發現門格爾的《原理》，此後一同擔任奧地利的公職，又一同赴德國，在海德堡、耶納和萊比錫學習 2 年，然後一起回到奧地利擔任公職。對我們來說，最值得注意的差別是，維塞爾為克尼斯的研討會寫的論文是關於價值與成本的關係問題，而龐巴維克寫的卻是資本與利息。他們 30 歲時（1881年）首次分手，龐巴維克離開維也納去因斯布魯克，與他同行的是他一年前新婚的妻子——維塞爾的妹妹。

---

①【247】熊彼特是龐巴維克的一個偉大讚美者。他對龐巴維克的評介比誰都多，其中多數是頌詞。熊彼特為《新奧地利人傳記》（維也納，1929 年，第 II 卷，第 63～80 頁）撰寫了龐巴維克的生平傳記。該傳記轉載於施皮格爾的《經濟思想的發展》（紐約，1952 年，第 569～579 頁）。熊彼特還寫了一篇更長的更多頌揚之詞的《龐巴維克畢生的科學事業》一文（《國民經濟，社會政治和行政管理雜誌》，第 XXIII 卷 [1914 年]，第 454～528 頁），後摘譯發表於《從馬克思到凱恩斯十大經濟學家》（倫敦，1952 年，第 143～190 頁）。門格爾和維塞爾比龐巴維克更長壽，他們都為龐巴維克的去世寫過悼詞。門格爾的悼詞發表在《維也納科學院年鑒》（1915 年），維塞爾的悼詞發表於《帕爾格拉夫經濟學辭典》（倫敦，1925 年，第 I 卷，第 825～826 頁）。L. 鮑納為《經濟雜誌》準備了一篇訃告（第 XXIV 卷 [1914 年]，第 648～650 頁）。

II

龐巴維克1880年放棄政府職務，任維也納大學的編外教師。為獲此資格，他撰寫並於1881年發表了《從國民經濟財富理論的觀點來看權利和關係》①。這是他的第一本著作，主題是確定經濟物品的性質。閱讀門格爾的《原理》為他寫作本書做了準備。他所研究的特殊物品包括信貸、專利和信譽。他認為這些東西不宜劃入經濟物品的範疇。德國刊物上出現了對這部著作的篇幅適中的評論②。儘管龐巴維克的第一部著作的確是想強調物品的效用方面，但其中沒有證據表明他理解邊際效用的重要性。他在《權利和關係》【156】中沒有提到杰文斯或瓦爾拉斯。我們可以明確地說，龐巴維克在1881年時的興趣還不在邊際效用價值論上。

III

龐巴維克的第一本著作談到他繼續研究資本和利息的計劃③。他三年後完成的《資本與利息》第一卷是其一部分成果，該書是對資本與利息理論歷史的清算④。同他的第一本著作一樣，這本書也很少論及價值問題。他在此瀏覽了大量經濟學文獻，並接觸到杰文斯的《理論》，但他還沒有把杰文斯和門格爾聯繫起來。瓦爾拉斯的《綱要》雖有很長一節論及資本理論，但其不在龐巴維克援引的著作之列。龐巴維克很可能只是暫時不知道瓦爾拉斯，因為他在後來的《資本與利息》的各版中包括了瓦爾拉斯。同樣，許多人當時也不知道瓦爾拉斯，因為瓦爾拉斯運用數學，從而掩蓋了他的著作的其他方面。就這樣，龐巴維克失掉了在1884年把三位奠基人聯繫到一起的好機會。的確，他到此時還沒有對邊際效用理論表現出什麼興趣。讀過龐巴維克的前兩本書，誰

---

① 因斯布魯克，1881年。重印於《龐巴維克論文集》，【248】維斯編（維也納，1924年），第I卷，第1~126頁。
② E.斯特洛克發表了最完全的評論，載於《立法、行政和國民經濟年鑒》，第V卷（1881年），第1290~1301頁。H.迪策爾的評論載於《一般政治學雜誌》，第XXXVIII卷（1882年），第771~773頁。F.克萊沃特的評論載於《國民經濟與統計年鑒》，新編，第IV卷（1882年），第119~120頁。
③ 龐巴維克：《權利和關係》，重印於《論文集》，第I卷，第125~126頁。
④ 《資本與利息，第一卷。資本利息理論的歷史和批判》（因斯布魯克，1884年）；英譯本《資本與利息，經濟理論批判史》（倫敦，1890年）。

也不會想到要把他列入那些極大地推動了邊際效用理論發展的人之中。評論家也肯定沒有把他的著作同任何特定的價值理論聯繫起來①。

IV

兩年後（1886年）龐巴維克中斷了資本和利息研究，而發表了關於價值理論的最重要著作，該書的問世標誌著他成為邊際效用學派的一員。這部書分為兩部分發表在德國主要專業雜誌上②。它發揮了邊際效用理論，而且加進了一些新思想。為什麼龐巴維克中斷其他研究而轉向價值論呢？也許是他的密友維塞爾《價值起源和主要規律》（1884年）的出版鼓勵了他，也許是他自己關於資本和利息的著作使他轉向了這個方向，也許二者兼而有之。無論怎樣，龐巴維克的文章是德國雜誌上出現的對邊際效用思想的【157】第一次長篇明白的表述。它發表在對經濟學感興趣的人都便於閱讀到的地方，而且不久就掀起了一場爭論。

這篇文章稍加修改並入《資本與資本利息》第二卷（1889年）③。這使德國人又一次看到經過精細加工的邊際效用思想。龐巴維克把邊際效用理論置於資本論和利息論之間。他解釋說，為了理解利息率應當瞭解價值。但對大多數讀者來說，並不需要為此而把研究擴展到如此地步。龐巴維克在後來討論資本和利息時利用到一些邊際效用思想，但沒有充分利用它，以保證給讀者思考的時間。看來龐巴維克利用他論資本和利息著作出版之時傳播邊際效用思想這一點可能是不自覺的。

---

① 參考 O. 普林什的評論，載於《立法、行政和國民經濟年鑒》，第 IX 卷（1885年），第314~317頁。E. 韋斯的評論，載於《國民經濟、政治和文化季刊年鑒》，第 LXXXVII 卷（1885年），第108~112頁。R. 弗萊德堡的評論，載於《國民經濟和統計年鑒》，新編，第 XII 卷（1886年）第77頁。

② 《經濟物品的價值理論綱要》，《國民經濟和統計年鑒》，新編，第 XIII 卷（1886年），第1~82頁，477~541頁。該文重印於《經濟學與政治學珍本著作重印叢書》第11種（經濟學和政治科學的倫敦學派）。

③ 龐巴維克：《資本和資本利息，第二卷，資本實證論》（因斯布魯克，1889年）。威廉·斯馬特（1890年代初邊際效用理論在英國的一位追隨者）把這一卷譯成英語（1891年），書名為《資本實證論》。本文以下引語均出自英譯本。法文譯本1929年問世。

V

龐巴維克對邊際效用的解釋在所有的方面都是緊隨門格爾和維塞爾之後的，這種承繼關係十分明顯地表現在他拒絕把物品看作具有完全可分性這一點上。他也分割物品，但有一定限度，超過此限度他就不幹了。例如他說一片麵包而不說半片或 1/4 片麵包，等等。他更常用「馬」一類物品作為例證，在這裡，「1/2 馬」或「1/3 馬」的說法顯然是十分可笑的。

龐巴維克對可分性加的種種限制，使他必然面對一些杰文斯和瓦爾拉斯沒有遇到的問題，他花了許多時間討論這些問題，寫了題為《複雜的現象》的一章，其大部分內容可以不提，如果他採納了完全可分性觀點的話。在關於價格的一節中他反覆使用具有十足龐巴維克精神的術語：買者和賣者的「邊際對偶」。對偶的重要性會隨被交換的單位數的較小增加而降低。龐巴維克是從他分析時所用的單位數引出全部內容的，他在這方面花了很多的時間，從下面一段話即可看出這一點。

【158】他說：「假定在某個部門有 4 個機會，按其重要性可分為 10、8、6、4；而另一部門也有 4 個機會，以 9、7、5、3 表示。再假定某人只有 5 件物品，無疑這五件物品將被分配給 10、9、8、7、6 這 5 個機會；最後這個數字（它碰巧屬於第一個生產部門）是真正的邊際效用，並決定商品價值，而在第二個部門中以 5 表示的下一個機會，按照我們的公式一定會變成『虛假的邊際效用』。」①

不消說，別人是不會用他的「虛假的邊際效用」這個詞的。

VI

龐巴維克從未研究效用的測定問題，他在大多數場合都是討論數量的序數方面。不過他的這種限制主要是想以盡可能簡單的術語來表述他的分析，而不是出自認為基數方法不適宜這種場合的看法。從下面的句子可以看出他遵循效用衡量序數論的意圖：「大家知道，我們的需求在重要性上是極其多樣化的。

---

① 龐巴維克：《資本和資本利息，第二卷，資本實證論》（因斯布魯克，1889 年），第 165 頁。

我們通常習慣於按照如果得不到滿足對我們的福利帶來後果的嚴重性來對它們加以排列。」① 他區分了不同等級的物品：「『飲食需要』遠在菸草需要之上。」他還對一個特殊等級之內的不同項目物品加以區分。龐巴維克對效用和地形之間的類比，表明他通常限於做序數的比較。他說：「這很像一位地理學家在一個時期是按山脈的高度來排列阿爾卑斯山脈、比利牛斯山脈和哈爾茨山脈，而在另一個時期卻是按照它們的個別山峰來排列一樣。」② 他接著談到了「分類」。他按照門格爾的方法列了一張表，標出了對各種物品的所有單位的數字。不過，這些數字對消費者的選擇只起一種指導作用，並未告訴他所獲得的效用量③。龐巴維克的這個表以及其他的地方表明，一個消費者對某物品的每一增量的估價低於他對前一單位的估價（邊際效用遞減），他也就開闢了通向基數測定的道路。【159】但也到此為止，因為他並沒有要求消費者真的去計量基數量。

事實上，直到談及補全物品問題時，他才離開了序數觀點。他感到不得不從基數上去研究代表邊際效用的數字。可是他並沒有意識到他對這些數字的使用與以前已經有所不同。他假定：「A、B、C三個物品組合起來的效用是100，A本身的邊際效用是10，B本身的邊際效用是20，C本身的邊際效用是30……」④ 這顯然是一種新調子，它不同於龐巴維克先前列舉出的等級數字。龐巴維克表明他也是有區別地看待它們的，因為他立即開始把它們加減，以便得出補全物品的價值，這些做法表明他不再限於僅僅使用序數尺度了。

VII

龐巴維克在大多數場合不需要在個人之間比較效用，因而人們通常以為龐巴維克認為這種比較是不可能的。的確，他沒有說過在通常情況下某物品對某人的邊際效用會超過同一物品對另一人的邊際效用。但他承認收入的邊際效用對富人和對窮人有所不同。請看他對如下普通常識的觀察：「我們很難比較以下兩種人的心態：一個貧窮職員在月初領得全月工資5鎊，可能在回家的路上

---

① 龐巴維克：《資本和資本利息，第二卷，資本實證論》（因斯布魯克，1889年），第140頁。
② 龐巴維克：《資本和資本利息，第二卷，資本實證論》（因斯布魯克，1889年），第142頁。
③ 龐巴維克：《資本和資本利息，第二卷，資本實證論》（因斯布魯克，1889年），第144頁。
④ 龐巴維克：《資本和資本利息，第二卷，資本實證論》（因斯布魯克，1889年），第172頁。

把它遺失了。一個百萬富翁也丟失了同樣數目的錢。對前者來說，遺失 5 鎊就意味著他一個月的極度痛苦，而對後者來說卻無關緊要。」①

龐巴維克還比較了他自己的價值論和廣泛流行的完全對立的一種觀點，即認為成本以某種形式決定著物品的價值。他遵循門格爾已經開闢的道路，而且從維塞爾的精深研究中獲益匪淺。他指出對於那些只能製造一種特殊物品的生產要素來說，其價值無疑決定著這些生產要素的價值或成本。他的結論是：【160】「托考伊葡萄酒不會因為有托考伊葡萄園而有價值；應當說，托考伊葡萄園有價值，是因為托考伊葡萄酒有極高的價值。」②但是，在某個單一要素可用於許多不同消費物品時，「就出現了相反的現象，但略加思索就不難發現這不過是表象罷了」③。在這種場合，成本符合於該要素在任何一種產品上所產生的最低邊際效用。「正像月亮反射太陽光於地球上一樣，多方面的成本把它們從邊際產品那裡取得的價值反應到它們的其他產品上去」④。

VIII

龐巴維克在價格決定問題上是遵循門格爾觀點的。在他的分析中，買者和賣者各自懷著他們心目中的價格來到行情變得不定的市場。他們只是為了「改善他們的經濟地位」⑤才來交換的。在這裡依據效用來進行的交換分析，應當服從於根據邊際效用和價格來估算的效用或收益的最大化這一必要條件。但是龐巴維克像門格爾一樣沒有作出這種分析。龐巴維克當時對杰文斯的《理論》的內容已經有所瞭解，他對瓦爾拉斯的《綱要》也可能已有所聞，但他在價格研究中根本沒有跟著他們走。

由於有這種局限，因而龐巴維克的價格分析同他的價值或效用分析之間的聯繫是薄弱的。事實上，「邊際效用」一語在他的價格研究中不過偶爾出現，而且沒有起多大作用。首先他把這種聯繫限於類似性，在他的分析中，邊際既

---

① 龐巴維克：《資本和資本利息，第二卷，資本實證論》（因斯布魯克，1889 年），第 161 頁。
② 龐巴維克：《資本和資本利息，第二卷，資本實證論》（因斯布魯克，1889 年），第 189 頁。
③ 龐巴維克：《資本和資本利息，第二卷，資本實證論》（因斯布魯克，1889 年），第 189 頁。
④ 龐巴維克：《資本和資本利息，第二卷，資本實證論》（因斯布魯克，1889 年），第 189 頁。
⑤ 龐巴維克：《資本和資本利息，第二卷，資本實證論》（因斯布魯克，1889 年），第 193 頁。

決定價格，也決定價值①，「但是」，他的結論說：「這種類似性並沒有全部說明價格與主觀價值之間的關係。」② 可是，除了下面這句話以外，他沒有作出進一步的解釋：「物品的主觀評價同等價物之間的關係，決定著賣者和買者是否值得參加競爭……」③

---

① 龐巴維克：《資本和資本利息，第二卷，資本實證論》（因斯布魯克，1889 年），第 209 頁。
② 龐巴維克：《資本和資本利息，第二卷，資本實證論》（因斯布魯克，1889 年），第 210 頁。
③ 龐巴維克：《資本和資本利息，第二卷，資本實證論》（因斯布魯克，1889 年），第 210 頁。

第十八章　奧地利學派的其他成員

I

【161】1871—1889年，奧地利學派的成員，除了該學派的創始人門格爾和他的兩位最著名的門徒維塞爾和龐巴維克以外，還有9名經濟學家①。這些影響較小的經濟學家中大部分人的生平有驚人的相似之處。他們的經歷同門格爾、維塞爾和龐巴維克的經歷如此相似，難怪他們有類似的觀點了。這9人中的7人，即古斯塔夫·克魯斯、約翰·馮·柯莫津斯基、維克多·瑪塔佳、羅伯特·邁伊爾、歐根·菲力波維奇·馮·菲力普斯堡、埃米爾·薩克斯和羅伯特·祖克坎德，他們都獲得了法學博士學位，然後有幾年不在大學，多在政府任職。他們每人都寫過一本書，以取得在維也納大學任職編外講師的資格。此後雖然他們仍在政府中任職②，但同時仍同一個奧地利大學（通常是維也納大學）保持聯繫。他們大部分加入了「奧地利國民經濟協會」③。後來他們又發表了其他一些著作，部分是為了在各自大學晉職：他們每人先被提升為副教

---

① 【248】這個數字不包括下列5人，他們雖然此時也居住並任教於奧匈帝國的首都，但由於各種理由使他們不屬於維也納學派。勞倫斯·馮·斯廷在維也納大學任教30年之久（1855—1885年），但他的著作所體現的是較早時期的經濟學說。魯約·布倫坦諾（他於1888年代替斯廷，但只維持了一年）和奧古斯特·馮·米亞斯考斯基（他於1889年接任布倫坦諾）處於門格爾的影響之外，顯然不屬於維也納學派。赫爾曼·布勞迪格（奧地利財政法學編外講師）和卡爾·西爾德·馮·因納瑪-斯特尼格（政治學名譽教授）曾任教於維也納大學，但他們講的內容屬於經濟學的邊沿。

② 9人中有2人在一定程度上未任職於政府，他們是約翰·馮·柯莫林斯基（1911年的《人名辭典》把他列為「政府閣員」，這是個例外）和埃米爾·薩克斯。

③ 【249】門格爾沒有加入，柯莫津斯基和祖克坎德也未加入。薩克斯、克魯斯、瑪塔佳、李賓和奧斯皮茨是該協會的成員但並未積極參加它的活動。該協會最積極的成員是維塞爾、龐巴維克、邁伊爾和菲力普斯堡。該協會的機關刊物是《國民經濟、社會政治和行政管理雜誌》［漢斯·帕茨爾：《奧地利國民經濟協會編年史》（1875—1915年），年鑒，維也納，1915年，第160~169頁］。

授，後來升為正教授。下頁的表列出了奧地利學派的 12 名早期成員中的 10 人的主要經歷①。其他兩人是魯道夫·奧斯皮茨和里查德·李賓，他們沒有進維也納大學，未獲得法學博士學位，未任過編外講師或教授。他們的經歷和背景截然不同。他們同已經提到過的奧地利維也納經濟學家共享維也納學派成員的資格，僅僅是因為他們大約在同時也住在維也納，而且對經濟學感興趣，特別是對應用邊際效用思想與價值論有興趣。

維也納大學經濟學教師（1871—1889 年）

姓名	出生	法學博士	編外講師	副教授	正教授	逝世
門格爾	1840. 2. 23.	1867	1872—1873	1873—1879	1879—1903	1921. 2. 26.
維塞爾	1851. 7. 10.	1875	1883—1884	1884—1889 布拉格	1889—1903 布拉格 1903—1922 維也納	1926. 7. 22.
龐巴維克	1851. 2. 12.	1875	1880	1881—1884 因斯布魯克	1884—1889 因斯布魯克 1905—1914 維也納	1914. 8. 27.
克魯斯	1856. 6. 12.	1878	1884—1898	1898—1920		1932
克莫林斯基	1843	1868	1890—1903	1903—1911		1911
瑪塔佳	1857. 7. 20.	1885	1885—1890		1890—1892 因斯布魯克	1933
邁伊爾	1855. 1. 8.	1877	1884—1891	1891—1901	1888—1889 弗萊堡	1914. 6. 10.
菲力普斯堡	1858. 3. 15.	1882	1884	1885—1888 弗萊堡	1893—1917 維也納	1917. 6. 4.
薩克斯	1845. 2. 8.	1868(?)	1871(?)	1879—1880 布拉格	1880—1893 布拉格	1927. 3. 25.
祖克坎德	1856. 12. 3.	1879	1886—1894	1894—1896 布拉格	1896—1926 布拉格	1926. 5. 28.

奧斯皮茨生於 1837 年 7 月 7 日，比門格爾早幾年；李賓生於 1842 年 10 月 10 日，比門格爾晚幾年。【163】他們的學業不是轉向法學和政治學，而是

---

① 除了註明者外，學位係指維也納大學授予者。

物理學①，因此，當他們開始從事研究時，比其他維也納經濟學家更注重數學方法②，在結束教學生涯後他們改而從商③。奧斯皮茨還曾從政（進入議會）30年，他於1906年3月8日去世。李賓於1919年11月11日去世。他們都加入過「奧地利國民經濟協會」。【162】

II

上述9位次要作者的大量文字材料極少涉及邊際效用，但他們通常又被算在邊際效用學派之內，這確實令人吃驚④。他們中有2人根本沒有談到邊際效用，其餘4人談得也很少，只有薩克斯、奧斯皮茨和李賓寫過不少有關的東西。

克魯斯和瑪塔佳的著作很多，但沒有一本詳談過邊際效用思想。他們有權被算在維也納學派之內，主要是由於他們沒有說過什麼同邊際效用觀點相左的東西。他們沒有必要這樣做，他們的興趣在這個領域之外；如果在這個領域之內，他們也許會喜歡諸如勞動價值論這樣相反的信念了。

克魯斯的第一部理論著作是《企業利潤理論》，它研究利潤的性質、正當性和社會意義⑤。在研究這些問題時他本可說到邊際效用，但他沒有這樣做；他只是提到門格爾的《原理》，但這同效用無關⑥。大約同時他又發表了《卡

---

① 奧斯皮茨在維也納、柏林和海德堡研習過自然科學。李賓於1860—1862年在維也納工藝技術學校聽過數學，在卡爾斯魯聽過數學和工程學課程，後來他曾同物理學家恩斯特·弗萊克一起進修數學。奧托·溫伯格寫過一篇解釋性長文：《奧斯皮茨和李賓：國民經濟學中的數學方法史》（《一般政治學雜誌》，第XCI卷〔1831年〕，第457~492頁），該文委婉地否認維也納學派的所有其他次要成員。

② 其他的維也納經濟學家在中學學的數學知識，到大學時差不多都忘光了，其中有的人對於在經濟學中運用數學還表示反感。

③ 奧斯皮茨是奧地利第一批制糖業者之一。李賓在商業和金融業中發揮過明顯作用。奧斯皮茨的妻子是李賓的姐姐，這同龐巴維克和維塞爾的關係有些相似。

④ 例如，克魯斯是漢尼在其《經濟思想史》（第3版，紐約，1936年，第622~623頁）中忽略的這批人中僅有的一位。

⑤ 萊比錫，1884年版。此前他曾發表《為私人築路的國家補助》（維也納，1882年），還有文章《國民經濟學時代》（《一般政治學雜誌》，第XXXIX卷〔1883年〕，第126~165頁），以及若干書評（發表在《國民經濟與統計年鑒》，新編，第VI卷〔1883年〕，第164~165、166、175~176頁；新編，第VIII卷〔1884年〕，第272~273頁），其中沒有一篇體現了邊際效用學派的精神。

⑥ 同上書，第173頁。他在一個十分恰當的地方聯繫到試圖明確說明市場價格決定問題，並援引了門格爾的話，但他的討論同門格爾的分析沒有任何相似之處；從他的解說中根本看不出他通讀過門格爾的書。他說，一個消費者購買物品以便滿足其需求，該需求取決於他的需求「強度」和支付能力。對有些物品的需求「強度」如此之大，以致支付能力退居次要地位，例如，涉及滿足人的生理需要的物品。因此，如果企業家改變這些必需品的價格，也就開創了一種特殊的和一系列特有的條件。

爾·馬克思》一文（載於《德國凡人傳記》①）；一年後他將此文修訂出版②。他以完全同情的態度詳細論述了馬克思的價值論③。儘管他批評馬克思在討論交換價值時沒有考慮物品的有用性，儘管他援引了克尼斯和謝夫勒對馬克思勞動價值論的批評④，但在他對馬克思的有節制的修正中沒有一處提到門格爾，或提出任何類似於邊際效用的思想。

克魯斯的第三本書《經濟模式和經濟原理》⑤為他提供了很多機會來利用他當時（1888年）已經知曉的邊際效用思想，但他沒有這樣做。他一般地討論了交換和價格，【164】他雖把門格爾同涉及於《原理》的討論聯繫起來，但是，除了把交換中個人的需求以一種鬆散的形式同個人對物品的估價結合起來以外，他並沒有更接近邊際效用分析的核心。

克魯斯後來的著述同邊際效用沒有任何更直接的關係⑥，因此我們很難理解威廉·韋伯的話，他說克魯斯「受到了門格爾的影響」⑦。當然，我們不知道他在維也納大學的課程中講了些什麼，不過，從下一章所列的課程表中可以看出⑧，在這個時期他常同門格爾、維塞爾、菲力普維奇和瑪塔佳等人一起講授《國民經濟學》這門基本課程，因此他對邊際效用的看法絕不會與這些人相抵觸。

瑪塔佳⑨的情況與克魯斯類似。瑪塔佳的第一本論利潤的小書沒有把自己同門格爾的觀點或邊際效用經濟學聯繫起來⑩這本書作為「取得大學講席資格的著作」使他得以在維也納大學任教，後來他又轉到因斯布魯克的教席（1890—1892年）。他後來成為維也納大學的名譽教授，但顯然沒有講多少課。

---

① 第 XX 卷（1884年），第 541~549 頁。
② 克魯斯：《卡爾·馬克思：概論》（萊比錫，1885年）。
③ 克魯斯：《卡爾·馬克思：概論》（萊比錫，1885年），第 47 頁。
④ 克魯斯：《卡爾·馬克思：概論》（萊比錫，1885年），第 78 頁。
⑤ 萊比錫，1888年。
⑥ 克魯斯在 1888 年後很少論及經濟學，主要因為從政。他繼續執教於維也納大學（到 1920 年），但在 1889 年他任帝國議會議員，1917—1918 年任議會最後一任主席。他為下列雜誌撰稿：《國民經濟、社會政治和行政管理雜誌》，第 I 卷（1892 年），第 279~287 頁；第 IV 卷（1895 年），第 177~181 頁；《國民經濟和統計雜誌年鑒》，新編，第 XVII 卷（1888 年），第 440~441 頁；【250】第 XVIII 卷（1889 年），第 227~230 頁；第 XXI 卷（1890 年），第 189~192 頁。克魯斯在 1895 年停止了經濟學方面的寫作。
⑦ 漢斯·邁伊爾編：《奧地利百年經濟史》（1848—1948 年），維也納，1949 年，第 631 頁。
⑧ 參加本書第 19 章。
⑨ 他是小說家埃米里·瑪塔佳（筆名「埃米里·瑪里奧特」）和亨利希·瑪塔佳的兄弟，後者是一位基督教社會主義者，曾積極參與奧地利政治活動。
⑩ 維克多·瑪塔佳：《企業論》（維也納，1884 年版）。

像克魯斯一樣，他的授課可使他談及邊際效用，但這只是一種猜想①。他後來對廣告特別感興趣，還寫了一本這方面的書。我們也許由此推想他會講到效用的，因為做廣告必然要涉及廠商的利潤，觸及個人本身的效用，但這種關聯沒有出現。他這本身有一個範圍很廣的參考書目，但沒有一本涉及邊際效用②。瑪塔佳還發表了許多其他著作，並為不同雜誌寫了大量論文，但是沒有表現出可能把他同門格爾、龐巴維克或維塞爾聯繫起來的任何興趣③。他的興趣擴及迥然不同的各種事物，例如廣告、零售、分期購買和保險。

III

邁伊爾是奧地利學派中對邊際效用問題做過少許論述的第一人。他在有關該問題的唯一的論文中論述了西蒙·尼爾森·派頓的「消費不斷變動規律」④。這篇文章顯示出他對邊際效用思想有堅定的認識和理解，【165】有能力用它來分析經濟現象。他沒有提到門格爾，但提到維塞爾、奧斯皮茨、李賓和龐巴維克。邁伊爾過去沒有講授過這方面的課題⑤。當然，他可能在維也納大學講課時借用過這種思想，但沒有這方面的記錄保留下來⑥。他後來的著述多半集中在公共財政方面⑦。

對邊際效用問題做過少許論述的第二位次要成員是克莫林斯基。20 年間，

---

① 參閱本書第 19 章。
② 瑪塔佳：《廣告論》（萊比錫，1910 年）。
③ 關於瑪塔佳 1910 年前的著作目錄，可參看《政治學袖珍辭典》（第 3 種，耶納，1910 年）第 IVI 卷，第 622~623 頁。從 1910 年到他去世（1933 年）期間他發表的唯一著作是《國民經濟理論》（維也納，1931 年版），本身由他編輯、寫序，還有關於人口的一節。這期間他的文章多發表在《政治學袖珍辭典》第 3 版和第 4 版的後面幾卷。
④ 邁伊爾：《消費日益增加的多樣性》，見《國民經濟、社會政治和行政管理雜誌》，第 II 卷（1893 年），第 385~418 頁。
⑤ 他此前發表的著作有：《合理賦稅原理》（柏林，1884 年），《收入的性質》（柏林，1887 年），第二本書顯示出他知曉邊際效用學派的主要和次要成員，但他沒有利用他們的主要思想。
⑥ 參看本書第 19 章。
⑦ 他後來唯一的著作是對賦稅與收入關係的研究（1901 年）。此外，他還寫了不少書評，載於《國民經濟、社會政治和行政管理雜誌》第 II 卷（1893 年），第 351~359 頁；第 III 卷（1894 年），第 170~172, 471~475, 629 頁；第 IV 卷（1895 年），第 181~183 頁；第 VI 卷（1897 年），第 322~325 頁。《國民經濟與統計雜誌年鑒》，第 3 種，第 IX 卷（1895 年），第 441~444 頁；第 XIII 卷（1897 年），第 447~451 頁。他還寫了一篇長文《奧地利全體職工收入的最初成果》，《國民經濟、社會政治和行政管理雜誌》，第 VIII 卷（1899 年），第 23~83 頁。他還擔任過該雜誌的編輯（1911—1914 年）。他為《政治學袖珍辭典》撰文《收入的概念和收入的分配》（見該辭典，第 2 種，第 III 卷〔1900 年〕，第 347~380 頁）。

即從他投入價值論的爭論（這場爭論推動門格爾開始他的著述）到他發表《孤立經濟中的價值》（作為任教維也納大學的條件）①期間，克莫林斯基沒有發表什麼東西。我們不知道這位46歲的講師為什麼要轉到維也納大學，但我們知道他與邊際效用經濟學的發展是並步而行的。龐巴維克發現這本書（克莫林斯基題獻給門格爾）完全體現了邊際效用理論的精神②。克莫林斯基試圖提出一種新的論據，說明價值理論只能正確地應用於可以再生產的物品和服務，而不能用於獨一無二的物品。他的這個論點基於這個假定，即不能比較來自不同種類物品的滿足③。根據這一點，奧斯瑪·斯潘把克莫林斯基列為邊際效用學派的第一位「直率的反對者」④。但他絕不是一個堅定的反對者，因為他再沒有提出什麼批評⑤。

把自己著作的一部分用於邊際效用的第三位奧地利經濟學家是祖克坎德，他的《價格理論，特別是該理論的發展史》⑥中有一章是關於主觀價值理論的，但本書不是對邊際效用論的抗辯。祖克坎德的確顯示了奧地利學派的派別精神，同讚揚主觀價值的優點相比，作者更願意維護門格爾，反對杰文斯和瓦爾拉斯。不過這本書現在看來可以作為對作者所屬的經濟學家團體的一種評價，因為他的說法在當時是很好的。至少，克拉克在他對該書的評論中說過：「這本書是對奧地利新近經濟家著作的一個很好的介紹。」⑦

祖克坎德後來的著作比上述各作者的著作【166】更經常地回到邊際效用問題上⑧。1890年他對亨利希·迪策爾對邊際效用論的有力批評作了答復⑨；

---

① 維也納，1889年。
② 《一般政治學雜誌》，第XLVI卷（1890），第596頁。
③ 龐巴維克和聖馬克（《政治經濟學評論》，第IV卷〔1890年〕，第216~219頁）在對本書的評論中表示，不同意克莫林斯基的結論。
④ 斯潘：《經濟學史》，第263~264頁。
⑤ 他後來的唯一著作是《國民經濟學的信用論》（因斯布魯克，1903年；第2卷，因斯布魯克，1909年），該書是獻給龐巴維克的。他只偶爾提到他早先的價值觀點（第1卷，第248~249頁）。他發表在下列雜誌上的主要文章幾乎未提到邊際效用：《國民經濟、社會政治和行政管理雜誌》，第III卷（1894年），第27~62頁；第VI卷（1897年），第242~299頁；第XIII卷（1904年），第537~545頁。
⑥ 萊比錫，1889年。
⑦ 《政治經濟季刊》，第V卷（1890年），第171頁。
⑧ 他的著作目錄，參看《政治學袖珍辭典》，【251】第3種，第VII卷（1911年），第1084頁。H. E. 白森：《當代經濟理論選集》（1870—1929年），（倫敦，1930年），第207~208頁。還有兩本油印著作未包括在該書目中：《祖克坎德教授的國民經濟學講稿》（布拉格，1899年），《祖克坎德教授的政治經濟學講稿》（布拉格，1900年）。
⑨ 祖克坎德：《古典價值論和邊際效用論》，《國民經濟和統計年鑒》，新編，第XXI卷（1890年），第509~519頁。

他批評了威廉·斯馬特的《門格爾、維塞爾和龐巴維克價值論導論》①；他把邊際效用思想加進他的布拉格的《國民經濟學講稿》②；1910年他著文慶祝門格爾的70歲壽辰③；同年他還寫了《價格》一文，發表在《政治學袖珍辭典》上，其中用到了邊際效用思想④；直到1910年他去世（1926年），他都沒有再回到這個問題上。

菲力普斯堡是通常包括在邊際效用學派之內，在主觀價值論上寫了一些東西，但為數不多的那些奧地利經濟學教授中最後的一位。1893年前他沒有發表過邊際效用的著述，這個時限已經超過我們研究的這個時期了⑤。如他自己所說，他雖然從1879—1885年一直在維也納大學學習，但完全是在斯廷的影響之下，至於對門格爾的瞭解，則僅限於知道他是魯道夫王儲的家庭教師⑥。他疏遠歷史學派並轉向邊際效用學派，是在他及時閱讀了龐巴維克的《資本和資本利息》之後；這本書的第二部分於1889年問世⑦。我們把他包括在邊際效用學派之內，主要是因為他的《政治經濟學原理》⑧是德國經濟學第二代最有名的一部教程，是許多德國人瞭解邊際效用經濟學的主要來源。但德國的主要評論家從未提及其中的邊際效用思想⑨。

---

① 《國民經濟、社會政治和行政管理雜誌》，第Ⅰ卷（1892年），第371~372頁。
② 《祖克坎德教授的國民經濟學講稿》，第252頁。
③ 《國民經濟、社會政治和行政管理雜誌》，第ⅩⅨ卷（1910年），第251~264頁。
④ 第3種，第Ⅵ卷（1910年），第1130~1154頁。
⑤ 他在19世紀80年代後期發表了許多著作，但其中只有一本書，就其總的調子來說，可能會使人指望它會顯示一些邊際效用的觀點，其餘的全是更實際的和更多描述性的觀察。他在弗萊堡發表的就職演說《政治經濟學的任務和方法》（弗萊堡，1886年版）也許可以談到效用問題。然而我們可以預見到，他會提到門格爾的《研究》，而不是他的《原理》。他的著作目錄，可參閱：《現代經濟思想選集》（1870—1929年），第196~200頁；或《政治學袖珍辭典》，第3種，第Ⅵ卷，第1038頁。
⑥ 菲力普斯堡：《龐巴維克博士》，《國民經濟、社會政治和行政管理雜誌》，第ⅩⅩⅢ卷（1914年），第441~442頁。
⑦ 他對龐巴維克著作的評論發表於《一般政治學雜誌》，第ⅩLⅤ卷（1889年），第568~574頁。
⑧ 《一般國民經濟學》，第Ⅰ卷（弗萊堡，1893年）。
⑨ 埃斯特：《國民經濟和統計年鑒》，第3種，第Ⅷ卷（1894年），第449~453頁；米亞斯科斯基：《立法、行政和國民經濟年鑒》，第ⅩⅦ卷（1893年），第919~922頁；謝夫勒：《一般政治學雜誌》，第ⅩLⅨ卷（1893年），第544~540頁。相反，非德文雜誌則特別讚成在一般教科書中介紹邊際效用思想（卡德威爾：《一般政治學雜誌》，第Ⅰ卷〔1893年〕，第302~307頁）；希杰：《美國政治和社會科學院年鑒》，第Ⅳ卷（1893—1894年），第168~179頁；聖馬克：《政治經濟學評論》，第ⅩⅡ卷（1893年），第166~167頁。

IV

薩克斯同奧地利學派的聯繫，除了門格爾、維塞爾和龐巴維克以外，比其他人都更密切。我們對他的生平知之不多，無法確定他何時熟悉門格爾《原理》，何時開始研究邊際效用。他可能在 19 世紀 70 年代初接觸到門格爾的《原理》，但在此後的一個長時期並沒有受到該書明顯的影響。

薩克斯在到布拉格（1879 年）以前的五年間的著作同門格爾的著作無關，而且具有描述的、歷史的和分析的性質①。他定居布拉格後【167】五年間發表的第一本書就表現出門格爾的影響，但不是門格爾的《原理》，而是《研究》②。門格爾在後面這部著作中研究的是方法問題，而不是價值問題③，因此也就沒有用到邊際效用思想。

1887 年薩克斯發表了《國民經濟學理論原理》（以下簡稱《理論原理》）④，該書顯示出他完全接受邊際效用概念，這是龐巴維克對邊際效用理論表露了類似的強烈興趣之後的一年。從這時起薩克斯明確屬於邊際效用學派了。不過我們應當記得，他走上經濟學之路是在門格爾《原理》問世後 16 年，儘管他此前曾得益於該書。

我們應當防止按照某些經濟思想史家的看法來看待薩克斯《理論原理》的中心目標。例如格雷說：「在最初的奠基者中，第四位作者（薩克斯）難以反駁的要求，」有如下述：「國家可以取得（用於較不急切的目的）納稅人一直更有利地使用著的貨幣。這雖是老生常談，但它幾乎可以明顯地適宜於精美的維也納糖果。討論這方面的問題是薩克斯《理論原理》（1887 年）的一個特殊貢獻。他把奧地利人的思想用於國家經濟學，特別用來發揮了一種賦稅理論。」⑤ 完全正確！但是，本書一定會讓那些以為薩克斯的上述著作主要研究賦稅和國家問題的人大吃一驚，因為本書對邊際效用的議論頗多，而關於賦稅的內容極少。

---

① 更完全的書目，參看《政治學袖珍辭典》，第 3 種，第 VII 卷，第 191 頁。
② 《國民經濟學的性質和任務》（維也納，1884 年）。
③ 有兩位評論者對《國民經濟學的性質和任務》發表了長篇評論，他們僅僅而且恰當地把這本書看作當時方法論爭論的一部分。參看威廉·漢斯伯克：《關於國民經濟學方法論的著作》，《立法、行政和國民經濟雜誌》，第 IX 卷（1885 年），第 545~557 頁；迪策爾，《國民經濟和統計年鑒》，新編，第 VIII 卷（1884 年），第 498~500 頁。
④ 維也納，1887 年。
⑤ 格雷：《經濟理論的發展：導論》（紐約，1931 年），第 361~362 頁。

薩克斯這本書的成功，從任何觀點來看，都只是中等的①，它沒有再版，但出過義大利譯本②。這些情況使薩克斯感到不快，據說，他辭去布拉格大學的講席，在 48 歲時隱居義大利就是因為如此③。

　　從《理論原理》可以看出薩克斯對它寄予厚望，他認為這是一部富於獨創性的重要著作④。他試圖從事的這個困難任務（他認為他已經勝利完成了）不僅是要【168】提出一種政治科學理論，該理論應與門格爾的經濟理論使用同一方法，處於同一水準，而且要把它同這種經濟理論聯繫起來，從而使社會科學達到完整。

　　儘管該書沒有實現作者企望的目標，但畢竟對邊際效用價值論是個推動。他不是直接達到這個目標的。第一篇研究個人和集體行為的觀點，研究它們之間的相互關係，它們的歷史以及它們同**利己主義**和**利他主義**的關係。這一篇沒有觸及邊際效用。第二篇論述經濟學家關於國家經濟作用觀點的理論史，與邊際效用也無關。只是在長篇研討了人類經濟的各種要素（如貿易、財產、勞動分工）和對需要、物品以及勞動（我們在此開始接近門格爾、維塞爾和龐巴維克的思想園地了）的一般論述之後，即到了該書接近一半時，讀者才接觸到價值問題以及邊際效用在價值決定中的作用問題。薩克斯稱讚門格爾發現了邊際效用與價值的關係，稱讚維塞爾選擇了「邊際效用」一詞⑤。他討論了邊際效用遞減法則⑥。該書後半部分首次解說了社會需求與個人需求的關係，然後轉向資本於成本之類的問題。該書最後談到了賦稅，這裡利用了效用思想，因而一直受到人們的注意。

　　薩克斯在其《理論原理》問世後再次回到邊際效用問題只有兩次。1889年他在一次演講（後以《國民經濟學理論的最新發表》為名出版⑦）中提到

---

① 施穆勒的評論有禮貌，但不大有利（《立法、行政和國民經濟雜誌》，第 XII 卷〔1888 年〕，第 729~733 頁）。龐巴維克對它的讚揚是一般性的，還指出許多的錯誤，而且認為其文風深奧難懂（《一般政治學雜誌》，第 XLIV 卷〔1888 年〕，【252】第 157~164 頁。一篇匿名評論對它甚少注意）（《國民經濟、政治和文化季刊》，第 XCVI 卷〔1887 年〕，第 259~270 頁）。詹姆斯也許是德國以外的唯一的評論者（《政治科學季刊》，第 V 卷〔1890 年〕，第 166~169 頁）。

② 參看：勃卡多：《經濟學著作目錄》，第 4 種。

③ 比拉克：〈悼念埃米爾·薩克斯〉，《國民經濟學雜誌》，第 I 卷（1930 年），第 348 頁。

④ 維塞爾在《自然價值》第二篇曾援引薩克斯著作的中心思想並深表謝意，這也許是對薩克斯《原理》的最大使用了。

⑤ 薩克斯：《國民經濟學理論原理》，第 253 頁。

⑥ 薩克斯：《國民經濟學理論原理》，第 256 頁。

⑦ 萊比錫，1889 年。

它。1892年他在論述累進稅的一篇長文中用到過邊際效用思想①。

V

奧斯皮茨和李賓於1889年發表了《價格理論研究》（以下簡稱《價格理論》）②。此前他們沒有寫過什麼會使人預計到《價格理論》問世的東西。奧斯皮茨在19世紀70年代中期以後發表的大量論述完全是關於人口問題的③。而李賓顯然什麼也沒有寫。兩位作者在上述著作序言中說，他們早在10年前就對這個問題發生了興趣；【169】但他們沒有指出這興趣從何而來，又何以保持不衰④。不過我們（還是從序言中）知道他們在1888年之前已經對效用理論的文獻有所瞭解，在這方面他們同其他經濟學家是一樣的。他們顯然知道這些人的著作，他們是：杜能、古爾諾、杜皮特、戈森、杰文斯、瓦爾拉斯、門格爾、維塞爾、龐巴維克和勞哈茲。他們既有能力閱讀杜能、古爾諾、戈森、杰文斯、瓦爾拉斯和勞哈茲著作中的數學部分，也有這樣做的意願；他們在這方面比其他奧地利經濟學家要略勝一籌。

《價格理論》一書的印刷和裝幀堪稱範本⑤。它對效用理論的利用同該書的形式一樣完美，就其範圍和小心謹慎的程度而言，在當時經濟學家（除了威斯蒂德以外）的著作中是獨一無二的。兩位作者把對以往大部分成果的完整理解、他們的數學才能、豐富的經驗和才干融入了對消費經濟學的精闢解說之中。本書沒有受到本該受到的影響，不僅因為它所包含的數學比當時的奧地利人和其他經濟學家能夠接受的要多，而且因為兩位作者同維也納大學沒有聯繫；但該書也有些令人煩惱的缺點。

奧斯皮茨和李賓研究的起點，從他們所想的而不是書面上的東西來說，是

---

① 薩克斯：《累進稅》，《國民經濟、社會政治和行政管理雜誌》，第I卷（1892年），第43~101頁。
② 萊比錫，1889年。這兩位作者1887年1月在《價格理論》的標題下分別發表過本書的第一章（萊比錫，1887年）。米契爾·漢尼什對此曾有評論，載於《立法、行政和國民經濟雜誌》，第XI卷（1887年），第727頁。
③ 溫伯格：《魯道夫·奧斯皮茨和里查德·李賓》，《一般政治學雜誌》，第XCI卷（1931年），第460~463頁。
④ 奧斯皮茨和李賓：《價格理論研究》，第XXVI頁。
⑤ 本書在許多方面都同這一時期普通的經濟學書籍形成對照：篇幅較長，開張大，邊幅寬，鉛字字形大而美觀，大量的優質紙、布面、90幅（大多是紅色和黑色）印刷精美的圖表。這些都反應了作者較高的聲望和社會地位。

某個特定的長時期內（一年）個人消費和生產的總體。他們提出下述整體函數作為這種關係的最一般的表述：$z=\varphi(v_a, e_a, g_a, f_a, s_a, tg\xi_a; v_b, e_b, g_b, f_b, s_b, tg\xi_b, \cdots v_n, e_n, g_n, f_n, s_n, tg\xi_n; \mu)$①。在這個公式中，某人的年滿足（$z$）取決於經濟中 n 個物品的 6 個方面的因素和貨幣量 μ。這 6 個方面的因素是：每個物品 $tg\xi$ 的預期價格，某人所消費的每種物品量 v，所生產的物品量 e；物品的三種不同的非消費用途（g, f, s）。這個長長的公式把消費或生產中每一種滿足都包括在一起。其概括性超過了前後出現的所有表現邊際效用關係的圖式，但其缺點也正在於它囊括太多②。奧斯皮茨和李賓開始討論效用問題時，他們當然只談從其基本函數引出來的比較簡單的函數。

他們一開始描述了一種集體的總效用曲線，【170】然後轉向個人曲線以及將個人曲線合成集體曲線的方法③。集體曲線和個人曲線一樣，從原點開始升到頂點，然後接近於一種垂直漸進線④。這種曲線所反應的顯然是由於某特定物品的各種使用而帶來的（z）量（在其基本函數中）的增加，假定價格（不是其他物品的數量）不變，個人的需求不變。同個人效用曲線一樣，集體曲線依年消費而言也不變。我們還可以指出，與大多數效用曲線不同，所說的物品既可被消費，也可在生產中加以利用。作者用剛夠補償某人提供一定量物品所受損失的貨幣量來衡量效用。這個集體曲線還被用來（同相稱的集體總成本函數一起）決定物品價格和消費者租金的數量。

接下去的一節是討論效用曲線隨著個人**生活方式**的改變而變動的方式。每當任何其他條件（除了所談的物品）發生變動時，**生活方式**就會變化，所以它是一個相當含糊和令人吃驚的概念。下圖表示一種物品對各種不同的可能的**生活方式**的所有總效用曲線⑤。

最外層的曲線測定最大效用，即某人在對他生活的一切方面都做了必要調整時所獲得的效用。除了奧斯皮茨和李賓以外，誰也沒有提出這種性質的與效用有關的曲線，【171】儘管類似的與生產有關的曲線已有廣泛的應用（奧斯皮茨和李賓也利用這種曲線，他們稱其為「計劃曲線」）。

---

① 奧斯皮茨和李賓：《價格理論研究》，第 459 頁。
② 奧斯皮茨和李賓顯然不知道埃杰沃思，後者已經把效用不僅同某特定物品的數量，而且同其他各種物品的數量聯繫起來。他們至少沒有提到過埃杰沃思。他們肯定比埃杰沃思走得更遠。但無論是埃杰沃思，還是奧斯皮茨和李賓，都沒有能使人接受他們想使其理論更加一般性的努力。
③ 奧斯皮茨和李賓：《價格理論研究》，第 2 章。
④ 奧斯皮茨和李賓：《價格理論研究》，第 10 頁。
⑤ 《政治經濟學評論》，第 IV 卷（1890 年），第 599~605 頁。

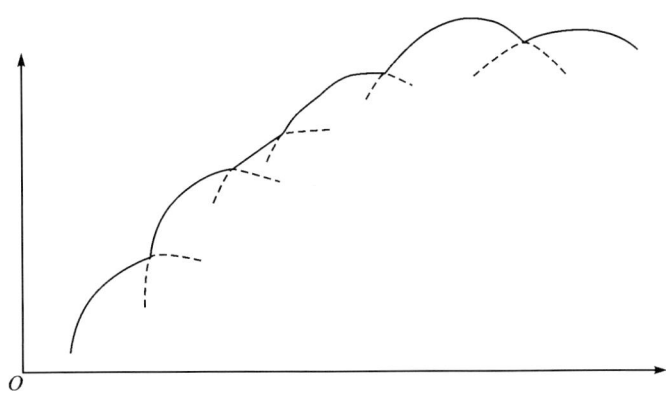

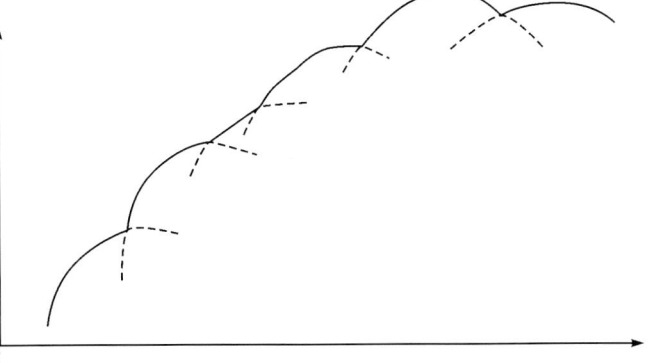

奧斯皮茨和李賓還提出了「生活滿足曲線」①。這種享樂曲線不同於效用曲線之處僅在於，對某物品的零點消費來說，享樂不是零，而等於某種總的滿足，它是指某消費者一年間沒有這種物品可供消費時的滿足。換句話說，「生活滿足曲線」所表示的是某人的總滿足，而不是限於來自所考察的那種物品。享樂加最初的滿足等於效用②。他們對影響「生活滿足曲線」的各種因素作了詳細的考察。

我們可能以為這本書會使邊際效用學派的其他成員感到高興，至少瓦爾拉斯會這樣（該書多處使用的數學對他來說沒有什麼困難，但對維也納學派的更注重文字表述的成員來說就比較費解了），他也許會承認本書的價值，感謝本書對他的支持，特別是因為該書高度讚揚了他，而且部分地利用了他的一般均衡方法。但這種期望落空了。不僅邊際效用學派的其他成員對它沒有表現出任何熱情，而且瓦爾拉斯還對之作了不利的評論③。瓦爾拉斯顯然沒有通讀全書，充其量讀了第一章，而且在對這一章的評論中，他只限於指出有六處數字上的錯誤，對該章無一字讚揚。在效用問題上，瓦爾拉斯責備奧斯皮茨和李賓陷進了他在《綱要》中責備杜皮特所犯的同一錯誤，即混同了需求曲線和效用曲線。在答復瓦爾拉斯的批評時，奧斯皮茨和李賓指出，他們假定個人對貨幣（或尺度）的估價是不變的，其他物品的價格也不變，在這種場合，按照瓦爾拉斯的假定，效用曲線和需求曲線是吻合的④。奧斯皮茨和李賓認為，瓦

---

① 奧斯皮茨和李賓：《價格理論研究》，第 137~197 頁。
② 奧斯皮茨和李賓：《價格理論研究》，第 149 頁。
③ 瓦爾拉斯：《奧斯皮茨和李賓先生的價格原理的考察》，《政治經濟學評論》，第 IV 卷（1890年），第 320~323 頁。
④ 《政治經濟學評論》，第 IV 卷（1890 年），第 599~605 頁。

爾拉斯得出他的結論，只是因為他所利用的是一種具有單一論據（該物品的量）的效用曲線，而他們所用的效用函數卻包含著（如上所述）所有物品和尺度的數量。

帕累托和歐文·費雪受到了奧斯皮茨和李賓的影響。帕累托加入了瓦爾拉斯和上述兩位奧地利人的爭論①。【172】他在他的重要連載文章（總標題是《純政治經濟學基本原理考察》）的開頭還提到了《價格理論》，他指出該書顯示出「經濟數學理論在價格理論研究中具有實際的意義」②。

路易斯·蘇里於1914年將《價格理論》譯成法文出版③。費雪對該法文譯本寫了唯一的美國人的評論，他對「這本富有獨創精神的著作深表謝意，事實上，正是這本書促使他開始進行認真的政治經濟學科學研究」④。費雪此前在他自己的《價值與價格理論的數學研究》的序言中就已多次表露了同樣的心情。他說：「對我影響最大的兩本書是：杰文斯的《政治經濟學理論》，奧斯皮茨和李賓的《價格理論研究》。」⑤

《價格理論研究》後來還得到了一些高度讚揚。熊彼得說：「甚至在今天，它對大學生也是一筆思想和啟示的財富，不過迄今只被部分地利用過。」⑥ 哈奇遜作了類似評價，他說：「在我們的時代，沒有那部著作（甚至馬歇爾和帕累托的著作也沒有）對個人消費和廠商的純粹分析以及對澄清基本假定作出了如此大量精確和獨創性貢獻。」⑦

---

① 《奧斯皮茨和李賓的價格理論和瓦爾拉斯教授的考察》，《經濟學家》雜誌，第2種，第IV卷（1892年），第201~239頁。他又回到這個問題是在該雜誌8月號上，標題是《奧斯皮茨和李賓的價格理論考察》，第168頁。
② 《經濟學家》雜誌，第2種，第IV卷（1892年），第390頁。
③ 《價格理論研究》，2卷（巴黎，1914年）。這個譯本有少許明確指出的變動，有一些圖例從正文移到相應的部分（第2卷）。這個譯本的成功經受住了第一次世界大戰所引起的混亂的檢驗。
④ 《美國經濟評論》，第V卷（1915年），第107~108頁。
⑤ 發表在《康涅狄克工藝科學學院學報》第IX卷（1892年），第2~124頁。
⑥ 《魯道夫·奧斯皮茨（1837—1906年）》，《社會科學百科全書》，第II卷，第317頁。
⑦ 【253】哈奇遜：《經濟理論評論（1870—1929）》（牛津，1953年），第189頁。

第十九章　維也納大學的經濟學

I

【173】我們已經較詳細地研究了1871—1889年同維也納學派有關的經濟學家的著述，以確定他們在邊際效用問題上的觀點的性質和範圍。現在我們來考察維也納大學的課程，以確定該時期教授們講授這種新理論的範圍，並找出邊際效用學派在這所大學興起的各種因素。

奧地利的各所大學似乎沒有什麼跡象表明會出現哪種學派的經濟學家。奧地利大學只在法學院和政治學院講授經濟學，這兩個學院的學生通常是最多的①。研習經濟學的學生獲得的學位是法學博士，而不是在大多數德國大學的哲學博士。學生不能像在一些德國大學那樣在這個時期的奧地利大學專攻經濟學。所有學生必須修完指定的課程，其中有分量極少的經濟學。法學博士學位要讀四年，每年兩學期，四年中必須通過3次考試，但不寫論文。第一次考試包括教會法、羅馬法和德意志法，第二次是奧地利法，第三次有統計法、一般經濟學和公共財政②。

下列課程是1876—1889年講授的經濟學③。

主要課程

一般經濟學。這門經濟學主課通常在冬季學期講授，分為兩部分，每週5

---

① 【253】維也納，大學，大學評議會：《維也納大學史（1848—1898年）》（維也納，1898年），第404頁。醫學院次之，哲學院第三，神學院第四。

② 維也納，大學，大學評議會：《維也納大學史（1848—1898年）》（維也納，1898年），第136~137頁。

③ 《維也納，大學，公共演講集》。除了1881—1882年和1883—1890年冬季學期以外，其餘所有文稿（1879—1890年）均經檢查。

次。從1876—1877年到1884—1885年所有的冬季學期中，門格爾講一部分，斯廷講另一部分（也許還有1873—1876年）。斯廷於1885年退休，門格爾則繼續在每一冬季學期講原來的那一部分，直到1890年。冬季學期的另一部分的執教者是：1886—1887年克魯斯；1888—1889年布倫坦諾和克魯斯；1889—1890年【174】米亞科斯基。在下列夏季學期中講授的人有：1880年龐巴維克；1884年維塞爾和克魯斯；1885年克魯斯和費力波維奇；1886年瑪塔佳；1887年克魯斯。

公共財政。該課程僅次於一般經濟學。他通常在夏季學期講授，分為兩部分，每週5次。1877—1884年斯廷和門格爾各講一部分（可能還有1873—1877年）。門格爾繼續執教到19世紀80年代末的每個夏季學期。邁伊爾執教的時間是1884—1885年冬季學期，1885年夏季學期和1887—1888年冬季學期。布倫坦諾教過1888年夏季學期。

門格爾的講習班（國民經濟學和公共財政學講習班）。1877—1889年夏季學期每週2次。它可能在1876—1877年和1877—1878年也舉辦過。

次要課程

經濟思想史。每週2次，曾以不同名稱和不同內容出現：國民經濟學史（費力波維奇，1884—1885年冬季學期；祖克坎德，1887—1888年冬季學期和1888年夏季學期；祖克坎德和邁伊爾，1888—1889年冬季學期）；亞當·斯密以來的國民經濟學史（瑪塔佳，1884—1885年冬季學期）；共產主義和社會主義史（維塞爾，1884—1885年冬季學期；瑪塔佳，1885—1886年和1886—1887年冬季學期；克魯斯，1888年夏季學期）。

信貸與銀行。講授者有：瑪塔佳，1885年夏季學期和1887—1888年冬季學期；費力波維奇，1885—1886年冬季學期；克魯斯，1886年和1889年的夏季學期；邁伊爾，1888年夏季學期。

其他不常開的課程有：賦稅論（邁伊爾，1884年、1887年和1889年夏季學期）；政治學（邁伊爾，1886年和1887年夏季學期）；貿易與手工業政策（克魯斯，1885—1886年和1887—1888年冬季學期；瑪塔佳，1889年夏季學期）；勞動保護法（瑪塔佳，1887年夏季學期；祖克坎德，1889年夏季學期，1889—1890年冬季學期）；交通業（克魯斯，1884—1885年，1886—1887年，1889—1890年夏季學期）；稅收制度（瑪塔佳，1888年夏季學期，1888—1889年冬季學期）；工廠立法（瑪塔佳，1885—1886年冬季學期）；國家財政和信

貸制度（邁伊爾，1886—1887年冬季學期）；價值、價格及有關理論原理（祖克坎德，1887年夏季學期）；英國所得稅制度（邁伊爾，1885年夏季學期）；公債（布倫坦諾，1888年夏季學期）；英德兩國手工業工人問題和社會政策【175】（布倫坦諾，1888—1889年冬季學期）；商業政策，理論與歷史（祖克坎德，1889—1890年冬季學期）；國民經濟學實習（克魯斯，1888—1889年冬季學期）；商業和稅收政策（瑪塔佳，1889年夏季學期）；信貸理論（邁伊爾，1889—1890年冬季學期）。1871年以後的20年中，維也納大學大約有1萬名學生學習過上述固定的課程，他們指望將來從事法律事務，在政府任職或經營商業；沒有人入學之初就想研究經濟學，他們來聽經濟學多半是為了應付考試；聽那些編外講師講授為數不多的次要課程者更是寥寥。只有少數人專心致志於這種偶然的學習，占去他們的一部分課程，並成長為奧地利學派的教授。維也納的這些學生為什麼會從他們所向往的專業轉向終生研究經濟學呢？其他的奧地利大學也有類似的條件，但卻沒有出現經濟學家①。法國各大學在19世紀70年代曾將經濟學納入他們的法學課程，但這些大學沒有產生出經濟學派，維也納大學有兩種東西是其他奧地利大學和法國大學所缺乏的。他們有一種新理論可供講授，又有一批將被承認的經濟學家；其他大學講授的卻是過時的行將衰落的理論。奧地利人在1870—1880年能為他們的學生提出一種根本不同的經濟學觀點，這些觀點的價值與日俱增。最後，奧地利人擁有一大批傑出的經濟學教師，他們的誠摯與熱情促使學生轉向認真地研究經濟學。

II

19世紀80年代末和90年代初維也納大學經濟學的教學情況從當時幾位學生的敘述可見一斑，他們是比利時人歐內斯特·麥姆，美國人H. R. 西吉爾和法國人亨利·聖馬克，【176】他們都是慕奧地利學派之名而來的。當然，門格爾同施穆勒的方法論爭論像他的價值論一樣也吸引著外國的學生。麥姆特別提到「方法論的大爭論」是他對維也納大學的主要興趣之一②。西吉爾說，

---

① 維也納大學是奧地利大學中最大的一所，其次是布拉格大學，其入學人數約為維也納大學的一半。格拉茨大學相當於布拉格大學的一半，因斯布魯克大學相當於格拉茨大學的一半，其餘三所（捷諾維茨、克拉科夫和列堡）大學的學生都少於格拉茨大學。
② 歐內斯特·麥姆：《維也納大學的政治經濟學》，載於《比利時評論》，第LXI卷（1889年），第360頁。

各國經濟學家都註視著門格爾、施穆勒、龐巴維克和瓦格納①。聖馬克說，門格爾在維也納的地位與施穆勒在柏林的地位不相上下②。這三位維也納的觀察者對經濟學教授均有很高的評價，麥姆說：「正是這些名師把我們招到了維也納」③。他對門格爾尤其讚揚備至：「門格爾當學者之前是一位稱職的教師，這是他的長處之一。他的教學與其說是在大學進行，不如說是在家裡進行。他總是親切地接待前來向他請教的學生；指導他們進行研究，幾個小時地同他們討論呈交給他的作業。他的藏書十分豐富，無奇不有，把財富交給學生支配是他莫大的快樂。」④ 西吉爾也對門格爾的教學予以高度評價：「對門格爾作為一個教師怎麼評價都不過分。他在學生中的巨大聲望，他在把那些才華橫溢而又同情其基本觀點的年輕人聚集到自己周圍的努力上取得了成功，足以證明他是這方面的天才……得以接近他的藏書（門格爾有私人圖書館），這本身就是一種難得的機會；能夠聆聽他的教誨，更是吸引人的事，這正是為數不少的學生更喜歡來到維也納而不是去柏林的原因。」⑤

III

各國的特點在多大程度上妨礙了邊際效用學派在德國、法國和英國的發展，而使奧地利相對地占了上風呢？在德國，對邊際效用學說一直抱有敵視態度的歷史學派，支配了該時期所有的大學職位。有人說，施穆勒通過在教育部的朋友能夠停止聘用任何不贊同歷史學派的人，從而阻止邊際效用學派侵入【177】德國的大學⑥。這種解說無疑過高估計了施穆勒個人的權力，也過高估計了對邊際效用學說抱有強烈依戀之情的對手的人數，以及渴求在20多所德國大學謀取經濟學教席的人數。

十分相似的是，一群保守和不生產的學者支配著法國大學的教壇，這迫使里昂·瓦爾拉斯出走瑞士。同德國相比，法國在1877年前大學中的政治經濟

---

① H. R. 西吉爾：《柏林和維也納的經濟學》，《政治經濟學雜誌》，第 I 卷（1893年），第239頁。
② 聖馬克：《德國和奧地利大學的政治經濟學教育之研究》（巴黎，1892年），第74頁。
③ 聖馬克：《德國和奧地利大學的政治經濟學教育之研究》（巴黎，1892年），第360頁。
④ 聖馬克：《德國和奧地利大學的政治經濟學教育之研究》（巴黎，1892年），第363頁。
⑤ 聖馬克：《德國和奧地利大學的政治經濟學教育之研究》（巴黎，1892年），第257頁。
⑥ M. 埃斯廷：《古斯塔夫·施穆勒》，《經濟雜誌》，第XXVII卷（1917年），第437頁。

學教席不多，因此排斥經濟學家的機會也就比德國更少。在這個時期，他們容忍了夏爾·季德等人。季德直截了當地讚揚杰文斯，並在自己的著作中運用邊際效用思想。跟德國一樣，在法國能講邊際效用經濟學的經濟學家並不多，因而也不會有很多經濟學家被拒於教席之外，競爭這些教席的法國人為數寥寥。

這個推測對那個飄忽不定的實體（英國古典學派）也是適用的。傾向於邊際效用學說的教授受到排斥，以維護勞動價值論。不過，這種說法並不完全符合實際。馬歇爾和埃杰沃思就是明顯地傾向於邊際效用學說的，而他們此時正位居英國的兩個主要的（牛津和劍橋）經濟學講席，邊際效用學派的經濟學家對他們在本國的境遇不會有太多的抱怨。

在奧地利本國，對邊際效用學說的反對像其他地方一樣可怕。奧匈帝國在19世紀70年代和80年代控制著7所奧地利大學：維也納、布拉格、因斯布魯克、格拉茨、捷諾維茨、克拉科夫和列堡。1870年後的20年間，後面這四所大學對邊際效用學說的興起沒有產生什麼影響，因此，說「維也納學派」比說「奧地利學派」更確切，儘管維也納大學的一些學生曾任教於布拉格大學和因斯布魯克大學。不僅邊際效用學說多半被局限於一所奧地利大學（布拉格大學和因斯布魯克大學在一定程度上也參與了），而且即使在維也納大學之內（布拉格大學依然），當局也試圖把它視為另外一種觀點，而不是所介紹的邊際效用學派的觀點。這種情況之所以會存在，【178】是由於奧地利大學把經濟學的每一課題都分成兩部分，學生可以任選其一。門格爾開始在維也納大學講課時，另一個講席由斯廷主持，他是一位持有完全不同觀點的名人。斯廷1885年退休後，當局出於明顯的考慮又延聘了米亞科斯基和布倫坦諾，他們的觀點在一定程度上同門格爾是對立的。雖然他們在維也納大學未待多久，但聘用他們這件事本身就表明，即使在維也納大學，邊際效用經濟學家也未得到全心全意的歡迎。簡言之，事實反駁了這樣的見解，即認為奧地利學派的興起是因為別處經濟學家的國民觀點反對新思想，而奧地利的國民觀點卻鼓勵這種新思想。

第二十章　瓦爾拉斯後來的貢獻

I

【179】里昂・瓦爾拉斯在1892年退休以前的22年間一直從事教學並創建了洛桑學派。「學派」一詞在此是有限制的，即它首先只指瓦爾拉斯一人，後來才有繼承者維爾弗萊德・帕累托、派斯科・鮑寧西尼和弗明・奧利斯。他們之中沒有一人一直在洛桑從事研究，這同奧地利學派很不相同，後者的教授們的學術淵源在維也納，而且幾乎源於同一個人。洛桑學派不是通過直接的教學活動來傳播他們觀點的，沒有哪位重要經濟學家通過在洛桑研究而獲得靈感或觀點，他們的理論是遠離瑞士的讀者通過閱讀瓦爾拉斯或帕累托的著作才得以擴散開來的。人們從瓦爾拉斯課堂所學到的東西，遠不及從他的著作或文章所汲取的。

洛桑學派具有許多明顯的特點，其中首要的一點無疑是他們對邊際效用的運用，因而我們可以推測，瓦爾拉斯在其《綱要》問世後仍然密切地關注著邊際效用。現在我們來考察一下他在多大程度上實現了這個預期。

II

博卡多於1878年在其《經濟學家書目》中加進了四篇紀念性譯文，標題是《數學應用於社會》，其中包括瓦爾拉斯和杰文斯關於他們學說的優先權的通信，這些信先前發表在《經濟學家》雜誌上。有了杰文斯的《理論》和瓦爾拉斯的《綱要》的節譯本，有了杰文斯和瓦爾拉斯關於他們思想發展的評論，義大利經濟學家們現在可以比較方便地瞭解這些新學說了。這四篇紀念性

文獻的德譯文在1881年也問世了,【180】標題是《價格決定和價值決定的數學理論》①。這些文獻對德國經濟思想的發展的影響是微不足道的,但萊克西閱讀過它們並寫過長篇的評論②。幾年後又出現了法文版,還增加了2篇論貨幣的文章和1篇論土地國有化的文章③。這是在法國出版的廣泛利用邊際效用思想來解釋價值問題的第二部著作。季德在評論該書時對與效用有關的各部分只字未提,即可作為一個例證,表明他對促進研究邊際效用的來源問題產生的影響極小④。季德對數學感到煩惱,他更注意的是該書後半部論及的較現實的貨幣問題和土地改革問題。其他的法國讀者顯然也是如此。

瓦爾拉斯關於效用問題所發表的為數不多的新東西之一,是他同杰文斯通信中涉及他們學說優先權的那一部分⑤。這些通信的形式和特點可能吸引很多的讀者,卻易使他們避開更嚴肅的數學說明。

瓦爾拉斯關於效用問題的文章中,較有吸引力的方面是他對戈森的研究⑥,他不僅指出了戈森生平中重要的眾所周知的事實,而且提出了他自己(而不是戈森)的優先權要求。他說,他也有人類的這種弱點,即希望給他的名字加上「一項重要成果」⑦。因此,在接到告知他發現了戈森的著作的信件後,他對於滿足了戈森的要求之後,「我自己還有那些東西留下來感到少許的擔心」⑧。他的結論是,儘管戈森可能像杰文斯所說的那樣,預見到了杰文斯所發現的全部或大部分,但戈森並沒有預見到他自己的東西。他欣喜地指出,他有幸使自己的分析達到戈森未曾達到的一點,因而對他自己的大部分發現仍然保持著優先權⑨。

在利用效用思想方面,瓦爾拉斯完全承認戈森和杰文斯的優先權。他所保

---

① 【253】斯圖加特,1881年。
② 《新近的數學經濟學文獻》,載於《國民經濟和統計年鑒》,新編,第Ⅲ卷(1881年),第427~434頁。
③ 瓦爾拉斯:《數學應用於社會》(洛桑,1883年)。
④ 《經濟學家》雜誌,第4種,第XXIII卷(1883年),第444~448頁。
⑤ 參看上文,第71~72頁。
⑥ 瓦爾拉斯:《不為人知的經濟學家:戈森》,載於《經濟學家》雜誌,第4種,第XXX卷(1885年),第68~90頁。
⑦ 瓦爾拉斯:《不為人知的經濟學家:戈森》,載於《經濟學家》雜誌,第4種,第XXX卷(1885年),第74頁。
⑧ 瓦爾拉斯:《不為人知的經濟學家:戈森》,載於《經濟學家》雜誌,第4種,第XXX卷(1885年),第75頁。
⑨ 瓦爾拉斯:《不為人知的經濟學家:戈森》,載於《經濟學家》雜誌,第4種,第XXX卷(1885年),第76頁。

留的優先權表現在：把交換條件擴展到眾多交換者；更透澈地研究了各生產要素的價格；特別是研究了一般的場合，在這種場合，生產者雇傭生產性服務，售賣最終產品給消費者；還有，【181】在他的資本理論中運用了邊際效用思想。他最後向戈森和杰文斯致謝，因為他們「在向我掩蓋一切純政治經濟學起點的同時，十分體貼地幾乎讓我全部掌握了以後的一切推斷」①。

III

瓦爾拉斯於次年即 1886 年又一次把邊際效用學說提到閱讀法文的經濟學家面前，他在該年發表了《貨幣論》②。瓦爾拉斯、門格爾和杰文斯在發表了他們各自的主要經濟學著作以後的歲月裡，在貨幣問題上花的時間和出版的著述，比任何其他問題都要多，但只有瓦爾拉斯把邊際效用思想引進了他的貨幣理論。他的《貨幣論》在傳播邊際效用思想中起過重要作用，因為他在該書中指出，他發現門格爾已經使用了邊際效用思想。早在 1883 年經由布魯爾介紹，瓦爾拉斯開始同門格爾通信；但這個時期他們的討論限於方法論，沒有涉及他們各自邊際效用學說的類似③。瓦爾拉斯第一次明確地集中瞭解門格爾的邊際效用學說，是在 1886 年經由龐巴維克之手。瓦爾拉斯在完成並將《貨幣論》付印之後，從龐巴維克那裡得到了後者《財貨價值理論綱要》一文的單行本④。於是他就為這本已經出版的著作寫了一篇序言，敘述了 1886 年邊際效用理論的狀況⑤。在傾向於邊際效用思想的人中，瓦爾拉斯列出了門格爾、維塞爾和龐巴維克。他沒有說門格爾是 19 世紀 70 年代邊際效用理論的第 3 位發現者或再發現者，但他畢竟知道了門格爾和維塞爾及龐巴維克一起研究了邊際效用。門格爾在 1883 年送給瓦爾拉斯一本《原理》，但沒有給他留下什麼印象。瓦爾拉斯沒有受到龐巴維克早期著作的影響，更遺憾的是，也沒有受到

---

① 瓦爾拉斯：《不為人知的經濟學家：戈森》，載於《經濟學家》雜誌，第 4 種，第 XXX 卷（1885 年），第 79 頁。

② 洛桑，1886 年。

③ 安東尼里：《瓦爾拉斯和門格爾的通信》，載於《應用經濟學》，第 VI 卷（1953 年），第 269~287 頁。

④ 瓦爾拉斯：《貨幣論》，第 VI 頁。龐巴維克這篇文章有兩部分。他只送了第一部分給瓦爾拉斯，因為瓦爾拉斯在該文的末尾說了一些祝賀的話。龐巴維克發表的這個有祝賀之詞的部分，載於《國民經濟和統計年鑒》1886 年第 3 期。第二部分是在同年的最後一期。

⑤ 瓦爾拉斯：《貨幣論》，第 V-XII 頁。

維塞爾的《經濟價值的起源和主要規律》的影響。

龐巴維克知道瓦爾拉斯對邊際效用有興趣，顯然是通過其他一些途徑，而不是因為讀了【182】瓦爾拉斯 1885 年論戈森的文章，因為龐巴維克在這篇寫於 1886 年的論價值的重要著作中未曾提到戈森。瓦爾拉斯談到龐巴維克時說：「在他得知這方面的情況後，他會承認不提這本書及其作者是多麼令人遺憾的缺陷……」①

接到龐巴維克文章的單行本，喚起了瓦爾拉斯對邊際效用理論取得成果的希望。瓦爾拉斯列了一個名單，歷數在一定程度上認可在經濟分析中運用邊際效用正確性的經濟學家。在這份名單中，不僅有門格爾、維塞爾和龐巴維克，而且有下列各位：皮爾遜（瓦爾拉斯是從龐巴維克的文章中知道他的）、馬歇爾、西季威克、福克斯威爾、埃杰沃思、威斯蒂德、布魯爾、格雷文、沃爾克、季德、勞哈特和安東尼里②。他把這一大批人稱為「學派」，這是第一次這樣稱呼在價值論研究中運用邊際效用理論的人們。瓦爾拉斯說：「重要的是：在我們的價值和交換理論的基礎上，正在形成一個學派……」

瓦爾拉斯還概述了這個學派發展的趨向。他說，理論應當為應用經濟學指明道路，從而有助於經濟改革。他認為他和瞭解邊際效用秘密的其他人，能夠以一種既非社會主義者也非保守主義者的眼光來判斷改革③。他抱著這個宗旨研究了在一個進步的社會中土地價值的賦稅問題和貨幣問題。這些研究表明了一個公認的推想，即瓦爾拉斯 1877 年以後未繼續鑽研理論問題，也未再研究邊際效用問題。他之所以沒有回到理論經濟學或邊際效用理論問題，是因為他認為他已經充分地利用和發揮了這些工具，他在這方面已經花了不少時間。

瓦爾拉斯的貨幣理論是為貨幣改革提供論證的。他的改革主張基於交換分析，而交換分析又基於效用理論，因而他在《貨幣論》一開始就提出了他的整個體系的藍圖，突出了「稀少性」思想。在這裡他不禁要給邊際效用一個特殊的地位，即把它作為價值的原因，而不像他在自己的體系中所說的那樣，把稀少性作為同時起作用的許多變量之一。換句話說，當他把效用函數看作外生函數時，【183】他賦予這些函數在其體系的各個外生部分以特殊的榮譽地位。我們可以預料到，在門格爾的分析中會有這種邊際效用論述或效用函數，

---

① 瓦爾拉斯：《貨幣論》，第 VII 頁。
② 瓦爾拉斯：《貨幣論》，第 VII–IX 頁。
③ 瓦爾拉斯：《貨幣論》，第 1 部分。

因為他在《原理》一開始就談到了因果律,可是,瓦爾拉斯持有相反的觀點,因此當我們看到瓦爾拉斯也有類似的論述(效用函數)時,不免會感到吃驚。瓦爾拉斯在其《綱要》中不可能拋開原因與結果,在《貨幣論》中也沒有表露出他要修正自己道路的意圖。瓦爾拉斯說:「這等於說,在交換和生產處於平衡狀態時,勞務價格由產品價格決定(而不是相反),產品價格由最大限度滿足需求的條件(一切經濟平衡的根本條件)決定。」①

因為邊際效用在他的分析中起著關鍵作用,所以他對邊際效用作了基本的解釋。他開始時描繪了一條曲線,表示「慾望滿足程度」或「稀少性」作為被消費的數量的函數。這些曲線不同於他在《綱要》初版描繪的類似曲線。《綱要》的曲線是直線效用曲線,這一點受到了杰文斯的批評。瓦爾拉斯後來在《貨幣論》中作了修改,他在這裡畫了一條凹形曲線、一條凸形曲線,以及兼有凹面和凸面的曲線,不再用直線曲線②。瓦爾拉斯在給杰文斯的一封未發表的信中解釋說,他變動這些曲線的形狀是為了避免造成一種印象,似乎稀少性是依照某種簡單的法則隨著數量的變動而變動的③。

在對《貨幣論》的解釋中,瓦爾拉斯說到了他在《綱要》中已經研究過的有關邊際效用的大部分問題。他提到了效用的衡量問題,他承認他不能衡量效用,並認為這一點「對於認為沒有這種尺度的理論是重要的」④。瓦爾拉斯談到了不可分物品,但他又補充說,由於同樣的理由,他只想討論個人能夠通過無窮小量來改變其消費的物品。像在《綱要》中一樣,他把這些曲線的總和稱為「有效效用」,【184】並說要根據價格和稀少性的比例來表示所有物品的有效效用最大化的條件。他還提到在他所說的均衡條件下,個人沒有消費某種物品時所引起的困難。

他對邊際效用的全部基本研究都是沿著他在《綱要》中已經選擇的路線。他增加的東西只是有關平均稀少性的思想。杰文斯的《理論》已經提到了平均效用,但瓦爾拉斯在《綱要》的 1874 年部分中沒有這方面的內容⑤。瓦爾拉斯引進平均效用的思想,一般來說是一種危險的做法,因為在一定程度上平均效用必定要涉及個人之間效用的比較,而對他的論證卻沒有多少幫助和好

---

① 【254】瓦爾拉斯:《貨幣論》,第 29 頁。
② 瓦爾拉斯:《貨幣論》,第 1 部分。
③ 引自杰菲的話,見杰菲譯《綱要》,第 568 頁。
④ 瓦爾拉斯:《貨幣論》,第 30 頁。
⑤ 參看上文第 52 頁。

處。他只是說：「大家知道，平均稀有物品的比例和個人稀有物品的比例相同。」① 用 Rb，Rc，……表示物品 B，C，……的平均效用，使他書寫其均衡條件時能節省一點地方，如 PB＝Rb/Ra，Pc＝Rc/Ra，……但卻沒有表明每個人效用最大化的條件，不過，瓦爾拉斯從中也得不到別的什麼東西。

IV

瓦爾拉斯在其《貨幣論》序言中指出，《綱要》初版已經銷售一空，但一直到1889年才出了再版。他要求他教的一個班級閱讀《綱要》，而學生們對書中所用的各種符號深感理解困難，於是他在第二版中加了一節，試圖說明他的書寫方法，接著還有很長的一節，試圖對經濟學的學生解釋數學②。

《綱要》第二版的序言中談到了經濟分析史運用邊際效用的歷史③，他還要求讀者閱讀杰文斯、戈森和門格爾的著作④。瓦爾拉斯在這裡首次把門格爾也作為邊際效用思想的一個獨立的發現者，而在不久前論貨幣的著作中還不是這樣的。

關於邊際效用理論的前途，瓦爾拉斯在《貨幣論》序言中曾表示了樂觀的態度，這種態度在1889年還保留著。他說他能夠把他早先已經列出的講授該理論的教授們的名單加長，但他並沒有這樣做，而只是列出他們講授的地點：都柏林、盧萬、【185】維爾茨堡和波爾多。瓦爾拉斯在《綱要》再版中作了許多改動，但涉及邊際效用的並不多。他指出，他考慮要增加的主要是，應在不連續函數的場合來進一步討論最大化的條件⑤。在初版中他已經提到了不可分割物品的情況⑥，他在再版中解釋了具有連續效用函數曲線的一種物品同具有不連續曲線的一種物品的交換⑦。瓦爾拉斯說明，在不連續物品場合存在著非常近似於他的均衡條件。

---

① 瓦爾拉斯：《貨幣論》，第35頁。
② 《函數及其幾何圖解》，《綱要》，第2版，第3~21頁。威斯蒂德《經濟學入門》最早作出努力，向經濟學家們講解數學，以使其能理解經濟學理論。後來這部書不再作為教科書時，作者就把這個導論部分撤掉了。
③ 瓦爾拉斯《綱要》，第2版，第Ⅶ-Ⅸ，ⅩⅧ-ⅩⅩⅣ頁。
④ 瓦爾拉斯《綱要》，第2版，第188~192頁。
⑤ 瓦爾拉斯《綱要》，第2版，第Ⅹ頁。
⑥ 瓦爾拉斯：《綱要》，第1版，第87頁。
⑦ 瓦爾拉斯：《綱要》，第2版，第106~109頁。

瓦爾拉斯在第二版中增加了一些部分，想用一種更精確的數學符號使他的解說更鮮明。在這樣做的過程中，他提出了一種更直接的數學方法。這對有一點數學知識和愛好的人可能有所幫助，但只能使那些難以跟上第一版的數學論證的讀者更感吃力①。

　　瓦爾拉斯做了真正修改的句子之一，按賈菲的說法，是「交換的最大化原理，該原理在第一版中是作為廣泛的經驗觀察的原理，而在第二版和以後的各版中卻作為一種假定的命題提出來了」②。這句話在第一版③和第二版④（括號內）是這樣的：「**有根據說，原則上它將進行（假定它進行）** 交換，以滿足盡可能大的總需求量，**因此（可以肯定）**，P_a 既是已知數，d_a 就是明確的……」

　　瓦爾拉斯會有一些這樣的改動。關於交換均衡條件的表述，第二版是：交換者「得到」最大滿足⑤；第二版將「得到」改為「可能得到」⑥。這些字面上的變化證明了賈菲的解釋。瓦爾拉斯既然對他的理論作了認真的變動，他應就這種變動的性質給讀者留下更有力的印象，而在賈菲校勘《綱要》的不同版本之前，幾乎沒有人注意到這些變動。

　　瓦爾拉斯在《綱要》再版時，加進了他在《貨幣論》中首次使用的平均稀少性的思想，這給他帶來的唯一好處是維護了他的觀念⑦。

---

① 瓦爾拉斯：《綱要》，第 2 版，第 105~106 頁。
② 瓦爾拉斯：《綱要》，第 2 版，第 569~570 頁。
③ 瓦爾拉斯：《綱要》，第 1 版，第 82 頁。
④ 瓦爾拉斯：《綱要》，第 2 版，第 100 頁。
⑤ 瓦爾拉斯：《綱要》，第 1 版，第 99 頁。
⑥ 瓦爾拉斯：《綱要》，第 2 版，第 121 頁。
⑦ 瓦爾拉斯：《綱要》，第 2 版，第 125、138、256 頁。

第二十一章　季德和法國人對價值的爭論

I

【187】夏爾·季德在推廣邊際效用思想方面所做的嘗試,比19世紀七八十年代任何其他法國作者都更為勇敢。這始於他評論杰文斯《理論》的一篇文章(發表在1881年《經濟學家》雜誌上)①。他在1884年還把邊際效用思想寫進了一本新的成功的經濟學教科書。

他的門徒比他預想的要少,這只能怪他自己,沒有人願意跟他走,很可能是因為他自己步履蹣跚。他的文章激起了一場關於價值問題的長達7年之久的討論,這場討論多半是在《經濟學家》雜誌上進行的。但這場討論根本沒有抓住價值理論的本質(像杰文斯所做的那樣),也沒有能使哪位經濟學家轉向邊際效用理論。然而,季德的聲望、地位和他所做嘗試的性質,使得考察一下他的評論和此後發展的結果成為一件令人愉快的事情。

II

季德於1877年從事經濟學教學,擔任一個經濟學教席,該教席是在法國政府把政治經濟學作為一門必修課時創設的。此時季德所受到的經濟學訓練(按照季德的悼文作者的說法)僅限於閱讀過巴斯夏的全集,那是他叔父在他最後攻讀學位時送給他的,季德從此對經濟學有了一種新看法。

---

① 【254】季德:《杰文斯的政治經濟學理論》,載於《經濟學家》雜誌,第4種,第XVI卷(1881年),第179~191頁。

季德在論杰文斯的文章中特地承認法國經濟學的狀況是悲慘的，他認為應當重視杰文斯這樣一些經濟學家。在法國經濟學家尚未反思之時，季德就列出了一張諷刺性的清單，表明了法國人在經濟學領域的興趣和任務：「我們熱衷於統計學、人口統計學、財政學、經濟法學，也許還有社會學，而沒有政治經濟學。【188】關於效用與價值、資本和勞動性質的討論（只有杰文斯先生的論著討論了這些問題）被視為我們時代的繁瑣哲學問題。」① 在季德看來，法國人忽視杰文斯的《理論》，就是上述狀況的一個例證。季德指出，該書 10 年前問世，第二版也已於 1879 年出版了，但在法國不僅迄今沒有出版法譯本，而且甚至尚無一人詳評這本書，也未見那本新近的教科書提到杰文斯。不過，同與杰文斯的一致相比，季德似乎更堅決地強調了他同法國同行們的分歧。季德首先強烈讚成杰文斯的下列論點：演繹法比歸納法更適合於經濟學。這就把已在法國贏得一些支持者的歷史學派拋到了一邊②。但是，當進而論及杰文斯所主張的經濟學必需利用數學方法（因為經濟學研究的是數量）時，季德就同他的法國同行一起表示反對了。數學使季德感到厭煩，正像使其他許多人感到厭煩一樣，這是因為（部分地，至少是可以理解地）它使人弄不清作者說了些什麼。

季德認識到價值論是杰文斯《理論》的「首要部分」。他對於「最後效用程度」和價值的聯繫這一中心思想有明確的理解，並說誰也不可能忽視這一點。依照季德的說法，早在 1881 年法國已經有了對邊際效用價值論的扼要表述，它完全是以非數學的形式出現的，而且發表在容易得到的地方。但是，季德對邊際效用論的破壞性批評直接損害了他對這個理論的解釋。他把對邊際效用論的解釋插在他對數學的譴責和對杰文斯效用論的批評之間，有可能使學生把這類著作連同其缺點一起都放棄了。

季德為他對邊際效用論的這種逆反判斷提出了兩個基本的反駁：第一，杰文斯既然不能獨立衡量最後效用程度，也就不能肯定物品在既定條件下的交換比率；但季德認為，他卻在一篇文章中爭辯說，交換價值比率可以暗含

---

① 季德:《杰文斯的政治經濟學理論》，載於《經濟學家》雜誌，第 4 種，第 XVI 卷（1881年），第 180 頁。
② 季德:《杰文斯的政治經濟學理論》，載於《經濟學家》雜誌，第 4 種，第 XVI 卷（1881年），第 181 頁。

【189】最後效用程度比率①。實際上杰文斯的方程式體系中並不存在循環論或不確定性。即使存在，也同衡量問題無關。由於對杰文斯的數學方法缺乏理解，使季德提出了虛構的困難。

季德對杰文斯效用論的第二個反駁具有完全不同的基礎。季德拒絕使用「效用」一詞，他認為該詞有一種通俗的含義，而且會繼續導致誤解。季德沒有提出一個替代的詞作為補救（他後來主張這樣做），而是轉而指出：「價值同時決定於效用和稀少性。」② 這個說法來自巴斯夏，但他也不可能總是這樣想，他在自己的教科書中就用過「最後效用程度」的說法。

三年後季德發表了第一部以法文撰寫的經濟學方面的現代教科書③，他在討論價值問題時利用了邊際效用思想。本書長期內一直是法文中唯一的一本含有對邊際效用理論適當解釋的教科書。

III

季德關於杰文斯的文章在《經濟學家》雜誌上挑起了一場關於價值問題的長期討論，這場討論很好地說明了邊際效用思想在19世紀80年代的法國對價值理論的影響多麼微不足道，儘管討論是從杰文斯和瓦爾拉斯的思想開始的，而且不時地回到他們那裡，但參加討論的人實際上根本不理解或不重視這一新思想。討論立即就開始了。布蘭斯在季德的文章發表後立即致信季德，這些信發表在1881年12月《經濟學家》雜誌上④。布蘭斯略過了季德對邊際效用的解釋和對價值論的應用，甚至認為季德的解釋是最明確的。他說，季德指出，杰文斯用效用決定價值，瓦爾拉斯用稀少性，他們都只有一半真理。季德所說確實如此，但所幸的是他還說了一些別的話。季德很恰當地答覆了布蘭斯，他說，物品數量對價值的影響只能通過它對物品邊際效用的影響。這兩封信的交換是無用的，因為布蘭斯不可能理解邊際效用思想。【190】季德理解得非常明確，但影響不了布蘭斯，甚至季德本人似乎也還需要堅定信心。

---

① 季德：《杰文斯的政治經濟學理論》，載於《經濟學家》雜誌，第4種，第XVI卷（1881年），第186~187頁。
② 季德：《杰文斯的政治經濟學理論》，載於《經濟學家》雜誌，第4種，第XVI卷（1881年），第187頁。
③ 季德：《政治經濟學原理》（巴黎，1884年）。
④ 《通信：價值與資本》，載於《經濟學家》雜誌，第4種，第XVI卷（1881年），第451~454頁。

蒙基在大約一年後發表了一篇關於價值問題的文章。此人於 1877 年進入第戎法學院，此時季德到了蒙特利埃。蒙基只把季德的文章作為出發點①。他希望建立一種可以接受的價值理論，因為他認為季德已經指明杰文斯的理論經不起深究②。這裡有意義的是，1882 年即杰文斯去世之年，在法國仍然缺乏對邊際效用價值論的理解，而不在於提出什麼（像蒙基所主張的那樣）特別的答案。蒙基的文章並沒有表明作者對下述情況有任何暗示，即杰文斯的創新在於利用邊際（用後來的說法）思想，而不在於把效用用於價值分析。

這篇文章引起馬蒂諾③和蒙基之間交換意見④，這些同邊際效用價值論並無直接關係，但他們討論的是價值論；這再次表明當時傾向於杰文斯或瓦爾拉斯理論的經濟學多麼少⑤。

達鮑斯在這一時期發表小冊子對價值論提出了長篇說明⑥。他想比較詳細地審視一下季德 1881 年文章發表後掀起的那場爭論的各個方面，指出其中的錯誤，為說明他自己的觀點準備條件。詳細論列這些辯駁會使今天的讀者感到厭煩（1886 年大多數讀者可能也是這樣），而且會使我們滯留於達鮑斯關於杰文斯的看法。達鮑斯得出如下猶豫不決的結論：「在經濟學領域內，杰文斯的理論對價值問題沒有帶來新真理或部分真理，它只是增加了已有的混亂。」⑦他的這個結論顯然是通過閱讀季德關於杰文斯的文章而得出的，而不是讀了杰文斯的《理論》而得出的。由於某種理由，達鮑斯沒有觸及杰文斯關於效用是物品數量的函數這個觀點。他說：「**效用隨數量變化**這個命題是絕對錯誤的，物品效用同其數量無關，它並不因數量大而減少，也不會因數量少而更有用；【191】無論數量多寡，其營養價值和抵禦風寒的效力沒有變化。在兩種

---

① 蒙基：《價值原理》，載於《經濟學家》雜誌，第 4 種，第 XIX 卷（1882 年），第 369~380 頁。
② 蒙基：《價值原理》，載於《經濟學家》雜誌，第 4 種，第 XIX 卷（1882 年），第 369 頁。
③ 馬蒂諾：《通信：財富是什麼?》，載於《經濟學家》雜誌，第 4 種，第 XX 卷（1882 年），第 239~244 頁。
④ 馬蒂諾：《通信：財富是什麼?》，載於《經濟學家》雜誌，第 4 種，第 XXI 卷（1883 年），第 276~283 頁。
⑤ 如果需要進一步證實此時對邊際效用學派的忽視，請看下列文章：格里塞爾：《通信：價值理論》，載於《經濟學家》雜誌，第 4 種，第 XXI 卷（1883 年），第 445~449 頁；西尼爾：《財富與價值》，載於《經濟學家》雜誌，第 4 種，第 XXII 卷（1883 年），第 5~17 頁；霍達德：《價值的一般理論》，載於《經濟學家》雜誌，第 4 種，第 XXVII 卷（1884 年），第 321~326 頁。
⑥ 達鮑斯：《近期關於價值觀念的爭論》（巴黎，1886 年）。此前他曾發表小冊子《價值理論、價值觀念研究：什麼是價值?》（1879 年）。他一直跟蹤著《經濟學家》雜誌上的這場爭論，他還曾撰文：《通信：價值的經濟意義考察》，載於《經濟學家》雜誌，第 4 種，第 XXV 卷（1884 年），第 98~107 頁。
⑦【255】達鮑斯：《近期關於價值觀念的爭論》（巴黎，1886 年），第 13 頁。

情況下，效用是一樣的」①。這完全是誤解。由於缺乏把效用作為數量的基本思想，特別是沒有關於總效用應依存於數量的思想，他顯然不可能理解更困難的思想，即邊際效用會隨物品增加而減少。達鮑斯的小冊子又一次激起了爭論，但沒有比以前更富有啓發性的成果。霍達德評論了達鮑斯的小冊子②，達鮑斯作答③，霍達德再答④；瑪涅金站在達鮑斯一邊⑤，達鮑斯回答了他的建議⑥。

　　花這麼多時間敘述經濟學中久被遺忘的作者之間關於價值問題的無成果的爭論，對邊際效用理論的歷史有何意義呢？正如我們所看到的，他們難得提及邊際效用，即使在一開始季德想向法國人介紹杰文斯時也不例外。介紹這場爭論，與其說是想讓人們注意到季德對杰文斯的關注，不如說是想再次強調指出，法國經濟學家不僅在整個19世紀70年代，而且在80年代，離接受和理解杰文斯、門格爾和瓦爾拉斯的理論還很遙遠。上述最後兩封發表在有影響的《經濟學家》雜誌上的信是寫於1888年，即1871年後17年。參與爭論的眾人之中，只有一人讀過杰文斯的書，而且似乎在拒絕和接受杰文斯理論之間還猶豫不決。只有季德和達鮑斯檢驗過杰文斯的理論，但他們誰也沒有談起過瓦爾拉斯的觀點，或是把他同杰文斯聯繫起來，即使他以法文寫了大量有關論著。瓦爾拉斯完全可以抱怨，認為這種沉默是反對他的一種陰謀、爭論者中無一人以任何一點理解的態度讀過瓦爾拉斯的書；只有季德提到過他的名字。他們之中更沒有人聽說過門格爾或其他的後繼者了。除了季德最初的解說以外，再沒有誰對邊際效用思想哪怕只有一點模模糊糊的瞭解，也沒有任何人在經濟學的這個方面提出過什麼更先進的思想⑦。法國人在1889年還缺乏類似於現代經濟學的任何東西。

---

　　① 達鮑斯：《近期關於價值觀念的爭論》（巴黎，1886年），第12~14頁。
　　② 《經濟學家》雜誌，第4種，第XXXVII卷（1887年），第450~453頁。
　　③ 達鮑斯：《通信：價值論，答霍達德》，載於《經濟學家》雜誌，第4種，第XL卷（1887年），第398~408頁。
　　④ 霍達德：《通信：價值論，答達鮑斯》，載於《經濟學家》雜誌，第4種，第XLII卷（1888年），第247~251頁。
　　⑤ 瑪涅金：《通信：價值論》，載於《經濟學家》雜誌，第4種，第XLII卷（1888年），第99~101頁；瑪涅金：《通信：價值論》，載於《經濟學家》雜誌，第4種，第XLII卷（1888年），第404~406頁。
　　⑥ 達鮑斯：《通信：價值論，答霍達德》，載於《經濟學家》雜誌，第4種，第XLII卷（1888年），第251~254頁。
　　⑦ 拉韋利（下章將討論）以法文寫作，但他生活在比利時。

第二十二章　拉韋利

I

【192】除了季德（當然還有瓦爾拉斯）之外，19世紀70年代後的一代講法語的經濟學家中，只有埃米爾‧路易斯‧維克多‧德‧拉韋利表現出利用邊際效用思想的能力和願望。拉韋利是列日的一位教授，他在1881年的《當代社會主義》一書中用類似於邊際效用的思想反駁馬克思，又在1882年的《政治經濟學原理》中重申了這一思想。不過他在這兩本書中提出的思想只是大致近似於邊際效用觀點。

拉韋利的《當代社會主義》多次再版，擁有廣泛的讀者①，該書在國外也獲得了成功②。拉韋利把效用作為擺脫馬克思剩餘價值論論證的工具。他在總結對馬克思論證的評論時說：「當我們閱讀馬克思的著作，感到我們被關在他的邏輯的鐵欄杆中時，我們像過去一樣會經受惡魔的折磨。如果承認他的前提（都是從權威那裡借用來的），就很難避開他的結論……自我解脫是不容易的。如果我們認可斯密、李嘉圖、巴斯夏和格雷的價值理論，我們就不能不自相矛盾。」③

拉韋利驅趕馬克思主義的辦法，就是拋棄斯密、李嘉圖、巴斯夏和格雷等人的價值論。他堅持認為：「馬克思的基本錯誤在於他的這個觀點：價值總是同勞動成比例。」④他認為同價值最有關係的不是勞動，而是效用。這個置換

---

① 【255】布魯塞爾，1881年初版，1883年第2版，1885年第3版，1896年第19版。
② 俄譯本1882年，英譯本1884年（書名改為《今日社會主義》，G. H. 奧潘譯，倫敦，1884年），德譯本也在1884年（書名為《當代社會主義政黨》，M. 埃爾貝格譯，杜平根，1884年）。
③ 《今日社會主義》，第32頁。
④ 《今日社會主義》，第34頁。

是重要的；為使其有效，拉韋利把通常的價值觀念加工改造成為某種非常類似於邊際效用的東西。

拉韋利解釋並深入研究了水的例子，此例曾被用於反駁效用價值論。值得注意的是，他沒有求助於杰文斯或瓦爾拉斯的權威來支持他的觀點，因此，當他說通常「以水為例」來反駁效用價值論是基於語言的模糊不清，而「這一點從未被指明」時①，【193】他對此說法要求首創權。還應注意到，雖然拉韋利在一定程度上確實以邊際效用解釋效用，但他的用語是非常粗糙的。

拉韋利解釋說，人們在兩個意義上使用「效用」一詞，即**一般的**意義和**特殊的**意義。儘管他沒有這樣說，但這些說法大體上同**總**效用和**邊際**效用是吻合的。也就是說，在拉韋利看來，當某人說，水有很大效用時，他是指一般的或總的效用，而當某人說，水的效用很小甚或全無時，他是指特殊的或邊際的效用。請看拉韋利對物品價值的特殊效用的解釋：他說，「說水沒有價值，系指某一特定部分的水；在此意義上它的效用很小。河岸上一桶水的價值是多少呢？不會超過提取它的麻煩……（然而）在撒哈拉的腹地，對於一個無論以什麼價格都無法得到水的旅行者來說，水也許值世界上的全部貨幣。」② 對這段話當然可以改進，使之作為對邊際效用的解釋，但應當承認他在此表述了該思想的根本點。拉韋利對馬克思的反駁，不像稍後幾年威斯蒂德、蕭伯納和英國其他費邊社分子反駁得那麼徹底和熟練，但同法國當時其他經濟學家相比，他對邊際效用的理解是突出的。

拉韋利的《政治經濟學原理》像他的關於社會主義的著作一樣獲得了成功。該書出了多版和多種譯本，包括美國的譯本。在價值問題上他重申了《當代社會主義》已經提出的論證，還是以水為例③。作者在序言中說，杰文斯和 M. P. 馬歇爾的著作是富有教益的。儘管他沒有明說，但他顯然是指杰文斯的《政治經濟學初級讀本》（該書法文譯本 1878 年問世），而不是杰文斯的《政治經濟學理論》，以及阿爾弗雷德和瑪麗·帕利·馬歇爾的《工業經濟學》④。在效用價值論方面，這些著作當然不會對拉韋利有很大幫助。

---

① 《今日社會主義》，第 36 頁。
② 《今日社會主義》，第 36 頁。
③ 拉韋利:《政治經濟學原理》（第 2 版，巴黎，1884 年），第 28~29 頁。
④ 拉韋利:《政治經濟學原理》（第 2 版，巴黎，1884 年），第 IV 頁。

第二十三章　勒瓦瑟和奧托：
　　　　　　法國人對邊際效用的批判

I

【194】法國人顯然沒有忽視邊際效用，他們對它持有一種特殊的異議。只是在兩種場合（1870—1889年），法國經濟學著作家才強烈地和公開地拒絕在經濟分析中運用邊際效用。較早的拒絕來自埃米爾·勒瓦瑟，較晚的來自奧古斯特·奧托。

勒瓦瑟的異議是在瓦爾拉斯首次正式陳述他的邊際效用理論，即1873年8月16日向道德和政治科學院宣讀他的論文時提出來的。我們在此只論及瓦爾拉斯論文中被學院接受的部分。杰文斯知道他的論文是被當作耳邊風了①，而瓦爾拉斯知道他有一名聽眾，因為在他宣讀論文後，勒瓦瑟聲明他在下次會議上要發表不同看法。他在8月30日的會上果然這樣做了。學院的另外兩位成員也發表了評論，他們是奧古斯特·瓦萊和路易斯·弗朗索瓦·米契爾·雷蒙德·沃龍斯基②。瓦爾拉斯可能沒有參加會議，因為《道德和政治科學院工作會議匯報》中沒有記載任何答復。上述三人的評論顯示了科學院成員對瓦爾拉斯論文的效用方面內容的直接反應。一般來說他們的反應對瓦爾拉斯是不利的，雖然瓦萊試圖給予一定的支持，但勒瓦瑟接著很快就放棄了。

II

勒瓦瑟的批評確實不能歸功於他對瓦爾拉斯剛宣讀的論文的理解，或者對

---

① 【255】參看第1章。
② 《道德和政治科學院工作會議匯報》，第CI卷（1874年），第117~120頁。

數學和經濟學性質的理解。他一開始提出並多次重申的批評意見是：數學同人的需求和慾望無關，因為需求和慾望本身不能衡量。在這個批評背後顯然是一種過分簡單的數學觀點或衡量觀點。【195】勒瓦瑟總的結論是：「他的曲線是沒有根據的……不可靠的，有的是錯誤和危險……」① 他顯然認為危險在於通過數學工具傳達給讀者的是謬誤的精確性。

勒瓦瑟的批評不止如此。他的第二點異議顯示出他並不理解瓦爾拉斯效用函數的性質。勒瓦瑟說，「慾望」並不按照瓦爾拉斯所說的法則增減，「需求」的高低波動會受到許多不同條件的制約。對所有這一切，瓦爾拉斯不會不同意的，除非勒瓦瑟想傳達這樣一種觀點：對所有實際的目的來說，效用函數的形狀變動得十分頻繁和反常，以至於在分析中無法加以使用。但是勒瓦瑟所舉的例證表明，他對瓦爾拉斯關於效用和需求的合理穩定性這個暗含的假定並不持有異議。作為需求波動的例證，勒瓦瑟指出，饑荒時期人們對小麥的慾望強度比豐收時要高出許多倍。這個例證與其說是對瓦爾拉斯效用函數思想的批評，不如說是對它的說明。

勒瓦瑟還暗示瓦爾拉斯的理論過於簡單，但他沒有舉出進一步的例證②。他批評瓦爾拉斯從其父親那裡借用來的「稀少性」觀點，這表明他從瓦爾拉斯宣讀的論文中並沒有把握住瓦爾拉斯這個術語的不同尋常的含義。這也許只能責怪瓦爾拉斯本人，因為他未加預告就使用了一個具有非常普通含義的術語，但給了它一個同樣不尋常的解釋。勒瓦瑟的結論是：經濟學家可以用幾何方法作為證明方法，但不能作為研究工具。

瓦萊（他的著作是法文中第一部以對話體寫的論述邊際效用與價值關係的著作）對下述觀點表示異議：購物者並不關心生產該物所需勞動之多少；勞動創造價值但不調節價值量。勒瓦瑟答復說，購物者常常計算勞動量，即使他們不計算，售賣者也會計算的，而且經濟學【196】的真諦（我們應作為一種道德標準加以掌握）在於，勞動成本提供了最低界限，競爭會迫使價格趨向這個界限的。

我們的討論以沃龍斯基的評論做結束。沃龍斯基讚成勒瓦瑟的立場，並補充說，因為把經濟學看作是一種精確的科學，所以瓦爾拉斯誤解了以人為出發點和歸宿點的科學。瓦爾拉斯沒有直接評論勒瓦瑟和沃龍斯基的這些說法，但

---

① 《道德和政治科學院工作會議匯報》，第 CI 卷（1874 年），第 117 頁。
② 《道德和政治科學院工作會議匯報》，第 CI 卷（1874 年），第 119 頁。

他後來說過：「科學院對這份報告最無好感，大潑冷水。」① 面對這種令人沮喪的情況，瓦爾拉斯表現得相當堅定，繼續準備下年出版的著作。

III

勒瓦瑟在其漫長一生的晚年顯然保持著最初的印象，即認為邊際效用理論的價值微不足道，不過他後來的著作沒有直接觸及邊際效用思想。他的主要經濟學教科書的英譯本問世於 1905 年，部分內容是作者為譯者重寫的，② 其中根本沒有跡象表明作者承認邊際效用。勒瓦瑟於次年發表了一篇文章，論及法國在第三共和時期經濟發展和社會主義思想的演進，本書談到歷史學派，但未觸及邊際效用學派③。按他的說法，法國似乎同邊際效用運動無關，甚至對它毫無興趣。

勒瓦瑟對邊際效用特別是對瓦爾拉斯的思想缺乏興趣所招致的諷刺性結局，在他臨終前來到了。1909 年法蘭西各大學的教授和經濟學家曾向瓦爾拉斯獻詞，其中有這樣的反問：「如此喜愛清晰、協調和邏輯的法國精神怎麼可能不被（在有朝一日理解之後）瓦爾拉斯經濟學體系的優美佈局所吸引呢？這個體系囊括了整個經濟界，其中同一個公式包括一切產品的價格和一切勞務的價值。」④ 誰絕不會這樣提出問題呢？又有誰能比其他人更好地以一種客觀的方式來回答這個問題呢？肯定是【197】埃米爾·勒瓦瑟；是科學院的這樣一位成員，他在瓦爾拉斯發表了表明其經濟學核心思想的演講之後一星期就對該體系提出了一系列異議；是這樣一個人，他在法國經濟學界漫長而活躍的生涯中，從來未從瓦爾拉斯的源泉汲取一滴水。然而，具有諷刺意味的是，在給瓦爾拉斯的獻詞（連同那個中肯和有意義的反問）的簽名名單中，勒瓦瑟名列前茅。

---

① 瓦爾拉斯：《綱要》，第 2 版，第 XIX 頁。
② 勒瓦瑟：《政治經濟學原理》，瑪伯格譯（紐約，1905 年）。
③ 勒瓦瑟：《第三共和時期法國經濟和社會主義理論》，載於《道德和政治科學院工作會議匯報》，第 CLXV 卷（1906 年），第 457~512、577~602 頁。
④ 奧爾：《洛桑學派》（巴黎，1950 年），第 133 頁。

IV

第二個批評家奧古斯特·奧托是在 19 世紀 80 年代晚期發表其對邊際效用的見解的。奧托 34 歲時（1848 年）從歷史學轉到經濟學。他 1865 年後在各種場合就各方面問題為《經濟學家》雜誌寫文章。然而他在七八十年代並沒有表現出對經濟學理論的興趣，特別是對邊際效用理論的興趣。奧托於 1851 年發表了《社會經濟概論》，1892 年出了再版①。他是在 1889 年首次評論邊際效用論的，當時他突然為《經濟學家》雜誌撰文評論了維塞爾的剛剛問世的《自然價值》和龐巴維克的五年前出版的《資本理論的歷史與批判》②。

奧托認真閱讀了維塞爾的著作並把握住了維塞爾的價值論的基本思想。他把維塞爾的 Grenznutzen（邊際效用）譯成法文的 La valeur-Limite（限界效用）③，但他沒有看出這個思想的意義。他指出，誰都懂得消費者還隨著價格的下降而增加購買。他責備維塞爾把價格的下跌同效用的下跌聯繫起來，並從這種聯繫得出結論。奧托這種聯繫把交換價值混同於完全不同的使用價值。兩種究竟有哪些主要區別呢？他沒有直接回答。他用半頁的篇幅表明，雖然增量的水、鞋、書或小麥的效用減少了，但是原先單位的重要性並未減少。其實維塞爾對此也不會否認的。奧托強調了下述情況，其意義不過是說邊際效用和總效用都是存在的。他說：「我的藏書中有一本我每天使用、對我用處很大的書，我們暫且估計其使用價值為 10，假定我偶然得到另外 10 冊同樣的書，【198】在此情況下，是否該書的效用將減少為零呢？它對我是否毫無用處了呢？的確，我將可以用那 10 冊書，但我擁有的 11 冊書中的任何一冊的使用價值將始終為 10。」④ 奧托也許不自覺地堅決反對在發現**邊際**效用思想時降低**總**效用的意義。這種異議可能有理，但難以證明他的極端說法的正確性；他認為維塞爾的價值論「應被視為虛幻的東西，禁錮在把它想像出來的作者的書中」⑤。

---

① 巴黎，1851 年，第 2 版；巴黎，1892 年。
② 第 4 種，第 XLVI 卷（1889 年），第 282~292 頁。
③ 第 4 種，第 XLVI 卷（1889 年），第 283 頁。
④ 第 4 種，第 XLVI 卷（1889 年），第 285 頁。
⑤ 第 4 種，第 XLVI 卷（1889 年），第 286 頁。

V

奥托1890年還評論了瓦爾拉斯的《綱要》第2版，發表在《經濟學家》雜誌上，該雜誌沒有刊登過評論該書第1版的文章，這次發表對第2版的評論，可算是對前次忽略的改正①。該文表明奥托仔細研究過《綱要》，這對75歲高齡的奥托來說必定是一種數理經濟學的訓練，他以往的著作沒有任何跡象表明他對數學感興趣。

不過，奥托不是作為數學家而是作為經濟學家來批評瓦爾拉斯的。作為經濟學家，他不隱瞞對在經濟學中應用數學方法的擔憂。奥托對瓦爾拉斯的曲線（表現物品數量同瓦爾拉斯所謂稀少性之間的函數關係）作了適當的描繪，用一段話解說了「稀少性」一詞（「這顯得濫用名詞」）②。他清楚地勾畫了瓦爾拉斯在其模式中所得出的使消費者的滿足達至最大化的均衡價格的方式。雖然他對瓦爾拉斯的論證作了很好的解說，但他對這些論證是持有異議的。他說：「具體問題暫且不論，我要說的是，他的根基不牢，在大多數情況下，構成交換價值的不是供求商品的效用或數量。」③

奥托首先拒絕的是瓦爾拉斯的這個前提假定：攜帶物品來到市場的個人將根據交換比例來決定多少貨物留作自用，多少用於交換。奥托承認，瓦爾拉斯一貫堅持的這個條件適用於遠古時代野蠻人和【199】實物交易，而不適用於現今社會。在現今社會中，使用貨幣，存在勞動分工；交易者來到市場時通常都希望賣掉他**全部的**存貨，也不存在多少比例的貨物留作自用這樣的問題。奥托堅持說，售賣者並不在意其貨物所能滿足的需求；而購買者也不過問交易者是否以低於前一半的價格出售後一半，因為前一半的貨物能夠滿足他最強烈的需求。這是奥托唯一提到類似於邊際效用思想的地方。奥托舉例說：「吃一頓美餐的人，為最後上的飲料和菜肴付出的錢，通常要比為最初上的飲料和菜肴付出的錢更多。」④

他的下一個論證基於這個所謂事實：在現代社會，生產能使自身適應需求，而且生產的物品量通常超過消費者的購買量。這個結論是他從生產者售賣

---

① 第5種，第I卷（1890年），第98～114頁。
② 第5種，第I卷（1890年），第108頁。
③ 第5種，第I卷（1890年），第109頁。
④ 第5種，第I卷（1890年），第110頁。

他們貨物的困難中推論出來的。他爭辯說，這意味著大多數物品的邊際效用是零，因而不能以邊際效用作為決定價值的工具。按照奧托的看法，生產者所使用的勞動量在所有場合都調節著價值，只有局部壟斷是個例外。作為反對邊際效用價值論的一個確定無疑的論據，奧托提出了一個完全無關的條件：需求要求購買者不僅有需要，而且有足以滿足它的能力①。

奧托的所有這些論據都是沒有分量的，回答這些論據並不需要多麼特殊的理解力和技巧，不過沒有人在《經濟學家》雜誌上作答，這樣它們就成了官方的法國學派19世紀80年代對邊際效用經濟學的最後看法。

---

① 第5種，第I卷（1890年），第111~112頁。

第二十四章　法國經濟文獻中的邊際效用
（1871—1889）

I

【200】法國有若干種專業經濟學雜誌定期評論外國和法國的重要著作，而且可能對杰文斯《理論》、門格爾《原理》和瓦爾拉斯《綱要》各書的第1版有所瞭解①但只有一種雜誌評論過這些著作。

夏爾·勒托特是唯一評論杰文斯、門格爾和瓦爾拉斯開創性著作第1版的法國人②。勒托特評論瓦爾拉斯《綱要》時沒有提到邊際效用，他只限於討論數學方法。他也涉及杰文斯的《理論》（但未發現一頁是令人欣慰的）和杜皮特的著述，但同樣沒有在邊際效用的使用上給他留下什麼印象。我們在此看到了一種特殊情況，即在對邊際效用重要著作的評論中，這位法國人的評論沒有提到邊際效用問題。

杰文斯和瓦爾拉斯後來著述的遭遇未見好轉，對杰文斯《理論》再版的一篇匿名評論未提邊際效用，反而用其不大的一點篇幅批判在經濟學中運用數

---

① 【256】《經濟學家》雜誌在當時法國的經濟期刊中居首位，它創刊於1842年，月刊，存在了大約100年，20世紀40年代前期停刊，戰後未復刊。1866—1881年的主編是約瑟夫·加尼爾，1881—1909年的主編是古斯塔夫·德·莫利納里，法國經濟學的許多名人是該刊的撰稿人。

稍早的期刊是《道德和政治科學院會議與著作匯報》，它創刊於1840年，1938年停辦，其間發表了大量經濟學文章，當然也有社會科學其他領域的內容。該刊代表法國經濟學家中最保守的部分。

保羅·勒洛-博利編輯《法國經濟學家》，從該刊創刊（1873年）到他去世（1916年）。此後該刊繼續出版到1938年11月。它最初直接模仿倫敦《經濟學家》，不時地發表和評論一般經濟學著作。

1887年開始的《政治經濟學評論》給法國經濟雜誌帶來了一種新調子。它的編委有季德、喬丹、維利和杜吉特。該刊現在屬於法國經濟出版物中歷史最悠久的了。

② 勒托特：《數學在政治經濟學中的應用》，載於《法國經濟學家》，1874年10月31日，第540~541頁。

學①。甚至季德在評論瓦爾拉斯《社會財富的數學理論》（已重印為瓦爾拉斯最早的邊際效用著作的第1部分）時，也主要是強調在經濟學中應用數學方法的不切實際，對邊際效用卻未置一詞②。季德的這種疏忽是值得注意的，因為兩年前他發表過關於杰文斯的文章，在他的教科書中也有對邊際效用的附帶說明。他顯然沒有看出瓦爾拉斯的學說同杰文斯學說有相同的東西，這兩人的通信也已認可了這一點，這些通信就重印在季德所評論的那部書中。

【201】法國經濟學家知道杰文斯，不是因他同邊際效用的聯繫，而是因為他倡導數學方法，所以他們把杰文斯和瓦爾拉斯放在一起。他們也知道杰文斯在應用領域（如關於貨幣、價格水準、商業循環和煤炭等問題）的著作。法國關於杰文斯的訃告表明他的聲譽並不包括他在邊際效用方面的著作③。法國經濟學家在19世紀70年代和80年代對門格爾也知之不多，他的《原理》如同在英國一樣無人置評。不過，門格爾用德文寫作並在1871年發表，無疑也妨礙了法國的編輯們為評論者提供這本書。1890年後，門格爾的名聲可能已為法國經濟學家知曉，但他們完全可能並不瞭解他的《原理》，至少很久之後還是這樣，伯納德・拉弗恩在其博士論文（1910年）中說：「可惜這部著作為數極少，法國似乎一冊也沒有；據我們所知，公共圖書館一冊也沒有。」④

II

除了季德和拉弗恩以外，沒有一位法國著作家的教科書和小冊子提到邊際效用思想，法國經濟學概論的讀者肯定也不會注意到這方面的參考資料。若干情況表明，把1871年和1874年定為邊際效用學派發端之時是多麼不恰當。我們可以把加尼爾《政治經濟學概論》作為一部有代表性的法國教科書，該書屬於當時最普及的經濟學著作之列。一位當代經濟學家在談到該書時說：「正是這本書使加尼爾成了名。它事實上成了經濟科學的百科全書；方法的條理和知識的深刻同樣引人注目。此外，作者還顯示出對那些同他的科學信仰對立的各

---

① 《法國經濟學家》，1879年7月12日，第47頁。
② 《經濟學家》雜誌，第4種，第XXII卷（1883年），第444~448頁。
③ 《法國經濟學家》，1882年9月2日，第296~297頁；《政治經濟學協會年鑒》，第XIII卷（1880—1882年），第491頁；《經濟學家》雜誌，第4種，第XIX卷（1882年），第470頁。
④ 拉弗恩：《市場經濟論》（巴黎，1910年），第VII頁。

種見解具有完全的理解力。」① 但是，加尼爾「完全的理解力」並沒有擴大到邊際效用，因為無論是 1880 年（加尼爾去世前一年）修訂增補的第 8 版，還是里斯 1889 年出版的校訂第 9 版，只是稍微提了一下邊際效用②。

【202】其他有名的小冊子對邊際效用思想也未於重視，考威的《政治經濟學概要》（2 卷本，第 1 版 1879—1880 年，增訂版 1881—1882 年，擴大 4 卷本 1893 年）在其第 1 版中包括對杰文斯《理論》和瓦爾拉斯《綱要》的材料，第 3 版還增加了有關門格爾的材料，但都沒有顯示出這三本著作有何影響③。保羅·勒洛-博利 1888 年的《政治經濟學概論》沒有一點邊際效用的跡象④，不過，這位作者 8 年後在其 4 卷本《政治經濟學理論和實踐》中廣泛應用了邊際效用⑤。這個時期的另一本標準著作是亨利·約塞夫·里昂·包里拉《政治經濟學教程》（1857 年開始出版），該書第 5 版（1883 年）並不比第 1 版包含更多有關效用的內容⑥。從下列各人的重要教科書同樣可以看出對邊際效用的忽視：阿爾弗雷德·喬丹⑦、Y. 古約特⑧、費迪南德·杰奎斯·哈弗-巴仁⑨、莫利斯·布洛克⑩。

---

① 菲爾斯：《約塞夫·加尼爾（1813—1881 年）》，載於《帕爾格拉夫政治經濟學辭典》，H. 希格斯編（倫敦，1923 年），第 II 卷，第 185 頁。
② 加尼爾：《政治經濟學概論》（第 8 版，巴黎，1880 年）和《政治經濟學概論》（第 9 版，巴黎，1889 年）。
③ 考威：《政治經濟學概要》（巴黎，1880 年）第 II 卷，第 712 頁；《政治經濟學教程》（第 3 版，巴黎，1893 年），第 IV 卷，第 610 頁。
④ 巴黎，1888 年。
⑤ 第 1 卷，第 109~110 頁；第 3 卷，第 28~44 頁（第 2 版，巴黎，1896 年）。
⑥ 包里拉：《政治經濟學教程》（第 5 版，巴黎，1883 年）。
⑦ 喬丹：《政治經濟學分析教程》（巴黎，1882 年），第 2 版，1890 年。
⑧ 古約特：《經濟學》（巴黎，1881 年）；第 2 版，1887 年；第 3 版，1907 年。
⑨ 巴仁：《政治經濟學原理》（巴黎，1880 年）；第 2 版，1885 年。
⑩ 布洛克：《政治經濟學袖珍讀本》（巴黎，1872 年），第 9 版，1880 年。

第二十五章　邊際效用學說在荷蘭和義大利

I

【203】在英、法、德等國的文獻之外，我們發現19世紀70年代承認經濟學運用邊際效用的只有荷蘭和義大利的文獻。操斯堪的納維亞語和斯拉夫語的著作家中，無人對邊際效用學派的興起作出貢獻。西班牙人和葡萄牙人也是這樣。這整個運動限於歐洲和美國，從未擴及亞洲、非洲和南美洲。

杰文斯和瓦爾拉斯都曾注意到荷蘭人和義大利人對邊際效用思想的興趣，不過，他們對這兩個小國接受邊際效用學說的程度的估計有點過分。瓦爾拉斯提到過阿姆斯特丹的皮爾遜教授、萊頓的格利文、阿姆斯特丹的米斯、烏德勒支的奎克和布魯爾，還有義大利人埃里拉、安東尼里、博卡多、讚諾和讚比利①。除了格利文、米斯、奎克和安東尼里之外，上述其他人杰文斯都提到了②。

II

布魯爾比其他荷蘭著作家更早地瞭解邊際效用價值論；他早先已經知曉杰文斯的《理論》和瓦爾拉斯1873年的論文；事實上，正是他最早讓瓦爾拉斯注意到杰文斯，後來又把瓦爾拉斯介紹給門格爾。布魯爾的學位論文是在荷蘭首次公開論及杰文斯和瓦爾拉斯③。在這篇論文發表前後，布魯爾還同杰文斯

---

① 【256】瓦爾拉斯：《貨幣理論》（洛桑，1886年），第 VIII-IX 頁。
② 【257】杰文斯：《理論》，第 2 版，第 307~309 頁。
③ 《杰文斯日記和通信》，第 309~311、320~321、325~327、329~330、379~380 頁。

通過信。在使邊際效用學派揚名國際方面，他比其他人做得更多。

布魯爾為什麼要把邊際效用作為他在萊頓大學學位論文的課題，我們不得而知①。他也許會感謝奎克（後來在烏德勒支），杰文斯曾因奎克讚成這種新經濟學而提到過他。奎克在【204】1868 年（34 歲）時已是烏德勒支的教授，在該校一直待到 1877 年（為尼德蘭銀行效力）②。布魯爾 1878 年接替奎克任烏德勒支大學經濟學教授。奎克的著作沒有任何邊際效用經濟學的痕跡。布魯爾對邊際效用學說的研究在其論文發表後也就停止了。他在烏德勒支大學任教到 1917 年，他 1930 年去世③。

皮爾遜是邊際效用學說的另一位追隨者，他大半生從事商業和銀行業，1877—1884 年也曾在阿姆斯特丹任教，離開講臺後，他先任尼德蘭銀行主席，後任職於荷蘭政府。他對價值論（特別是在他不再任教之後）具有非常濃厚的多方面的興趣。儘管他從未成為這種新學說的完全的皈依者，但在國內卻贏得了傳播邊際效用思想的聲譽。一位荷蘭經濟學家寫道：「皮爾遜是接受奧地利學派價值論的第一批經濟學家之一。」④ 一位同時代人說，皮爾遜的著作「是杰文斯和門格爾等人所開創的經濟理論的最新成就，也是將其運用於分配問題的最新成就，他的著作已經深入人心」⑤。

格利文 1880—1915 年任萊頓大學經濟學教授，他是皮爾遜的助手和學生，又是布魯爾的夥伴。也許應該把他也算在接受邊際效用論的荷蘭教授之列。荷蘭有一份優秀的經濟學期刊《經濟學家》，創辦於 1852 年，在七八十年代很興盛，而且延續至今。在 1889 年前的 21 年間，這份雜誌只有一次注意到邊際效用的文獻；格利文在其中著文簡評了威斯蒂德的《經濟科學入門》⑥。

除了杰文斯和瓦爾拉斯所列舉的這幾位以外，至少還有一位接受邊際效用思想的荷蘭經濟學家，他就是 1885 年在阿姆斯特丹接替皮爾遜教授的博京，他在這所大學還教過統計學，不過這一階段還沒有顯示出他對邊際效用思想的興趣，但在他去世那一年（1890 年），他曾為《政治經濟學評論》撰文，

---

① 《公司的收入》（萊頓，1874 年）。
② 《商店零售價格百科全書》（阿姆斯特丹，1952 年），第 XV 卷，第 706 頁。
③ 《J. B. 布魯爾先生》，載於《經濟學家》，第 LXXIX 卷（1930 年），第 595~596 頁。
④ H. W. C. 鮑德威克：《N. H. 皮爾遜（1839—1909）》，載於《社會科學百科全書》，第 XII 卷，第 134 頁。
⑤ H. B. 格利文：《荷蘭經濟學派》，載於《帕爾格拉夫政治經濟學辭典》，第 1 卷，第 657 頁。
⑥ 《經濟學家》，1889 年，第 351~352 頁。

【205】表明他理解和同情邊際效用學說①。他在該文中曾提及他在多年講課中同邊際效用有關的觀點，可見他 1889 年前在阿姆斯特丹一定詳細解釋過邊際效用學說。

19 世紀 80 年代末有一些荷蘭經濟學家開始用邊際效用理論論證累進稅制的合理性，他們轉向這個方向可能是受到皮爾遜和博京的影響和鼓勵。這一時期發表與稅制問題有關的邊際效用論的經濟學家有科特·萬·德爾·林登、特里布、塔斯曼。不過最傑出者當數 A. J. C. 斯圖亞特，他於 1889 年發表了題為《累進所得稅理論考察》的學位論文。

III

在 19 世紀 70 年代杰文斯和瓦爾拉斯曾指望支持他們學說體系的義大利人中，有相當一部分並未履行他們當初的允諾。讚比利在《農業、工業和商業評論》（1876 年）中曾論及瓦爾拉斯的《綱要》，但後來再未寫經濟學方面的東西。另外，埃里拉在為《堅韌》雜誌撰寫評論瓦爾拉斯《綱要》的文章後仍然繼續經濟學的寫作。瓦爾拉斯評論過埃里拉的兩本書②，但埃里拉並沒有回到理論經濟學方面來，因而也沒有再寫邊際效用論或數理經濟學的東西。讚諾在同埃里拉的通信中談到瓦爾拉斯（發表於 1874 年的《農業、工業和商業評論》），但對邊際效用論在義大利的擴展沒有更多的幫助。同杰文斯有通信之誼的鮑迪歐成了政府的統計官員，無暇繼續從事他當初感興趣的效用問題研究。

只有博卡多為進一步接受邊際效用論做了一些事情，他將瓦爾拉斯的 4 篇回憶和杰文斯的《理論》譯成義大利文，出版了他們兩人的著作（作為《經濟學家叢書》第 3 種）。但博卡多對杰文斯和瓦爾拉斯的支持不是出自他對他們的學說的讚賞，而可能是由於對各方面抗議者持寬容態度的結果，因此他並沒有積極支持義大利的邊際效用學派。【206】對博卡多不願與任何一種理論為伍這一點，洛里亞有如下評論：「他的言行表明，他無論在哪一方面都不是一位戰士、一位困難問題的研究者，或是一種理論或學派的真正支持者。」③

---

① A. 博京：《價值理論談話》，載於《政治經濟學評論》，第 IV 卷（1890），第 16~43 頁。
② 《經濟學家》雜誌，第 3 種，第 XXXVI 卷（1874 年），第 329~334 頁。
③ 洛里亞：《訃告：G. 博卡多》，載於《經濟雜誌》，第 XIV 卷（1904 年），第 321 頁。

博卡多後來的著作沒有邊際效用論的任何痕跡。杰文斯和瓦爾拉斯對這位義大利人的著作可能深感失望，因為他們一直視他為一位早期擁護者。

博卡多把杰文斯和瓦爾拉斯著作譯成義大利文的第一個引人矚目的結果，可能就是安東尼里《政治經濟學數學理論研究》的出版（1886年）①。安東尼里一直在比薩高等師範大學研習數學，他在1886年為取得學位而準備了這本31頁的小冊子。儘管杰文斯早已把他的書列入數理經濟學著作目錄，但他遲遲未引起人們的注意②。安東尼里不僅提供了一幅邊際效用的準確圖畫，而且為效用論增加了一些東西，當時無人認識到這一點，後來很多年也是如此。他所增加的東西，用現在的話來說，就是「完整性條件」③。在一個準備緩慢接受一種更簡單形式的邊際效用理論的世界，提出安東尼里的簡潔的數學理論解說是不會有什麼效果的，完整性條件即使在今天也很少有人理解，因而影響甚微。

科薩在傳播邊際效用思想方面發揮過一些作用，儘管他反對在經濟學中應用效用，因而不可能熱情地接受這一新學說。科薩的《政治經濟學指南》初版於1876年，第一次修改了1878年④。杰文斯在該書英譯本序言中曾對它予以讚揚。該書考察了所有的經濟學文獻，表明邊際效用學說對義大利經濟思想的影響是很小的。科薩在其考察中未提效用，雖然在論及杰文斯和瓦爾拉斯「在交換論中幾乎得出同一結果」時，他曾最接近於論及效用⑤。他把布魯爾和博卡多同瓦爾拉斯和杰文斯聯繫起來，但沒有談到門格爾。科薩1892年出版了《指南》第3版，書名改為《政治經濟學研究導論》。【207】科薩這兩本書表明，對邊際效用理論和學派的讚揚，在19世紀70年代還不存在，而到80年代終於出現了⑥。科薩此時（1892年）把杰文斯和效用論聯繫起來，這在過去是沒有的。最重要的是，科薩在1892年發現了門格爾和奧地利學派，而在1876年他還沒有這樣多地引證門格爾。他列舉了下列各位的名字和成就：

---

① 比薩，1886年。
② 近期評論，參看迪瑪里亞：《安東尼里，被遺忘的數理經濟學家》，載於《經濟學家雜誌和經濟學年鑒》，新編，第X卷（1951年），第223~231頁；瑞西：《評安東尼里〈政治經濟學數學理論研究〉（1886年）》，載於《經濟學家雜誌和經濟學年鑒》，新編，第X卷（1951年），第264~297頁。
③ 安東尼里：《政治經濟學數學理論研究》，第16頁。
④ 後來譯成英文，書名《政治經濟學學習指南》（倫敦，1880年）。
⑤ 安東尼里：《政治經濟學數學理論研究》，第46頁。
⑥ 第3版譯成法文和英文：《經濟理論史》（巴黎，1899年）；《政治經濟學學習導論》（倫敦，1893年）。

維塞爾、龐巴維克、薩克斯、祖克坎德、克莫林斯基、瑪塔佳、克魯斯和費力波維奇。他還討論了「邊際效用的奧地利理論是什麼」的問題①，他對他們的理論是讚成的。

科薩還列舉了三位創始人的其他追隨者：奧斯皮茨和李賓（他們被視為來自德國而不是奧地利）、布魯爾和斯圖亞特（荷蘭）、威斯蒂德（英國）、安東尼里和潘達里奧尼（義大利）。科薩說，馬歇爾「從杰文斯那裡接受了最後效用程度（他更願意稱之為邊際效用）理論，然後指出，這個邊際效用觀念既解釋又完善了當時流行的生產成本論，雖然有不少人一直反對這兩種觀點」②。可是科薩沒有把克拉克和埃杰沃思同邊際效用學派聯繫起來，儘管他注意到了他們的主要著作③。

IV

潘達里奧尼是在義大利開創邊際效用分析最勤奮的一位經濟學家，他直到 19 世紀 80 年代末才登上舞臺④。他有一種世界主義背景，其母是英格蘭或愛爾蘭人，在德國和義大利受過教育。潘達尼奧里本人先在德國學習，或畢業於羅馬大學法學系，接著在日內瓦任教 3 年。這種背景使他容易接近外國文藝和經濟學，特別是奧地利學派和杰文斯的著作。

潘達尼奧里 1889 年發表《純經濟學原理》⑤，表明他完全接受了邊際效用學派的觀點。他熟悉 1889 年前講授過的有關效用問題的幾乎每本著作⑥。【208】他的著作還反應了其他人的思想，他對這些人的思想都做過研究。他開頭對心理學的享樂主義進行了長篇研究，並把這種享樂主義同自我保護的慾

---

① 《政治經濟學習導論》，第 432 頁。
② 《政治經濟學習導論》，第 360 頁。
③ 《政治經濟學習導論》，第 357、479 頁。
④ 關於潘達尼奧里的生平和著作，參看：斯拉法和洛里亞：《訃告：M. 潘達尼奧里》載於《經濟雜誌》，第 XXXIV 卷（1924 年），第 648~654 頁；維克歐等：《經濟學家》雜誌，第 LXV 卷（1925 年），第 105~236 頁；皮羅：《潘達尼奧里》載於《政治經濟學評論》，第 XL 卷（1926 年），第 1144~1165 頁；瑞西：《三位義大利經濟學家：潘達尼奧里－帕累托－洛里亞》（巴瑞，1939 年），第 13~100 頁；坎帕納：《潘達尼奧里》（墨西納）。
⑤ 潘達尼奧里：《純政治經濟學原理》（佛羅倫斯，1889 年），第 2 版 1894 年。他本人未允許再版，他認為帕累托《政治經濟學教程》的問世使他自己的著作陳舊了。作者去世後 7 年（1931 年）出了重印本。有 3 種譯本。英譯本：《純經濟學》（倫敦，1898 年）；西班牙文本：《純經濟學原理》（布宜諾斯艾里斯，1918 年）；葡萄牙文本：《純經濟學原理》（聖保羅，1939 年）。
⑥ 潘達尼奧里：《原理》，1889 年，第 367~368 頁。

望等同起來。他詳細論證了邊際效用遞減的結論，稱之為基本法則並就此感謝戈森、杜皮特和詹寧斯。他支持戈森使用線性函數，因為我們「幾乎不知道實際的享樂曲線下跌得有多快」，儘管他自己使用的是非線性曲線①。他採用了門格爾的表，並也像門格爾一樣「以任意設定的數字，例如10」來表示最需求的物品的第一個整除部分的強度②。

潘達尼奧里在效用問題上同樣還受到詹寧斯的影響。他比其他人（甚至比杰文斯）都更熱誠地接受、更充分地理解和更大地擴展了詹寧斯關於慾望性質和分類的思想。他採納詹寧斯的看法，把人通過五官感受到的慾望滿足，分為基本慾望（如饑渴）和次要慾望。他同詹寧斯一樣指出，邊際效用遞減法則對滿足基本慾望的物品，不同於滿足次要慾望的物品，在這種情況下，在個人之間表現基本慾望的曲線稍有不同，而表現次要慾望的曲線則可能大不相同。

潘達尼奧里強調了確定某物品的消費隨著收入變動而變動的範圍，以及隨效用曲線的性質而變動的範圍的重要性。在這一點上他傾向於把個人效用曲線設想為不可改變的，他對此有如下理解：「假設**人類經濟**的各種需求的尺度在某一特定時刻由a、b、c、d（依需求的重要性排列）這幾種需求所組成；再假定他後來又能滿足新的需求，仍以重要性排列，表示為e、f、g、h。但是，現在，因為他已經享受到了e、f、g、h這些滿足，對它們已經司空見慣，所以他未來需求的絕對尺度可能已變得如此構成了，即b、c、f、g、a、d、e、h。換句話說，他已經消費的商品，以及他的消費資料由較少變得較多所經歷的間隔，在他的需求重要性的尺度上是作為一種二者擇一的因素起作用的。現在，【209】假定他的消費資料的減少同時發生，則顯然他將依照**新的享樂表**來行動，以節省他的享樂。」③

潘達尼奧里還提出了邊際效用曲線在開始下降之前還上升的觀點，他解釋說：「如果我們假定第一個無限小的部分，我們從中得到的滿足將是感覺不出來的，他通常可用很短的一段縱坐標表示。這樣我們可以假定，每條曲線（表現任何商品的效用程度）皆從零開始，迅速上升到頂點，然後或快或慢地下跌，依所談的商品而定。」④ 1889年前得出邊際效用曲線的著作家不很多。

---

① 潘達尼奧里：《原理》，1889年，英譯本，第31頁。
② 潘達尼奧里：《原理》，1889年，英譯本，第43頁。
③ 潘達尼奧里：《原理》，1889年，英譯本，第54頁註。
④ 潘達尼奧里：《原理》，1889年，英譯本，第72頁。

沒有一人把它們畫成最初的部分是邊際效用的增加。潘達尼奧里的解釋暴露了他邏輯上的缺陷，而不是在作曲線的上升部分方面所提出的見解不同。消費者可能從「無限小部分」得到一種「感覺不出的」滿足，而不管他消費這個微小部分是起初還是最後。縱坐標的長度並不決定於增量的大小，而是取決於增量與所感受的效用增量的比例，這個比例從一開始就很有理由下跌。

第二十六章　經濟思想史著作
對邊際效用學派興起的描述

I

【210】每種歷史都是由人撰修的。開始時往往只是一個大概的敘述，且由參與提出某種觀點的人所寫成。這種敘述繼而被其他人重複與擴大，終於變成一種標準的形式，為後來者所接受。邊際效用思想史的歷程正是如此。

讓我們從考察邊際效用史最終採取的標準形式開始。通常的邊際效用史的開頭總是說，杰文斯、門格爾和瓦爾拉斯在19世紀70年代初同時而又各自獨立地發現了邊際效用。人們評論道：在相距甚遠的倫敦、維也納和洛桑幾乎同時出現這種邊際效用理論是令人驚異的，因而必定有當時的若干條件促成了這一發展。標準的歷史著作通常還包含這樣的評論：邊際效用學派的出現標誌著現代經濟學的開端，因為它把經濟學家們的注意力從成本（或更偏重於勞動成本）轉向邊際效用以說明價值，並且，從更廣闊的視野來看，從自然轉向人。它還是「主觀的」或「心理的」經濟學的開端。邊際效用學派興起的標準說法引述若干其他著作家（他們是這場革命的先驅者），最後順理成章地敘說步先驅者後塵的這些人的著作。

邊際效用學派史的這種說法已為所有著作家所接受，它無疑準確地反應了這個領域在1871年之後所發生的事情。先驅者是很多的（他們總是有的）；革命發生了（如果我們【211】不堅持這樣理解革命的定義，即不考慮此革命進程實際上在20年間，直到它的一位英雄去世之前尚未被發現的話）；其他經濟學家追隨著這些首領們（當然不會長期不變）。不過，只要對這些相同的資料在選擇和側重點上加以適當改變，便可得出一系列實際上同樣準確但又完全不同的說法。

II

考察一下邊際效用發現史的幾種不同的寫法是有趣的，也許還是有益的。一種說法強調同時和獨立發現邊際效用，但不是由杰文斯、門格爾和瓦爾拉斯在19世紀70年代，而是由杜皮特、戈森和詹寧斯在50年代中期。這就把經濟學現代時期的開端從1871年推前到1854年。剛提到的這幾位著作家在1854年沒有發表他們關於這個問題的最初文章或著作，但杰文斯、門格爾和瓦爾拉斯也都不是在1871年發表他們的有關論著。眾所周知但通常忽略的是，作為邊際效用史的正式說法，「三位一體」首次公布他們發現的日期是：1862年（杰文斯）；1871年（門格爾）；1873年（瓦爾拉斯）。這些日期並不顯得比另一個「三位一體」發現的日期更「同時」：杜皮特（1844年），戈森（1854年），詹寧斯（1855年）。誰也不否認後來的一組（杰文斯、門格爾和瓦爾拉斯）的解釋和理解要高於先前的一組（杜皮特、戈森和詹寧斯）。但是，同杰文斯、門格爾和瓦爾拉斯相比，威斯蒂德、維色和帕累托對邊際效用有更好地理解和更透澈和更周詳地說明。當然，對杰文斯、門格爾和瓦爾拉斯的稱讚來得比杜皮特、戈森和詹寧斯的要早一些，但並不像人們有時想像的那麼早。一般來說，同70年代的著作家倚重於前人相比，威斯蒂德、維色和帕累托更倚重於70年代初期著作家，儘管我們一定記得，杰文斯曾向詹寧斯致謝，瓦爾拉斯也曾徵引過杜皮特。無論誰對70年代的各位著作家說了些什麼，以支持他的觀點，即認為這些人代表著邊際效用論的奠基者，他都會對50年代著作家的思想感到驚奇。這不是硬要把邊際效用學派的開端放到19世紀中葉。正式的說法把開端【212】之時放到20年後；這種說法是站得住腳的；它無疑應延緩20年。

如果1854年不宜代替1871年作為邊際效用史的起點的話，1890年也許可以這樣做。強調這個日期的著作可以這樣說：1890年前後，奧地利、英國、美國和瑞士的經濟學家們開始在經濟分析中廣泛應用邊際效用，這種應用在一定程度上在世界經濟學中一直延續至今。這種應用集中在下面這些人有影響的著作中：奧地利的維色和龐巴維克，以及瑞士的帕累托。持此看法的人可能繼續說，一代人以前，杰文斯、門格爾和瓦爾拉斯的著述已經預兆了90年代的著作家的著作。但是，這三人的著作——持上述觀點的人會指出在80年代末之前一直未受重視，湮沒無聞，對邊際效用論在倫敦、劍橋、維也納、洛桑以

及美國的活躍沒有做什麼工作。他們還會列出一張長長的名單,把先驅者溯至杜皮特、詹寧斯、戈森以及前面這兩人對杰文斯和瓦爾拉斯的影響。當然,1855年以前,甚至遠在經濟思想萌發之時,先驅者的先驅者已在不同程度和範圍內提出過類似的思想。

還有一種說法不強調某個特定時間(1854年、1871年或1891年)作為邊際效用論史的開端。這種說法可能否認任何單獨一年同該歷史的關聯,而可能會側重於這樣的假設,即論效用的文章在各個時期都有,它們在經濟文獻中的比重的變動,比人們想像的要小。或者,持此看法的人會說,如果這種比重增加了,那麼它也是一代一代逐漸增加的,而不會突然猛增並值得引起人們的注意。

某人可能撰寫一部完全矯揉造作但又是正確的並能博得一些人滿意的歷史,他會指出,從1834年開始,【213】幾乎每10年在邊際效用史上就會發生一個事件,因而這些年份即可作為一些路標:1834年,勞埃德;1844年,杜皮特;1854年,戈森;1862年,杰文斯;1874年,瓦爾拉斯;1884年,維色(1894年和1904年是不出英雄的時期,該時期的主要事件是邊際效用學說被同行們吸收);1914年,斯魯茨基;1924年,弗里奇;1934年,蘭格;1944年,紐曼和摩根斯特。這種週期性無非表明邊際分析已經歷了一個很長時期,此外,顯然什麼也沒有說明。

如前所述,現今正式的說法無疑具有同以上提到的各種說法同樣多的好處,如果不更多的話。這種說法認為邊際效用學派始於1871年前後,並引導讀者回溯到先驅者和追溯到後繼者。也許正因如此,這種正式說法才沒有受到其他說法的挑戰而繼續屹立在這塊陣地上。

III

關於邊際效用學派的這種正式說法,對我們來說是簡單、確實和幾乎顯而易見的,但對1870年之後的那一代人來說卻不是這樣。當時沒有人認識到在經濟學中發生了一場革命(在後來的思想史家所描述的意義上)。19世紀80年代中期以前也沒有人對這個革命的各種事件提出一種正式的說法。等到經濟思想史家普遍接受這種正式說法時,又一個20年過去了。邊際效用學派的歷史提供了一個很好的例證,說明一種思想的形成和擴展是多麼緩慢。

現在我們就來追蹤一下邊際效用學派歷史正式說法的緩慢發展過程。研究

這個歷史的第一步是對先驅者的探索。杰文斯、門格爾和瓦爾拉斯都曾列出一些著作家，對這些人的思想（在不同程度上）表示過謝意。第二步是更困難的。它包括認識到，杰文斯、門格爾和瓦爾拉斯大約同時發表了邊際效用問題的著作。這一步要求認識到這樣一些簡單的事實：杰文斯、門格爾和瓦爾拉斯所寫的這三本書確是存在的，他們研究了基本相同的課題，等等。【214】這並不像現在所想的那樣簡單。方法和用語上的差異，同時瞭解國際文獻的經濟學家為數甚少，使得在1871年後的15年間沒有人認識到用不同語言撰寫的這些著作的相似性。杰文斯就是一例。儘管他對邊際效用的著作目錄抱有強烈興趣，儘管他同經濟學界有許多聯繫，可是直到他於1882年去世，也不知道卡爾·門格爾在1871年所寫的一本關於效用問題的著作同他自己的《理論》如此相近，以致經濟思想史家們把門格爾的名字同他的名字聯繫起來。

里昂·瓦爾拉斯第一次公開地把杰文斯、門格爾和瓦爾拉斯的名字聯繫在一起是在1886年的《貨幣論》中。其他人看到這種關聯，就所有的主要語言來說，是在1886年之後和1890年之前。但是遲至1885年4月瓦爾拉斯在其戈森研究中也把戈森的思想同杰文斯的思想聯繫起來，而沒有提到門格爾。瓦爾拉斯於1874年經J. A. 布魯爾介紹開始與杰文斯聯繫，布魯爾還於1883年介紹瓦爾拉斯同門格爾相識，但是，瓦爾拉斯評價門格爾是很久以後的事了①。

在奧地利，公開承認上述三人同時發現邊際效用價值論比較晚。門格爾與布魯爾早有通信聯繫，後者又把他介紹給瓦爾拉斯；他隨後與瓦爾拉斯也有了通信往來。但是，他也許並沒有明確意識到他就是三位一體中的一員，直到瓦爾拉斯送他一本《貨幣論》，他才看到這一點，因為這本書包含著對他們三人觀點的類似性的首次公開表述。瓦爾拉斯在1887年給門格爾的一封信中也說：「我們好幾個人（杰文斯、您和我）分別獲得了同一觀念。」② 門格爾顯然傳布了這個說法。1887年埃米爾·薩克斯把瓦爾拉斯·杰文斯同門格爾聯繫起來，這是德文文獻中的首次表述。他在該文中還要求注意到戈森，而且列舉了皮爾遜和龐巴維克作為追隨者③。翌年，維色提出了一個更詳細的邊際效用歷

---

① 【258】參看上文原書第71頁。
② 安東尼里：《瓦爾拉斯和門格爾的通信》，載於《實用經濟》（第Ⅵ卷，1953年），第285~286頁。
③ E. 薩克斯：《國民經濟理論原理》（維也納，1887年），第250頁。

史①。而在僅僅4年前即1884年,維色還只是引述了門格爾和杰文斯②。在龐巴維克1886年的極為重要的論文中,【215】沒有把瓦爾拉斯作為邊際效用思想的一位獨立發現者,而這才是他的實際地位。奧地利人早已知道杰文斯和門格爾有某些共同點;他們也應當知道杰文斯已把他自己的思想完全同瓦爾拉斯的思想視為一致,因而他們應當得出門格爾與瓦爾拉斯也有許多共同點的結論。但是他們沒有這樣做。

關於杰文斯、門格爾和瓦爾拉斯基本上寫的是相同的東西這一思想何時傳入英國,我們尚不能非常肯定地予以確定。所有三人都出現在杰文斯《理論》第3版(1888年)中。威斯蒂德在其《經濟科學入門》(1888年)序言中,曾對邊際效用的發展提出一種標準的出色的說明,當然也包括承認杰文斯、門格爾和瓦爾拉斯觀點的類似性。1890年馬歇爾在其《原理》中承認了這種類似性;在這裡,他以自己的方式重新表述了邊際效用史(在一個腳註中),列舉了先驅者,並以列數杰文斯、門格爾和瓦爾拉斯而告知③。當然,我們知道,杰文斯(死於1882年8月)不曾知道門格爾的《原理》④。很久以後(1888年),詹姆士·鮑納在為《經濟學季刊》所寫的《奧地利經濟學家及其價值觀點》中談到了杰文斯與奧地利人的聯繫,但沒有提到瓦爾拉斯。

IV

一旦經濟學家們認識到杰文斯、門格爾和瓦爾拉斯的著作有著顯然類似的

---

① 維色:《自然價值》(維也納,1889年),第Ⅷ-Ⅺ頁。維色在序言的最後註明日期為1888年。
② 維色:《經濟價值的起源和主要規律》(維也納,1884年),第Ⅶ頁。
③ 馬歇爾:《經濟學原理》(倫敦,1890年),第Ⅰ篇,第149頁註。第2版(1891年)取消了這個腳註,在以後各版中再也沒有出現。也許部分地為了代替它,馬歇爾在第2版(1891年)的另一處(第158~159頁)新加一腳註,提到了戈森和杜皮特(他的名字在初版中未出現);把杰文斯、門格爾和瓦爾拉斯聯繫在一起;還列舉了繼承者的名字:龐巴維克、薩克斯、維色、潘達尼奧里、埃杰沃斯、威斯蒂德、奧斯皮茨、李賓和勞哈茲。這個腳註在後來版本中有改動。在《原理》第3版,馬歇爾去掉了薩克斯,加上了克拉克、吉丁斯、派頓、格林和費雪(第176~177頁)。在第4版(1898年),馬歇爾撤掉了該學員成員表,代之以有關費雪著作目錄的一條參考資料,該書目在培根所譯的古爾諾的《研究》中是一個附錄(第176頁)。初版中另一條關於杰文斯、門格爾和瓦爾拉斯的材料在後來各版中未作改動,只是最後從正文移到附錄,被置於很長的一條附錄(「對李嘉圖生產成本論及其與價值關係的註釋」)之末。這個「註釋」略去了有關一般先驅者的全部材料,代之以試圖證明,李嘉圖瞭解有關邊際效用的一切重要方面,雖然他未能找到適當的詞來表達他的思想。馬歇爾最後說,「雖然(因不知道微積分學的簡明術語)他未找到精確表達它的正確用語,但供給一受任何抑制,邊際效用就會增加,總效用卻要減少」。(第531頁)
④ 在《理論》第3版(1888年)的參考書目中,杰文斯把門格爾的《原理》列為他不熟悉的書籍之一(第283頁)。

論題，他們觀點的獨立性問題就提出來了。提出這個問題是不困難的。當杰文斯就他的優先權要求與瓦爾拉斯交換意見時，瓦爾拉斯隨即承認杰文斯的著作完全是獨立的①。反過來，杰文斯也承認瓦爾拉斯獨立地發揮了他自己的理論②。當然，杰文斯不知道門格爾的《原理》，自然也就沒有判斷其優先權。而當瓦爾拉斯得悉他的奧地利同行的思想時，他顯然認可《原理》是對邊際效用論的完全獨立的研究③。門格爾沒有公開承認其他兩人的著作；實際上他在任何出版物中【216】也難得提到杰文斯或瓦爾拉斯的名字④。原因之一在於，比其他兩人長壽的門格爾在其生前最後30年間在經濟理論上沒有什麼重要建樹。也許我們可以把他對杰文斯和瓦爾拉斯在獨立發現邊際效用方面的地位保持沉默看作是讚同他們的優先權要求。或者也許門格爾的門徒（維色）已經十分鄭重地說道他支持他們的優先權⑤。總之，在1890年，三位奠基人或他們的門徒已經公開地承認了這一事實：儘管他們達到的結果是類似的，但他們是彼此獨立的。

確實，讀一下他們的著作便會排除掉以為他們缺乏獨創性的任何想法。他們在結構和表述細節上的大的差別對任何人來說都表明，這些著作彼此沒有發生影響。不管在我們今天看來這些差別有多大，都沒有妨礙當時的所有著作家以為此人一定照抄了其他人的思想。出版日期上的不同以及這些著作研究的是同一課題這一現象，曾使M.潘達尼奧里責備門格爾有抄襲之嫌⑥。但是過了沒有多久，發現了大量的相反的證據，使潘達尼奧里相信他自己判斷有誤，從

---

① 瓦爾拉斯：《交換的數學理論。優先權問題》，《經濟學家》雜誌，第3種，第XXXIV卷（1874年），第417~422頁。

② 杰文斯在1874年5月30日給瓦爾拉斯的信中說：「您5月23日非常友好的來信收悉。在看過您以自己的方式對交換問題所得出的完整闡述之後，我一點也不懷疑您自己的研究是完全獨立的。」（《杰文斯通信和日記》，第305頁）。

③ 瓦爾拉斯：《貨幣論》（洛桑，1886年），第Ⅷ頁。

④ 門格爾同時列舉過龐巴維克、瓦爾拉斯、維色、皮爾遜、馬歇爾、戈森和杰文斯的名字（見門格爾對古斯塔夫·斯科伯格《政治經濟學概論》的評論的最後一頁，哈耶克將這篇評論收進《卡爾·門格爾著作選》〔倫敦，1935年〕第Ⅲ卷，第31頁），但他沒有看出他們同邊際效用思想的關聯。門格爾提到過瓦爾拉斯的《綱要》（見他的《經濟科學分類基礎》一文，載於《國民經濟和統計年鑒》，新編，第XIX卷〔1889年〕，第468頁），但還是沒有提到邊際效用。門格爾肯定很瞭解邊際效用的傳統歷史，因為他活到了這方面的標準歷史興盛之時，但他對其中任何一方面都未作評論。【259】經濟思想史對他是感興趣的，正如我們從他所收的這方面的圖書所看到的那樣；但是，對他不得已發表的有關他自己或別人在這個歷史上的作用的評論，經濟思想史是不感興趣的。

⑤ 維色：《自然價值》，第Ⅸ頁。

⑥ 潘達尼奧里：《純經濟學原理》（佛羅倫薩，1889年），第121頁註。潘達尼奧里在提到門格爾的《原理》並註明為1872年之後說，這本書實際上是對古爾諾、戈森、詹寧斯和杰文斯著作的抄襲。

而放棄了他的指責①。

令人吃驚的是，三位奠基人即使在認識到他們的類似之後彼此之間也極少注意。實際上，三人之中無一人考慮過自己同其他兩人在理論上的分歧。杰文斯在《理論》第2版中沒有引用瓦爾拉斯任何觀點；在正文中未提及瓦爾拉斯的名字，只在「緒論」中談到他，在著作目錄（作為附錄）中提到他。瓦爾拉斯在其《綱要》第2版中沒有作什麼改變以便包括對杰文斯和門格爾提出的各種不同問題的任何評論。門格爾沒有再出版他的《原理》，他在別處也沒有考察他自己同邊際效用論的其他兩位革新者之間的任何差別。

V

在1870—1890年出版的所有經濟思想通史著作中，只有一本提到過邊際效用，【217】這就是約翰·克爾斯·英格拉姆在這個時期之末發表的歷史著作②。他只把杰文斯同效用相聯繫，沒有注意到門格爾，提到瓦爾拉斯③和戈森④也只是把他們作為使用數學的經濟學家。他在首次發表的歷史著作中寫道；他的（杰文斯的）「最後效用」概念是機巧的。但是，它充其量不過是表述同質商品的價格概念的一種方式，表示承認由無窮小增量所帶來的增加。指望用這種辦法把經濟理論置於數學方法的支配之下是徒勞的。經過上百頁的數學論證，他提出了（《政治經濟學理論》，第2版，第103頁）一種所謂「精細的計算」（《雙周評論》，1876年11月，第617頁）。據說，「整個交換理論和經濟學基本問題的基石」就在這種計算之中。它表示為這樣一個命題：「任何二商品的交換率，將是消費者在交換完成後所得商品量的最後效用程度比率的倒數。」只要我們仍停留在這個完全形而上學的名詞即效用的範圍內，便不

---

① 《純經濟學原理》第2版（1894年）有一個腳註（第96~98頁）和較詳細的標準的歷史，沒有再提到門格爾的上述懷疑。

② 它起初是作者為《大英百科全書》第9版（1885年）所寫的一個條目：《政治經濟學》。後經作者修訂於1888年以《政治經濟學史》問世，同時還有一個特定的美國版。第2版於1907年分別出版於美國和英國。「新增訂版」發表於1914年，威廉·A. 斯科特寫了增補的各章，使該書增加了時新的內容。後來出了各種譯本：法文、西班牙文、德文、塞爾維亞文、俄文、義大利文、捷克文、波蘭文和日文（還有中文——譯者註）。本書為許多人瞭解經濟思想史提供了資料。

③ 英格拉姆：《政治經濟學》，載於《大英百科全書》（第9版，紐約，1885年），第XIX卷，第396頁。

④ 英格拉姆：《政治經濟學》，載於《大英百科全書》（第9版，紐約，1885年），第XIX卷，第386頁。

能證實和理解上述命題，因為我們沒有辦法從數量上去估計最後的（或任何別的）效用的心理感受。但如果我們把它譯作實際生活的語言，用一個人為得到某物的效用而付出的東西來衡量該物對他的「效用」，則這個命題立刻就顯示是真的。因為杰文斯稱作「最後效用」的東西不過是每單位量的價格，所以上述命題所表示的是：在一個交換行為中，付出的某商品量與其單價（以第三物來估價）的乘積等於所獲得的商品的相應乘積——這個真理顯然不需應用高深的數學即可發現①。

我們全文引證了英格拉姆的這段話，因為它是在經濟思想通史中對邊際效用的最初評價。對英格拉姆這位厭棄演繹法而宣揚歷史方法優越性的人來說，上述論述完全是非歷史的和演繹的。

1870—1890年只有另外兩本經濟思想史提到過杰文斯、門格爾或瓦爾拉斯的名字，但他們都沒有把這三人聯繫起來②。也沒有把其中任何一人同邊際效用聯繫起來。這時期發表的許多其他歷史著作連這一點的暗示都沒有。【218】下列作者完全忽略了杰文斯、門格爾和瓦爾拉斯：歐根·杜林③，弗朗西斯科·馬里奧梯④，亨利希·庫茨⑤，莫瑞茨·邁伊爾⑥，夏爾·佩林⑦，H·艾森哈特⑧，古斯塔夫·科恩⑨。

---

① 英格拉姆：《政治經濟學史》（美國第1版，紐約，1888年），第233~234頁。
② 其中之一是L.科薩的《政治經濟學研究指南》（米蘭，1876年），第2版出版於1878年，英譯本（倫敦，1880年）有一篇杰文斯寫的序言，竭力向讀者推薦這本書，還可能引導讀者期待著出現一種對邊際效用學派起源的同情的說法。但科薩沒有把這個說法包括進去。科薩把杰文斯和瓦爾拉斯列為數理學派成員，以及交換理論的共同奠基者，但他沒有把邊際效用觀點同數理學派或交換理論聯繫起來。他也沒有注意門格爾。另一本是卡爾·瓦爾克的《國民經濟學與社會主義史》，1879年初版，1884年再版。該書多半是對許多著作及其作者的連貫的簡評——這也是科薩上述著作的特點。瓦爾克把杰文斯列在教科書作者名單之內（第24頁）。他注意到了門格爾的《原理》，但沒有分析它的內容（第66頁）。瓦爾克根本未提瓦爾拉斯或邊際效用。
③ 杜林：《國民經濟學和社會主義批判史》（柏林，1871年）。O.莫金特和E.卡穆斯認為，杜林這本書初版問世，標誌著經濟思想史著作的科學時期的開端（《國民經濟學雜誌》，第Ⅳ卷〔1933年〕，第394頁）。
④ 馬里奧梯：《歐洲經濟科學的起源與發展》（埃莫拉，1875年）。
⑤ 庫茨：《國民經濟學或國民經濟理論的歷史、文獻及意義》（卡塞爾和萊比錫，1876年）。其中一個腳註談到里昂·瓦爾拉斯（說他是瑞士人），但未涉及他的著作。第2版（柏林，1881年）沒有超出初版內容。
⑥ 邁伊爾：《新國民經濟學》（柏林，1880年）。
⑦ 【260】佩林：《百年來的經濟理論》（巴黎，1880年）。
⑧ 艾森哈特：《國民經濟學史》（耶拿，1881年）。增訂再版（耶拿，1891年）也沒有涉及杰文斯、門格爾和瓦爾拉斯。
⑨ 科恩：《國民經濟學史》，載於《國民經濟學體系》，第Ⅰ卷，第91~180頁。後以《國民經濟學基礎》為名出單行本（斯圖加特，1885年）。美國譯本名為《政治經濟學史》（費城，1894年）。

附錄　1890年後經濟思想史著作對邊際效用的描述

I

【219】在1890—1909年的20年間，沒有一部經濟思想史著作對邊際效用學派作過完整的論述。莫里斯·布洛克的《亞當·斯密以來經濟科學的演進》提供了最充分的考察①。他的討論散見於兩卷各處，他在第1版中既忽略了戈森，也沒提到瓦爾拉斯；不過在差不多20年中，他的書在經濟思想通史中仍算得上是對邊際效用理論的最充分的論述。類似的著作只有早些時候問世的《英國政治經濟學簡史：從亞當·斯密到阿諾德·托因比》②，作者L. L. 普雷斯，本書是簡史且限於英國。

這一時期的另外兩部歷史著作，即L. 科薩的《政治經濟學研究導論》③和H. D. 麥克勞德的《經濟學史》④，並沒有把邊際效用思想看作是發展經濟學的寶貴的思想，因而只給了它少許論述。還有一本歷史著作幾乎沒提邊際效用⑤。除以上著作外，1890—1909年問世的歷史著作再無提及邊際效用論者，如果說其中哪一本談到過邊際效用學派的三位奠基人的話，也只是把他們同數理經濟學或歷史方法等問題聯繫在一起⑥。

---

① 【260】兩卷本；巴黎，1890年，第2版，1897年。
② 倫敦，1891年。
③ 科薩的《導論》的英譯本名為《政治經濟學研究導論》（倫敦，1893年），法譯本名為《經濟理論史》（巴黎，1899年）。
④ 倫敦，1896年。我們也許不應把這本書看作經濟思想史。
⑤ 約瑟夫·拉姆勃：《經濟理論史》（巴黎，1899年）；第2版，1902年；第3版，1909年。
⑥ 這一時期還出現了下列4種經濟思想史著作：H. 丹尼斯：《經濟制度與社會主義史》（布魯塞爾，1897年），增訂版，1904年；N. K. 邦古：《政治經濟學文獻概覽》（巴斯爾，1898年），這個法譯本出現於俄文原版問世之後3年。A. 丹馬克：《國民經濟學史》（2卷本，耶拿，1905年）；A. 埃斯皮納：《經濟理論史》（巴黎，1891年）。莫金特和舍穆的著作書目列了許多無法得到的俄文版經濟思想史。(既有這一時期又有1910年以後的)。它們不像是有關於邊際效用的任何材料。

如果說在經濟思想通史中加進邊際效用學派在 1909 年前進展甚少的話，至少專家們在這個時期對該學派先驅者的瞭解有了增進。奧古斯特·杜波依研究了 17 世紀的先驅者①。文森索·坦戈拉考察了義大利古典經濟學家對效用的運用②。阿爾弗雷德·普林什姆把丹尼爾·伯努里關於邊際效用的著作從拉丁語譯成德文，同時魯德維格·費克撰寫了一篇歷史導論③。阿瑟·魯賓探討了把杜能【220】算作先驅者的可能性④。不過，這方面最重要的著作應數 E. R. A. 塞利格曼對 W. F. 勞埃德著作的發現⑤。塞利格曼高度讚揚了勞埃德：「對許多人來說，得知下述情況將是令人驚奇的：邊際效用理論最早是一個英國人的發現；勞埃德教授在 1834 年，即先於杜皮特 10 年，先於戈森 20 年，先於杰文斯、門格爾和瓦爾拉斯的再發現一代人以上，就已經提出了實質上相同的理論。」⑥ 在作出這一傑出的發現的同時，塞利格曼還把下列各位著作家包括進效用的陣營：約翰·克雷格、愛德華·羅杰斯、薩繆爾·貝利、查爾斯·弗朗西斯·科特里爾、芒梯福特·朗菲爾德、伊薩克·巴特。塞利格曼的發現對經濟思想史發生了一定影響，但是沒有出現他所期待的全部效果，因為他堅持認為：「我們不應再說**奧地利價值論**。」⑦

這個時期出現了價值理論的專題史，其中有些包含了對邊際效用標準歷史的很好的闡述⑧。歐根·派梯特的一篇是其中最長和最好的，它是作者於 1897

---

① 《17 世紀心理學派價值論》，載於《政治經濟學評論》，第 XI 卷（1897 年），第 849~861、917~930 頁。
② 坦戈拉：《義大利古典經濟學家的效用觀點》，載於《社會學評論》（1904 年 12 月）。
③ 萊比錫，1896 年。
④ 魯濱：《杜能的價值論和邊際效用論》，（霍爾，1902 年）。
⑤ 在塞利格曼的文章發表前兩年，T. S. 亞當斯的《指數與價值標準》一文（《政治經濟學雜誌》，第 X 卷〔1901 年〕，第 19 頁）用了差不多一頁篇幅明確指出了勞埃德的重要地位。不過，勞埃德的名聲是從塞利格曼文章發表後開始的。
⑥ 塞利格曼：《一些被忽視的英國經濟學家》，載於《經濟雜誌》，第 XIII 卷（1903 年），第 357~363 頁。
⑦ 塞利格曼：《一些被忽視的英國經濟學家》，載於《經濟雜誌》，第 XIII 卷（1903 年），第 357 頁。
⑧ 許多價值理論史對邊際效用學派的論述都有一個非常普遍的缺點，即除了缺乏適當的強調以外，總的來說略去了有關瓦爾拉斯的任何材料。這個缺點在下列著作中均可見到：R. 祖克坎德：《價格理論》（萊比錫，1889 年）；A. 格萊塞爾尼：【261】《義大利價值理論批判史》（米蘭，1889 年）；A. 蒙塔納里：《義大利價值理論史》（米蘭，1889 年）；W. 沙林：《邊際效用價值論（1871—1900）》（哥本哈根，1903 年版）。G. R. 沙洛諾提到了 19 世紀 70 年代初期的所有奠基人和他們的許多先驅者和後繼者，但他沒有作出任何連貫的論述。A. 洛里亞在《義大利經濟學中的價值理論》（1882 年）一文中提出了一定範圍的早期價值理論史，但沒有意識到邊際效用學派的興起。

年向巴黎大學提交的論文的一部分①。還有一些人在其價值學說史中對邊際效用論作了相當好的論述，他們是魯道夫·考拉②、魯約·布倫坦諾③和伯納德·羅斯特④。但他們對邊際效用學派的討論沒有增添什麼新東西。此外，經濟學辭典中也出現了對該學派的歷史解說⑤。

II

1909 年以後，邊際效用學派興起的故事完全地並入經濟思想通史；它以及隨後出現的論述邊際效用論發展的某個部分的專史，包含著兩個基本成就。

最早採納先驅者、革命和後繼者這一標準說法的榮譽，為以下三部經濟思想史所分享⑥：夏爾·季德和夏爾·利斯特的《經濟理論史》（1909 年）⑦，里威斯·漢尼的《經濟思想史》（1911 年）⑧，奧斯納·斯潘的《國民經濟學的主要理論》（1911 年）⑨。促使他們介紹邊際效用的是什麼原因？一般來說是出於彌補 1871 年後逐年擴大而至今已幾近消失的分歧，同時也保全了歷史學派的說法。特殊地說，【221】季德對杰文斯早有興趣，從而使他傾向於效用分析；斯潘居住在維也納，他是不能迴避邊際分析的；漢尼對美國經濟學家中已流行的思潮一定抱有強烈興趣。這三本書長期暢銷不衰，產生了廣泛的影響。所有其他歷史著作不得不同它們競爭。它們已經指明了道路，幾乎所有後來的歷史著作都在步它們的後塵。

在兩次世界大戰之間的歲月中出版的經濟思想史著作不下 20 部，其中大

---

① 派梯特：《不同價值論的批判研究》（巴黎，1897 年）。
② 考拉：《當代價值論的歷史發展》（杜平根，1906 年）。
③ 布倫坦諾：《價值理論的發展》，載於《皇家巴伐利亞科學院會議報告》（1908 年）。
④ 羅斯特：《價值與價格理論》（萊比錫，1908 年）。
⑤ 威斯蒂德：《最後效用程度》，載於《政治經濟學辭典》，帕爾格拉夫編（倫敦，1896 年），第 II 卷，第 59~61 頁。維色：《邊際效用》，載於《政治學袖珍辭典》（耶拿，1892 年），第 IV 卷，第 107 頁。
⑥ 這沒有包括狄潘豪斯特的《經濟學史講話》（馬德勒支，1910 年），因為它在影響和論述的精細方面不能同其他三本書相比。狄潘豪斯特主要是在第 V 章末尾的腳註中考察邊際效用的。
⑦ 巴黎，1909 年。
⑧ 紐約，1911 年。
⑨ 萊比錫，1911 年。

部頭的有 11 部①。這 11 部至少在 1950 年仍在印刷出版。在 1911—1940 年至少還有同樣數目的篇幅和影響較小的書問世，它們在 1950 年前已經絕版缺售②。一些簡史著作包含著對邊際效用史的恰當和標準的說明（即熊彼特和塞林的說明），但它們中的大部分解說是不完整和不詳盡的。

上述 11 部主要著作遵循標準的說法對邊際效用學派作了實質性的敘述。如果是按編年方式來寫學說史，則邊際效用問題通常被置於著作之末。

當然，這 11 位作者在處理邊際效用學派方面也表現出許多值得注意的差別。布克著重強調了這一點。他的處理可以作為一個有意拉長篇幅、過分修飾和一般來說考慮周詳的著作的標準。佩克的書像布克的一樣包含著過多解釋性資料，比任何其他人的書都顯得多。威特克是按論題來寫的。他把邊際效用作為一個課題並作了標準論述。斯科特偏重於奧地利人，根本未提瓦爾拉斯。密契爾、羅爾、福古森和格雷全都作了適當與標準的敘述。高納德像一般人一樣對邊際效用甚少感興趣，但即使是他，也明確勾畫了邊際效用歷史的基本輪廓。

戰爭期間（20 世紀 40 年代前半期），由於出版業仍然停頓，【222】所以手稿壓下來了。戰後，出版商發現對各種書籍特別是對各種教科書的需求很旺。於是經濟思想史著作成倍地增加了。1943 年後的 10 年間，新版和再版的經濟思想史不下 20 種。

---

① 1921—1940 年出版的重要的經濟思想史著作，按時間先後排列有以下這些：O. 布克：《經濟學的發展（1750—1900）》（紐約，1921 年）；R. 高納德：《經濟學說史》三卷本（巴黎，1921—1922 年）；P. 蒙巴特：《國民經濟學史》（耶拿，1927 年）；G. H. 布斯凱：《經濟思想的演進》（巴黎，1927 年）；A. 格雷：《經濟學說的發展》（倫敦，1931 年）；W. 斯科特：《經濟學的發展》（紐約，1933 年）；H. P. 佩克：《經濟思想及其制度背景》（紐約，1935 年）；W. C. 密契爾：《經濟理論近代思潮講義》，二卷本，油印本（紐約，1935 年；第 2 版，1949 年）；E. 羅爾：《經濟思想史》（倫敦，1938 年）；J. M. 福古森：《經濟思想的里程碑》（紐約，1938 年）；E. 威特克：《經濟思想史》（紐約，1940 年）。

② 在這些經濟思想史中也許最重要的是熊彼特的《理論與方法論的時代》，該文是《社會經濟大綱》（杜平根，1914 年）的一部分。R. 艾麗斯新近將其譯成英文，書名為《經濟學說和方法：歷史概論》（紐約，1954 年）。從版數和譯文本來看，得到最廣泛流傳的一本是由托托緬茨撰寫的經濟思想史。它最初是俄文版。法譯本《經濟學與社會學史》（巴黎，1922 年），義大利譯本《經濟學與社會學史》（都靈，1922 年），【262】德文譯本《國民經濟學和社會學史》（1925 年）。

在這個時期問世的經濟思想史著作中分量較輕的有以下各種：E. 弗里德利考威斯：《國民經濟學史大綱》（慕尼黑，1912 年），其中有一份註解性書目；B. 西格弗利德：《國民經濟學史講座》（波恩，1922 年），初版於 1919 年；E. 沙林：《國民經濟學史》（柏林，1923 年）；R. 威爾布蘭：《國民經濟學的發展》（斯圖加特，1924 年）；T. S. 昂格爾：《國民經濟學中的哲學》（耶拿，1923—1926 年），它同許多經濟史類似之處在於，他是按編年來安排材料的，關於「卡爾・門格爾」的部分討論了標準的說法。R. 克爾卡：《國民經濟學》（維也納，1927 年）；P. 瓊克：《國民經濟學史》（迪森，1927 年）；R. 密契爾：《經濟學史導論》（波瀹亞，1932 年）；H. 瓦干弗爾：《國民經濟學學說體系》（耶拿，1933 年），該書的著作目錄勝過其他任何一本；G. 卡波達里奧：《經濟思想史》（波瀹亞，1937 年）。

幾本較老的和成功的經濟思想史的出版商拿出了新的版本，有的是修訂本①。修訂本總的來說未加更改地保留了有關邊際效用學派歷史的論述。這個時期大約有10多本思想史方面的雕蟲小技之作上市，其中每本都包含某些有關邊際效用標準說法的片段②。

大約20世紀50年代初，出現了一大批各種不同的、新的和重要的歷史著作，形成了40年中經濟思想史中的第一次重大變化。這些著作的出現，使季德和利斯特、漢尼和斯潘的久負盛名的著作顯得陳舊了。主要的差別是，在新著作中擴大了論及比較近期的經濟學發展的部分。它們的變化是直接的、明顯的和早就成熟的。這種變化反應了經濟學的國際需要，就像1910年發生的變化一樣，因為這些歷史的著作家是以不同語言撰寫的，有英語、法語、義大利語、德語和荷蘭語。在這些新的歷史著作中，作者們明顯地改變了重點：邊際效用史的論述不再被置之最後，而被提到全書中部之前；給1870年之後經濟學發展的篇幅，同討論1870年之前各種事件的全部篇幅一樣多③。在其他一些著作中，甚至全書剛過半就開始討論三位奠基人的革命了④。

在先前各時期已經討論過的價值理論史在20世紀20年代仍繼續討論，但這方面著作的數量在減少，質量更低了，沒有比正統的關於邊際效用論的發展

---

① 季德和利斯特的書和漢尼的書作了修訂，增加了說明新近經濟學發展的資料。出版商們戰後簡單地重印了福古森、密契爾、羅爾和斯潘的歷史著作。
② 這些著作包括：L. 鮑丁：《簡明經濟思想史》（巴黎，1941年）；R. 雨光：《經濟思想史》（聖保羅，1942年）；J. W. 麥克康尼爾：《偉大經濟學家們的基本教誨》（紐約，1943年）；B. 諾高洛：《經濟思想的發展》（巴黎，1944年）；W. 斯達克：《與經濟發展相關的經濟學史》（倫敦，1944年）；R. 羅沙：《經濟理論史概述》（巴黎，1946年）；D. 維利：《偉大的經濟思想小史》（巴黎，1946年）；G. 普拉托：《經濟思想史講義》（都靈，1948年）；A. 克魯斯：《國民經濟理論史》（慕尼黑，1948年）；G. 米拉：《理論及實用經濟學史講義》（羅馬，1949年）；H. 古茨克：《國民經濟學的發展》（柏林，1949年）；A. 格萊塞阿尼：《經濟學史》（拿波里，1949年）；J. 拉杰：《經濟學說》（巴黎，1949年）；A. 陶茨克：《國民經濟學史》（維也納，1950年）；A. 伯里諾：《經濟思想史探索》（佛羅倫薩，1950年）；M. B. 阿亞：《政治經濟學研究及經濟學說史》，第1卷（巴黎，1952年）。
③ 下列著作至少把一半篇幅給予1870年以後經濟思想史的各種事件：L. J. 齊默恩：《經濟思想史》（海牙，1947年）；E. 詹姆斯：《經濟理論史》（巴黎，1950年）；G. 斯達維納干：《國民經濟學史》（戈廷根，1951年）；P. C. 紐曼：《經濟思想之發展》（紐約，1952年）。一部新的經濟思想史，【263】T. W. 哈奇遜的《經濟理論評論（1870—1929）》（紐約，1953年）集中於經濟理論史中的最後部分。
④ 下面列舉的這些新近的經濟思想史，雖然沒有闢出全書一半的篇幅考察現代的時期，但它們給予1870年以後的篇幅比先前經濟思想史著作中相應內容的篇幅要多。這些著作有：J. G. 克拉茨克曼：《經濟理論史》（都靈，1949年）；F. A. 尼夫：《經濟理論》（威克達，1946年）；H. W. 施皮格爾：《經濟思想的發展》（紐約，1952年）；J. F. 貝爾：《經濟思想史》（紐約，1953年）；J. A. 熊彼得：《經濟分析史》（紐約，1954年）。熊彼得的這本書列於此類是就現在所說的這個方面而言的，實際上它大半是獨樹一幟而且長期如此。

的說法增加任何新東西①。經濟百科全書中的解說變得更長了②。這一時期發表的論文雖然主要是分析性的，但也澄清了邊際效用史上的一些問題③。出現了關於先驅者的詳盡研究④。從對 17 國 1927 年經濟學狀況的觀察，【223】可以看出邊際效用深入經濟學的程度⑤。這番考察表明，邊際效用在幾乎每個國家都成了經濟學家們討論的熱門話題之一。

不過，專門致力於邊際效用史的專題著作開始出現這一事實，掩蓋了這一最後時期所有其他的發展。在任何思想發展中，最後階段必定要由這種專題史階段所構成。奧托·溫伯格於 1926 年寫了第一部這樣的著作《邊際效用學派》⑥。他在每個場合都回溯到標準的說法。哈耶克在評論該書時，抱怨它名不副實，因為該書大部分篇幅無視先驅者和奠基人的著作，也很少涉及邊際效用學派⑦。皮若的兩本多次重印的書：《邊際效用》（1932 年）和《均衡經濟理論：瓦爾拉斯和帕累托》（1934 年），儘管把奠基者分成兩半，儘管後一本書包括一些不相干的內容，但仍是對邊際效用史資料的蠻不錯的處理。⑧ 愛德華·弗朗西斯·斯克魯德的《邊際效用理論在美國》（1947 年）處理了這個歷史的一個特定部分⑨。對邊際效用的最出色的一篇純粹歷史的論述，是

---

① 這個時期最先出現的一本是夏爾·杜干的《亞當·斯密以來的價值分析》（雷恩，1913 年）；杜干的論述是不充分的，因為他只限於說明英國。1921 年增訂再版仍不能令人滿意，儘管包括了法國經濟學家。

下一部這樣的價值論史，也是其中最出色者，是 E. 魯菲的《價值概念，亞當·斯密以來的發展》（洛桑，1923 年）。

另一部 1910 年以後出版的價值論史是 G. B. 沙里達克斯的：《價值理論發展》（巴黎，1924 年）；R. V. 吉尼克頓：《1870 年以來價值論的發展》（阿姆斯特丹，1927 年）。

② P. N. 羅森斯坦-羅丹為《政治學袖珍辭典》準備了一篇關於邊際效用史的新論述，其中有一份很長的著作書目（第 4 版，第Ⅳ卷，第 1190~1223 頁）。F. H. 奈特關於邊際效用的文章刊於《社會科學百科辭典》（第Ⅴ卷，第 357~363 頁）。

③ S. 費色根：《政治經濟學的奧地利學派》，載於《經濟學家》雜誌（第 6 種，第ⅩⅩⅪ卷〔1911 年〕，第 50~57、214~230、375~388 頁，第ⅩⅩⅩⅢ卷〔1912 年〕，第 57~61 頁）。J. 納納對評論邊際效用的雜誌文獻作了一番考察：《價值論中的效用概念及其批評》，載於《政治經濟學雜誌》，第ⅩⅩⅩⅢ卷（1925 年），第 369~387、638~659 頁。H. S. 布洛克：《卡爾·門格爾的需求論》（巴黎，1937 年），該書雖然主要不是歷史論述，但對邊際效用史作了一些解說。

④ K. R. 布魯姆：《從開始到戈森為止的主觀心理價值論》（黑森，1934 年）。這個標題會使人誤以為布魯姆只考察了很少的先驅者。

⑤ 《當代價值理論》（第 1 卷，維也納，1927 年）。

⑥ 哈爾堡斯達茨，1926 年。

⑦ 《國民經濟與統計年鑒》，第 3 種，第ⅬⅩⅪ卷（1927 年），第 460~462 頁。

⑧ G. 皮若：《邊際效用》（巴黎，1932 年），《均衡經濟理論：瓦爾拉斯和帕累托》（巴黎，1934 年）。

⑨ 尼穆根，1947 年。

喬治·斯蒂格勒為《政治經濟學雜誌》（1950年）撰寫的兩篇論文：其中一篇《效用理論的發展》，作者把他的歷史研究限於主要著作家和所選擇的論題，但是，在這雙重限制的範圍內，他作了極好的歷史敘述。在邊際效用的歷史論述中，斯蒂格勒第一次解釋了帕累托時代及其以後出現的各種觀點；在歷史討論中，第一次包括了效用的衡量可能性這一類問題。

期刊譯名對照表

一般政治學雜誌	Zeitschrift für die gesammte Staatswissenchaft
計量經濟學	Econometrica
岡市評論	Revue de Caen
雙周評論	Fortnightly Review
立法、行政和國民經濟年鑒	Jahrbuch für Gesetsgebung, Verwaltung and Volkswirtschaft
世界經濟文獻	Weltwirtschaftliches
北美評論	North American Review
北不列顛評論	North British Review
社會學評論	Rivista di Sociologia
社會心理學雜誌	Journal of Social Psyclology
社會科學百科全書	Encyclopaedia of the Social Sciences
每季評論	Quarterly Review
每月評論	La Revue dus Mois
法國經濟學家	Economiste Francais
美國經濟評論	American Economic Review
耶魯評論	Yale Review
國民經濟學雜誌	Zeitschrift für Nationalokonomie
國民經濟、社會政治和行政管理雜誌	Zeitschrift für Volkswirtschaft Sozialpolitik und Verwaltung
國民經濟與社會政治雜誌	Zeitschrift für Volkswirtschaft und Sozialpolitik
國民經濟和文化史季刊	Vierteljahrschrift für Volkswirtschaft und Kulturgeschichte

國民經濟和統計年鑒	Jahrbucher für Nationalökonomie und Statistik
帕爾格拉夫政治經濟學辭典	Palgrave's Dictionary of Political Economy
經濟學	Economica
經濟學家	De Economist
經濟學家雜誌	Giornale degli economisti
經濟學家雜誌	Journal des Economistes
經濟學季刊	Quarterly Journal of Economics
經濟學家雜誌和經濟年鑒	Giornale degli economisti e annali di economia
經濟評論	Economic Review
經濟記事	Economic Record
經濟與社會史評論	Revue d'historire economique et Sociale
經濟雜誌	Economic Journal
政治學袖珍辭典	Handwörterbuch der Staatswissenschaften
政治科學季刊	Political Science Quarterly
政治經濟學評論	Revue d'economie Politique
政治經濟學雜誌	Journal of Political Economy
威斯特敏斯特評論	Westminster Review
星期六評論	Saturday Review
皇家統計協會雜誌	Journal of Royal Statistical Society
劍橋哲學會刊	Proceedings of the Cambridge Philosophical Society
統計學會雜誌	Journal of the Statistical Society
新英格蘭雜誌	New England Magazine
新英格蘭人	New Englander

人名譯名對照表

二畫
丁沃爾　　　　　　　　　Dingwall, J.

三畫
門格爾（父）　　　　　　Menger, C.
門格爾（子）　　　　　　Menger, K.
馬海姆　　　　　　　　　Mahaim, E.
馬蒂諾　　　　　　　　　Martineau, E.
馬克思　　　　　　　　　Marx, K.
馬達佳　　　　　　　　　Mataja, V.
馬歇爾　　　　　　　　　Marshall, A.
馬歇爾夫人　　　　　　　Marshall, M, P.
馬利奧梯　　　　　　　　Mariotti, F.
馬爾薩斯　　　　　　　　Malthus, T. R.

四畫
瓦萊特　　　　　　　　　Valette, A.
瓦根弗爾　　　　　　　　Wagenfuhr, H.
瓦格納　　　　　　　　　Wagner, A, H, G.
瓦爾拉斯（父）　　　　　Walras, A.
瓦爾拉斯（子）　　　　　Walras, L.
戈森　　　　　　　　　　Gossen, H. H.

比讚特	Besant, A.
比頓	Beeton, H. R.
丹尼斯	Denis, H.
丹馬克	Damaschke, A.
內夫	Neff, F.
貝克拉斯	Beckerath, E. V.
貝恩	Bain, A.
貝利	Bailey, S.
貝爾	Bell, J.
巴特	Butt, I.
巴勒特	Barratt, A.
巴斯夏	Bastiat, F.
孔狄亞克	Condillac, E. B. de.
韋伯	Webb, S.
韋伯	Webb, E. H.
韋伯	Webb, W.

五畫

漢尼	Haney, L.
蘭格	Lange, F. A.
蘭格	Lange, B. O.
蘭姆巴德	Ramband, J.
古西爾	Courcelle-Seneuill, G.
古茨	Goods
古奇	Gutsche, H.
古爾諾	Cournot, A. A.
安東尼里	Antonelli, G. B.
布洛克	Block, H. S.
布洛克	Block, M.
布洛迪格	Blodig, H.
布蘭斯	Blaise, Ad.

布朗	Brown, E. H. P.
布朗	Brown, T.
布朗基	Blanqui, A.
布斯凱	Bousquet, G. H.
布萊克	Black, R. D.
布峰	uffon, G. L. L.
布倫坦諾	rentano, L.
布魯克	Brooke, S. A.
布魯爾	Bourouill, J. d. d.
布魯姆	Blum, K. R.
布維爾	Bouvier, A. M.
艾納瑪	Inama, S.
皮若	Pirou, G.
皮爾遜	Pierson, N. G.
邊沁	Bentham, J.
尼科爾森	Nicholson, J. S.
加特納	Gartner, F. W.
加利阿尼	Galiani, F.
加尼斯	Cairnes, J. E.
加尼爾	Garnier, J. F.
弗里克	Frisch, R.
弗里德蘭德	Friedlander, E.
弗里德利考威斯	Rridrichowicz, E.
聖馬克	Saint-Marc, H.

六畫

湯普遜	Thompson, W.
米契爾	Mitchell, W.
米亞基馬	Miyajima, T.
米斯	Mees, W. C.
米拉	Mira, G.

齊默爾曼	Zimmerman, L. J.
吉諾維西	Genovesi, A.
吉丁斯	Giddings, F. H.
吉恩克頓	Genechten, R.
考拉	Kaulla, R.
考威	Cauwes, P.
考茨	Kauts, G.
考德	Kauder, E.
亞當斯	Adams, H.
亞當・斯密	Smith, A.
西格	Seager, H. R.
西格弗利德	Siegfried, B.
西季威克	Sidgewick, H.
西尼爾	Senior, W.
達文波特	Davenport, H. J.
達鮑斯	Dabos, H.
達爾文	Darwin, G. H.
邁斯考斯基	Miaskowski, A. V.
邁耶	Meyer, M.
邁耶	Meyer, R.
邁克利斯	Michaelis, O.
邁克爾斯	Michels, R.
托托緬茨	Totomiants, V. F.
托依爾	Toyer, F. A.
喬治	George, H.
喬丹	Jourdan, A.
休厄爾	Whewell, W.
休爾特	Suret, L.
華萊士	Wallas, G.
約翰遜	Johnson, A.

七畫

汪茨	Wundt, W. M.
沃洛威斯基	Wolowski, L. F.
沃爾夫	Wolf. J.
沃爾克	Walker, F.
沙洛諾	RiccaSalerno, G.
沙林	Scharling, W.
沙林	Salin, E.
沙里達克斯	Saridakis, G.
沙穆斯	Scharms, E.
沙德威爾	Shadwell, J. L.
亨德森	Henderson, A.
麥康內爾	McConnell, J.
麥克勞利	Macrory, E.
麥克利戈	Macgregor, D. H.
麥克利昂	Macleod, H. D.
克雷格	Craig, J.
克拉克（父）	Clark, J. B.
克拉克（子）	Clark, J. M.
克拉茨克曼	Kretschmann, J. G.
克希拉	Kerschlagl, R.
克魯斯	Kruse, A.
克尼斯	Knies, K.
杜波依斯	Dubois, A.
杜干	Turgeon, C.
杜吉特	Duguit, L.
杜林	Duhring, E.
杜皮特	Dupuit, J.
杜爾閣	Turgot, A. R.
杜能	Thunen, I. H. V.
李嘉圖	Ricardo, D.

李斯特	Rist, C.
李西	Ricci, U.
坎寧安	Cunningham, W.
坎南	Cannan, E.
勞埃德	Lloyd, W.
勞德戴爾	Lauderdale, J. M.
蘇拉依	Suranyi-Unger
肖夫	Shove, G. F.
希格斯	Higgs, H.
利斯	Rees, R. L.
伯托里諾	Bertolino
伯努里	Bernoulli, D.
伯納·肖	Shaw, Bernad
狄潘豪斯特	Diepenhorst, P. A.
狄茲	Dietzel, H.
阿米塔奇·斯密	Armitage-Smith, G.
紐柯布	Newcowb, S.
紐曼	Newmann, J.
紐曼	Newman, J. C.

八畫

龐巴維克	Bohm-Bawerk
拉普拉斯	Laplace, P.
拉韋利	Laveleye, E. d.
松吞	Thornton, W. T.
杰文斯	Jevons, H. S.
杰文斯	Jevons, T.
杰文斯	Jevons, W.
杰文斯	Jevons, Herbert
杰文斯	Jevons, Thomas
賈菲	Jaffe, W.

林德伍恩	Lindwurn, A.
林登	Linden, P. W. A.
奈特	Knight, F. H.
雨光	Hugon, P.
坦戈拉	Tangorra, V.
英格拉姆	Ingram, J. K.
迪鮑夫	Delboeuf, J.
羅賓斯	Robbins, L.
羅斯科	Roscoe, M. A.
羅斯科	Roscoe, W.
羅斯特	Rost, B.
羅斯勒	Roesler, H.
羅杰斯	Rogers, E.
羅杰斯	Rogers, J. E. T.
羅森斯坦-羅丹	Rosenstein-Rodan
羅西	Rossi, P. L. E.
羅爾	Roll, E.
羅伯遜	Robertson, R.
羅科	Roca, R.
帕累托	Pareto, V.
帕桑斯	Parsons, T.
凱恩斯	Keynes, J. M.
邦奇	Bunge, N. K.
季德	Gide, C.
配克	Peck, H. W.
配林	Perin, C.
配蒂特	Petit, E.

九畫

派頓	Patten, S. N.
洛里亞	Loria, A.

施羅德	Schroder, E.
施穆勒	Schmoller, G.
施皮格爾	Spiegel, H. W.
祖坎德爾	Zuckerkanall, R.
柯莫津斯基	Komorzynski, J. V.
查德威克	Chadwick, D.
查德威克	Chadwick, E.
威斯蒂德	Wicksteed, P.
威利	Waley, J.
威特利	Whately, R.
威爾布蘭	Wilbrandt, R.
奎克	Quack, H. P. G.
哈克	Hack, F.
哈耶克	Hayek, F. A. V.
哈奇遜	Hutchison, T. W.
科特里爾	Cotterill, C. F.
科薩	Cossa, L.
科恩	Cohn, G.
科恩斯杜亞特	CohenStuart, A. J.
科爾松	Colson, L. C.
費雪	Fisher, I.
費克	Fick, L.
費希納	Fechner, G. T.
費鮑根	Feilbogen, S.

十畫

高納德	Gonnard, R.
朗哈茲	Launhardt, W.
朗菲爾德	Longfield, M.
諾高洛	Nogoro, B.
索斯頓	Thurstone, L. L.

格洛斯	Gros, G.
格雷	Gray, A.
格雷文	Greven, H. B.
格萊塞阿尼	Graziani, A.
萊克西	Lexis, W.
萊斯利	Leslie, T. E. C.
萊斯特	Lester, R. A.
萊瓦蘇	Levasseur, E.
萊爾	Lehr, J.
莫利納里	Molinari, G.
特里布	Treub, M. W. F.
桑巴特	Sombart, W.
陶希	Taussig, F. W.
陶茨克	Tautscher, A.

十一畫

康茨	Contzen, H.
蓋特	Guyot, Y.
勒托特	Letort, C.
勒本	Lieben, R.
菲力波維奇	Philippovich, V. P. C.
薩伊	Say, J. B.
薩克斯	Sax, E.
蘇里	Sully, J.
曼尼金	Mannekin, Th.
維塞爾	Wieser, F.
維利	Villey, D.
維利	Villey, E.
維納	Viner, J.

十二畫

溫特費爾德	Winterfield, L.

溫伯格	Weinberger, Otto.
普雷斯	Price, L. L.
普林什姆	Pringsheim, A.
普列考索斯	Precursors
普拉托	Prato, G.
普魯東	Proudhon, P. J.
謝夫勒	Schaffle, A. E. F.
瓊克	Junker, P.
博寧西尼	Boninsegui, P.
博讓	Beaujon, A.
博卡多	Boccardo, G.
博利	Beaurin, G.
博納	Bonar, J.
惠特克	Whitteker, E.
塔斯曼	Tasman, H. J.
斯潘	Spann, O.
斯潘塞	Spencer, H.
斯蒂格勒	Stigler, G.
斯達克	Stark, W.
斯達哈根	Stavenhagen, G.
斯廷	Stein, L. V.
斯科特	Scott, W.
斯魯茨基	Slutsky, E.
斯馬特	Smart, W.
奧托	Ott, A.
奧斯皮茨	Auspits, R. andd.
奧曼	Oman, C.
奧爾斯	Oules, F.
魯賓	Ruppin, A.
魯道夫	Rudolf, C. P.
魯菲	Ruffy, E.

十三畫

塞利格曼	Seligman
福塞特	Faucett, H.
福古森	Ferguson, J.
福克斯威爾	Foxwell, H. S.
蒙基	Mongin, M.
蒙塔納里	Montanari, A.
蒙巴特	Mombert, P.
詹寧斯	Jennings, R.
詹金	Jenkin, F.
詹姆斯	James, Edmund
詹姆斯	James, Emile
鮑丁	Baudin, L.
鮑克	Boucke, O. F.
鮑里拉	Baudrillart, H. J. L.
鮑利	Bowley, A. L.
鮑利	Bowley, M.

十四畫以上

赫恩	Hearn, W. E.
赫德曼	Hyndman, H. M.
赫弗德	Herford, C. H.
赫維-巴齊	Herve-Bazin, F.
熊彼特	Schumpeter, J.
潘達里奧尼	Pantaleoni, M.
摩根斯坦	Morgenstern, O.
霍斯利茲	Hoselitz, B.
霍布森	Hobson, J.
霍達德	Houdard, A.
默里維爾	Merovale, H.
讚諾	Zanon, G. A.

讚比利	Zambelli, A.
穆勒（父）	Mill, James
穆勒（子）	Mill, J. S.

索引

本索引含人名與事項，以筆畫排序，頁碼系原書頁碼（標在正文和註釋相應的譯文處）

一畫
一般均衡：
　　杰文斯論一般均衡，18，19-20；
　　和瓦爾拉斯，19-20，42；
　　和門格爾，42；
L.，202；

二畫
丁沃爾，J.，225，230；

三畫
門格爾，C,：
　　生平，24，139-140，166，229；
　　觀點的來源，24-27，230；
　　和古爾諾，26-27，230；
　　避免用「邊際效用」一詞，39-40，142；
　　對邊際效用的解釋，40-42，44，45，53；
　　一般均衡方法，42；
　　論尺度，46-47；
　　論平均效用，52；
　　論效用函數形式，53；
　　論收入的邊際效用，55；
　　論最大化效用，57-58；
　　論勞動價值論，58，154；
　　論需求函數，59；
　　被接受，61，131，139-140，156，201，214-215；
　　後期出版物，141-142；
　　和維塞爾，143，144，145；
　　在維也納教學，173-174；
　　與施穆勒爭論，176；
　　和書，176，230；
　　論貨幣，181；
　　獨立發現邊際效用，215-216；
　　論物品的補足和替代，233；
　　論家庭，233；

論邊際效用理論史，258-259；

其他，39，89，94，109，110，112，113，134，160-169 各處，178，182，191，200-220 各處，249；

門格爾，K.，225；

馬海姆，E.，175-176；

馬爾薩斯，T. R.，91；

馬里奧蒂，F.，218；

馬歇爾，A.：

和杰文斯，17，63-64，76，78，80，83-87，234；

論邊際效用，27，76-80，68-79，91-92；

評杰文斯的《理論》，63-64，234；

論尺度，76，78；

論個人之間的比較，77-78；

效用和需求的關係，77；

邊際效用的獨立發現者，81-92；

凱恩斯論杰文斯，82-83,235-236；

論消費者租金，84，236；

得惠於人，86-87，88；

百年紀念，87；

書籍評論，87；

利用數學，87-88；

W. 休厄爾，88；

折中主義，89-90；

論亞當·斯密，91，238；

經濟圈的成員，124；

青年經濟俱樂部，130；

和奧斯皮斯與李賓的比較，172；

講課，236-237；

論邊際效用歷史，258；

其他，65，73，108，110，111，117，118，121，129，177，182，193，207，212，215；

馬歇爾，M. P.，193；

馬蒂諾，E.，190；

馬克思，K.：威斯蒂德論馬克思，120-123；

肖論馬克思，121-122；

恩格斯翻譯「資本論」，126；

拉維利論馬克思，192-193；

其他，125，137，143，163；

馬塔佳，V.，161-162，164，174-175，207，249；

個人之間比較效用：

杰文斯論，51-52；

門格爾論，51-52；

瓦爾拉斯論，51-52；

加尼斯論，65；

馬歇爾論，77，78；

埃杰沃思論，94，104；

威斯蒂德論，135-136；

龐巴維克論，159；

四畫

心理學，14-15；

心理物理學，95-100，101，102-103；

不列顛經濟協會，又見：皇家經濟協會；

不連續性，又見：連續性；
不可分性，52，72，184. 又見：連續性；
無差異曲線，105-106，133；
歷史學派，176-177，196；
瓦依納，J.，263；
瓦根夫爾，H.，262；
瓦格納，A. H. G.，176；
瓦萊特，A.，194，195；
瓦萊，J.，7；
瓦爾克，F. A.，108，182；
瓦爾拉斯，A.：
　　生活不順利，28；
　　古爾諾的同學，28；
　　對兒子的影響，28-32；
　　和經濟學，29；
　　論價值，29，30；
　　和邊際效用，30-31，35；
　　使用「稀少性」一詞，31；
　　論數學，32；
　　論消費的不可分性，35；
　　傳記資料，230；
　　其他，148
瓦爾拉斯，L.：
　　和一般均衡，19-20，42；
　　早期出版物，24，33；
　　生活不順利，28；
　　受惠其父，28-32，33-35；
　　論價值，33-35，37；
　　論早期作者，36-37；
　　論尺度，38，47；
　　論邊際效用，40，41，53，71，183，179-186，215-216；
　　得自交換的效用，43-44；
　　論連續性，45-46；
　　論效用和需求曲線的關係，49，59；
　　論個人之間效用的比較，51-52，184；
　　論效用函數的形式，53；
　　論最大化效用，57-58，185-186；
　　論勞動價值論，58；
　　和杰文斯，71-72，74，214-215；
　　和戈森，74，180-181；
　　和馬歇爾，84-85；
　　和埃杰沃思，101；
　　和門格爾，142，184，214-215；
　　和維塞爾，145；
　　和龐巴維克，156；
　　和奧斯皮茨和李賓，171；
　　和洛桑學派，179；
　　「邊際效用學派」一詞的提出，182；
　　和法國經濟學，191，194-197，198-199，200；
　　其他，20，39，89，94，104，108-113各處，134，136，148，150，157，160，169，190，191，192，205-221各處，254
韋伯，S.，119，120，124，125，128-129；

韋伯，E. H.，95-97，239，240；
韋伯，W.，164；
韋伯法則，96-97；
戈利文，H. B.，182，203，204；
戈魯斯，G.：
    生平，161-162；
    避免使用效用，163-164；
    在維也納教學，173-175；
    其他，207，249；
戈森，H. H.：
    和瓦爾拉斯，37，180；
    杰文斯論戈森，74，81；
    被埃杰沃思認可，101；
    其他，95，97，104，109，141，148，169，182，194，208，211，212，213，214，219，239；
中西部國際圖書中心，230；
岡納德，R.，221，261；
貝利，S.，220；
貝恩，A.，228；
貝克拉斯，E. V.，251；
貝德福德山辯論協會，118-119，242；
貝爾，J. F.，263；
貝桑特，A.，126；
比頓，H. R.：
    和貝德福德山辯論協會，119；
    在經濟圈，119；
    和威斯蒂德，119；
    和青年經濟俱樂部，130；
和福克斯威爾，242；
其他，123，124，129，131；
巴勒特，A.，93-94，95，107；
巴斯夏，F.，26，64，187，189，192；
巴特，I.，220；
孔迪亞克，E. B. d.，26，36，148；
公立國民工藝學校，28；
丹馬克，A.，260；
丹尼斯，H.，260；
牛津大學，225-226；

五畫

漢尼，L.，90，95，220，222，262；
蘭格，F. A.，240；
蘭格，O.，213；
蘭波德，J.，260；
未來慾望，150；
古德希，H.，262；
古約特，Y.，202；
古西爾，G.，254；
古爾諾，A. A.，
    對門格爾的影響，26-27；
    和效用分析，27；
    瓦爾拉斯和他的聯繫，36；
    杰文斯論古爾諾，81-82；
    馬歇爾受惠於他，84，86，88；
    埃杰沃思論古爾諾，101，102；
    其他，104，121，136，169，230；
平均效用；又見：效用；
可分性；又見：連續性；

布拉格大學, 24, 144, 165;
布萊克, R. D., 225;
布蘭斯, Ad., 189-190;
布朗基, A., 28;
布洛克, H. S., 263;
布洛克, M., 20, 202, 219;
布洛迪格, H., 248;
布拉格大學, 147;
 對邊際效用理論史的認可, 147;
 和戈森, 148;
 和數學, 148, 150;
 論自然價值, 148, 247;
 論效用尺度, 149;
 運用不連續性, 149-150;
 價值「反論」, 150-151;
 價值的二律背反, 151;
 論自然價值, 151-152;
 在維也納教學, 174;
 奧托論維塞爾, 197;
 其他, 117, 134, 141, 145, 150, 161-169 各處, 181, 182, 207-214 各處, 249, 261;
布魯姆, K. R., 263
布魯爾, J. d. d.:
 通信, 71, 72-73, 181;
 論邊際效用, 203-204;
 其他, 73, 182, 206, 207, 214;
布斯凱, G. H., 261;
布維爾, A. M., 262;
布倫坦諾, L., 173-175, 248;

布洛克, S. A., 118-119, 124;
布朗, E, H, P., 232;
布朗, T., 14;
布峰, G. L. L., 100;
歸算, 148, 247;
生活滿足曲線, 171;
生活方式, 170;
生產, 74, 136;
生產要素, 42;
聖馬克, M. H., 175-176;
皮爾森, N. G., 182, 203, 204, 214;
皮若, G., 223, 257;
尼茲, 40, 42;
尼夫, F. A., 263;
尼科爾森, J. S., 108;
加特納, F. W., 140;
加里阿尼, F., 26;
加尼爾, J. F., 34, 201, 256;
加尼斯, J. B., 12, 64-65, 121, 141, 226;
邊沁, J.:
 影響, 10-11, 83, 84;
 論可測定性, 48;
 論效用的增加, 62;
 其他, 94, 95;
邊際效用:
早期態度, 1, 34;
 對經濟學的影響, 1, 50, 57, 145;
 杰文斯論邊際效用, 2, 18-19,

41，74；

利用的條件，2，18-19，78，84，197；

和交換價值的關係，18，26，57，127，148；

名詞的起源，39-40，78，84，85，107，127，134，146；

門格爾論邊際效用，40-42，47；

瓦爾拉斯論邊際效用，41，179-186；

批評，46，165，189-190，197-199；

曲線的斜度，53，183，209；

邊際效用的負值和零值，74；

早期歷史，74；

馬歇爾論邊際效用，76；

和享樂主義的關係，94-95；

和物理心理學的關係，95-100，101，102-103；

埃杰沃思是獨立發現者，100；

J. B. 克拉克的發現，110-117；

美國學派，114；

和費邊社，125-129；

和財富的分配，136；

德國雜誌中，140，157；

和稅收，167-168；

和貨幣理論，181；

拉維利獨立發現，192-193；

可選擇的歷史，210-213；

又見：邊際效用遞減，效用，稀少性；

邊際效用學派，182，219-223；

邊際效用遞減：

杰文斯論邊際效用遞減，19，49；

意義，53；

與威伯法則的關係，96-97；

和埃杰沃思，100；

和 j. b. 克拉克，112；

維塞爾論邊際效用遞減，149；

薩克斯論邊際效用遞減，168；

又見：邊際效用，收入的邊際效用，效用；

邊際對偶，157；

弗里德利考威斯，E.，262；

弗瑞希，R.，213；

六畫

安東尼里，G. B.，182，203，206，207，257；

湯普森，W.，100；

交換，42-43；又見：價值；

亨德森，A.，124；

亨德曼，H. M.，121，126，129；

米斯，W. C.，203；

米亞科夫斯基，A. V.，248；

米契里斯，O.，25；

米奇爾，R.，262；

米爾，J.，14；

米爾，J. S.：

和馬歇爾，76，87，88；

和杰文斯，83；

其他，8，15，62-66各處，91，

121；

米拉，G.，262；

米契爾，W. C.，221，261，262；

米亞基馬，他 116；

考德，E.，8-9；

考拉，R.，220；

考茨，G.，141；

考維斯，P.，202；

誇克，H. P. G.，203；

吉恩克頓，R. v.，263；

邁耶爾，M.，218；

邁耶爾，R.，164-165，174-175，249；

亞當斯，H. C.，115；

亞當遜，R.，141；

亞當·斯密：

 馬歇爾論斯密，91，238；

 其他，62，70，114，121，143，192；

西季威克，H.：

 和邊際效用，95；

 和肖，127-128；

 其他，93，95，100，108，182；

西格夫利德，B.，262；

西格，H. R.，175-176；

西尼爾，W. N.：

 和杰文斯，2-6，83；

 和威特利，4；

 論價值，4-6，56；

 論邊際效用遞減，5；

 門格爾論西尼爾，26；

 瓦爾拉斯論西尼爾，36；

 其他，148；

邦奇，N. K.，260；

吉諾維西，A.，26，36，148；

吉丁斯，F. H.，116-117，147；

吉德，C.：

 教授，177；

 和法國的邊際效用，187-189；

 論杰文斯，188-189，200；

 和布萊斯爭論，189-190；

 和馬塞爾·摩根，190；

 論瓦爾拉斯，200；

 其他，180，182，192，220，221，222，256，262；

托托面茨，V. F.，261；

托伊爾，F. A.，241；

達爾文，G. H.，72，73；

達文波特，H. J.，90；

達鮑斯，H.，190-191，254；

坎寧安，W.，124，129；

伊納馬-斯特尼格，K. T. V.，248；

因斯布魯克大學，144，164；

喬治，H.，119；

喬丹，A.，202，256；

約翰遜，A.，116-117；

休厄爾，W.，13，17，88，225，237；

價值：

 A. 瓦爾拉斯論價值，29，30；

 和邊際效用的聯繫，56-58，125，127，148，160；

 勞動價值論，5，13，29，58-59，

271

索引

120，126-127，126，163，195，199；

馬歇爾論價值，78-79；

剩餘價值，120；

成本與價值的關係，122；

維塞爾論價值，145，148，150-151，152-163；

自然價值，148，151-152；

二律背反，151；

E. 馬提努論價值，190；

達布斯論價值，190-191；

法國人的爭論，191；

列瓦索爾論價值，195-196；

又見：英國古典經濟學派，交換，效用；

價格，30，34，78，94. 又見：價值；

華萊思，G.，125；

成本：

和價值，111，122；

性質，145；

與效用的關係，152-153；

又見：價值；

收入的邊際效用，44，50，55-56，60，115；

七畫

汪茨，W. M.，94；

沃爾夫，J.，140；

沃洛維斯基，L. F. M. R.，194，196；

沙林，E.，262；

沙林，W.，261；

沙穆斯，E.，259；

沙德威爾，J. L.，70；

序數效用，18，49. 又見：效用尺度；

享樂主義，94-94；

社會主義，120-123；

補足性，53，105，233；

完整性條件，206；

龐巴維克，E. V.：

早年，111，155；

和威斯蒂德，137；

關於邊際效用的辯論，140；

論利息，150；

早期出版物，155-156；

論邊際效用，156；

邊際對偶，157；

論可分性，157-158；

論尺度，158-159；

論個人之間比較，159；

論成本、效用和價值的關係，159-160

對菲力波維奇的影響，166；

在維也納的教學，174；

奧托論龐巴維克，197；

其他，109，117，141，161，164，165，168，169，176，181，207，212，249，251，253；

蘇拉依-昂格，T.，262；

蘇里，J.，98-100；

杜波依斯，A.，219；

杜林，E., 218；

杜吉特，L., 256；

杜皮特，J.：

 瓦爾拉斯論杜皮特，36-37；

 論邊際效用，36-37；

 論效用和需求曲線，49；

 效用和價值的關係，56；

 和杰文斯，73；

 馬歇爾得惠於他，86；

 其他，53, 81, 109, 169, 171, 200, 208, 211, 212, 213, 220；

李嘉圖，D.：

 和德魯蒙德與威特利教授，5-6；

 和馬歇爾，87, 88, 258；

 其他，62, 63, 64, 78, 89, 91, 110, 121, 143, 192；

李西，U., 257；

李斯特，C., 220, 222, 262；

李賓，R.：生平，161-163；

 論邊際效用，168-172；

 其他，165, 207, 249, 251；

克拉克，J. B.：

 和馬歇爾，85-86；

 和維也納經濟科學協會，11；

 獨立發現邊際效用，110-117；

 早期生活與寫作，111-113；

 論尺度，116；

 與杰文斯、門格爾和瓦爾拉斯的區別，116；

 對馬歇爾《原理》的評論，117；

 其他，118, 165, 207, 212；

克拉克，J. M., 110；

克拉科夫大學，24；

克雷格，J., 220；

克士拉格 R., 262；

克尼斯，K.，

 論價值論，25；

 和龐巴維克，111, 114, 155；

 和維塞爾，111, 144, 153；

 和克拉克，112, 114；

 和邊際效用學派，241；

 其他，163；

克萊茨克曼，J. G., 263；

克魯斯，A., 262；

麥康內爾，J. M., 262；

麥克利戈，D. H., 237；

麥克利昂，H. D., 16, 219；

麥克勞里，E., 17；

杜根，C., 263；

杜爾閣，A. R. J., 26；

均衡；又見：一般均衡；

勞動的邊際負效用，14；

勞德戴爾，J. M., 26；

勞埃德，W. F., 3, 213, 220；

連續性：

 和效用，45-46, 137；

 維塞爾論連續性，149-150；

 龐巴維克論連續性，157-158；

 瓦爾拉斯論連續性，183；

紐曼，J. V., 213；

紐科布，S., 67-68；

紐曼，P. C., 91, 262；

阿米塔奇·斯密，G., 124, 129；

伯努里，D.：

論收入的邊際效用，55；

論價值，56；

和邊際效用遞減規律，95；

其他，98, 219, 226；

狄潘豪斯特，P. A., 261；

財富的分配，136；

希格斯，H., 129；

利爾，J., 140；

利息，150；

財產，29-30, 34；

利斯，R. L., 127；

利卡·薩樂諾，G., 261；

肖夫，G. F., 88-91；

肖，B.：

和貝爾夫德山辯論協會，119；

論數學，121, 126；

和威斯蒂德，121-123；

和經濟圈，123；

和費邊社，125-129；

評《資本論》，126；

同西季威克會面，127-128；

其他，129

八畫

法蘭西學院，28；

法國大學，177；

林德伍恩，A., 25；

杰文斯，H. S., 21, 83；

杰文斯，H., 2；

杰文斯，Thomas 夫婦，9；

杰文斯，W. S.：

論勞動價值論，1, 58-59；

發現邊際效用，1-2, 215-216；

先前作者的影響，3-6, 10-11, 11-13, 21-23；

對經濟學的最初興趣，7；

威利講義的影響，8；

宗教的影響，8-10, 9-10；

羅斯科家庭的影響，9-10；

首次公開宣示效用觀點，16-17；

關於效用的著作，17-24, 74, 75；

論效用尺度，18, 47-50, 49, 70；

邊際效用的條件，19, 39, 41-42；

運用一般均衡，19-20；

在 F 組的主席演說，20；

論杜皮特，37, 73；

論邊際-效用分析，40-41, 43-44, 53, 57-58, 183；

論效用，41-42, 45, 48-49, 52, 53-55, 72, 233；

論經驗效用曲線，48-50, 70, 71；

論收入邊際效用，50, 55-56；

論個人之間比較效用，51-52；

論需求，56, 59；

對《理論》的評論，61-69, 234；

和沙德威爾，70；

和瓦爾拉斯，71-72，72，74，214-215；

和 de 伯努利，72-73；

和福克斯威爾，73，74；

和戈森，74；

和馬歇爾，76，80，83-87，234；

凱恩斯論杰文斯，82-83；

和埃杰沃思，99，104，106-109；

和 J. B. 克拉克，115-116；

和費邊社，125-129；

門格爾，142，214-215；

和維塞爾，145，146；

論貨幣，181；

吉德論杰文斯，187-189；

達鮑斯論杰文斯，190-191；

在法國的早期認可，201；

在歐文思學院，228，229；

書籍收藏家，230；

其他，94，95，108-113 各處，121，134，141，148，150，157，169，179，180，184，190-193 各處，200，205-220 各處；

拉杰，J.，262；

拉·惱玆，J. A.，226；

拉普拉斯，P.，56，100；

拉維利，E. d，192-193；

終點效用，85；

松吞，W. T.，17；

英國古典學派，177；又見：勞動價值論；

英格拉姆，J. K.，216，259；

英國經濟學教授，5-6；

周六評論，65-66；

貨幣，181；又見：收入，邊際效用；

其他，178，248；

坦戈拉，V.，219；

青年經濟俱樂部，125，130；

杰菲，W.，185-25；

奈特，F.，225，263；

帕累托，V.：和奧斯皮茨和李賓，171，172；

和洛森學派，179；

其他，211，212，223，257；

物品：

門格爾論物品，40，42；

杰文斯論物品，40-41；

自由物品，44；

帕森斯，T.，82；

羅賓斯，L.，118；

羅賓孫，R. M.，225；

羅卡，R.，262；

羅斯勒，H.，25；

羅杰斯，E.，220；

羅杰斯，J. E. T.，225；

羅爾，E.，90，221，261，262；

羅斯科，M. A. 見 T. 杰文斯夫人；

羅斯，W.，9；

羅森斯坦-羅丹，P. N.，263；

羅希，P. L. E.，28；

羅斯特，B.，220；

凱南，E.，236；

《經濟學家》雜誌，256；
經濟圈：
    影響，118，124-125；
    起源，118-119；
    和比頓，119；
    和肖，123；
    成員，124；
    和費邊社，125；
    和不列顛經濟協會，129；
    和青年經濟俱樂部，130；
    和威斯蒂德，131；
    其他，134-135，137；
《法國經濟學家》，256；
經驗效用函數，68，70，71，133；
    又見：效用；
迪鮑夫，J.，100；
迪茨，H.，140，145，166；
雨光，P.，262；
凱恩斯，J. M.，21，82-83，228，235-236，236-237；

九畫

派頓，S. N.，164；
派克，H. W.，221，261；
派林，C.，218；
派蒂，E.，220；
洛桑學派，179；
洛利亞，A.，206，261；
茲莫曼，L. J.，262；
姜克，262；
施穆勒，G.，176-177，251；

施羅德，E. F.，223；
祖克坎德，R.：
    論邊際效用，140，165-166；
    生平，161-162；
    在維也納教學，174-175；
    論門格爾，229；
    其他，207，260；
政治經濟學評論，256；
指數，107；
威斯蒂德，P.：
    和杰文斯，10，120-123；
    早年在倫敦，118；
    和數學，119，131；
    和比頓，119；
    和肖，125-126；
    和青年經濟學會，130；
    和門格爾，131；
    論尺度，131-133；
    和「邊際的」一詞，134；
    論個人比較效用，135-136；
    和邊際效用，135-136；
    論勞動價值論，136-137；
    和奧斯皮茨和李賓比較，169；
    其他，109，124，129，182，204，207，211，212，215，254，261；
威特利，R.，2-6；
威特利教授，4；又見朗菲爾德，巴特；
威利，D.，262；
威利，E.，256；

哈克，F.，139；
哈姆斯蒂德歷史學會，125；
哈姆斯蒂德自由俱樂部，119；
哈耶克，F. A. v.，27，154，223，229，247；
科恩斯杜亞特，A. J.，205，207；
科恩，G.，218；
科爾森，L. C.，86；
科特·萬·德爾·林登，P. W. A.，205；
科薩，L.，90，206-207，219；
科特里爾，C. F.，220；
契約，104-105；
劍橋大學，73；
查德維克，E.，16；
費邊社，125，129；
費希納，G. T.，94，97，100，107，240；
費鮑根，S.，230，263；
費克，L.，219
費力波維奇，V. P. E.：
　　生平，161-162；
　　對邊際效用的影響，166；
　　在維也納大學教學，174；
　　其他，164，207，249，251；
費雪，I.，172，212；
貿易體，52；
柯莫津斯基，J. V.；
論價值論，25；
　　生平，161-162；
　　論邊際效用，165；

其他，207，248，249；
哈奇遜，T. W.，172，226，237，262；
獨立，105；
皇家經濟學會，124，135-126，129；

十畫

諾格洛，B.，262；
消費者租金，76-78，84，236；
消費：
　　可分性，31，34，35；
　　次序，41；
　　周圍環境，54
效用：
　　性質，18，41，42，43，51，53-54，55-58，62，64，77，98；
　　杰文斯的效用係數，19；
　　和弗列明·詹金，22-23，86；
　　早期作者，36；
　　門格爾論效用，40；
　　曲線，44，48-50；
　　平均效用，52，135-136，184；
　　批評，61-69，194-195，198-199；
　　埃杰沃思論效用，100，105，107-108；
　　和無差異曲線，106；
　　效用的尺度：
　　瓦爾拉斯論尺度，38，46-47，183；
　　門格爾論尺度，46-47；
　　基數尺度，46-47，49-50；
　　杰文斯論尺度，47~50，70；

277

索引

拒絕尺度，62，64，65，188-189，194-195；

馬歇爾論尺度，76，78；

和心理物理學尺度，97-98，239；

埃杰沃思論尺度，101-104；

概率論，107-108；

克拉克論尺度，115，116；

威斯蒂德論尺度，131-133；

維塞爾論尺度，149；

龐巴維克論尺度，158-159；

序數尺度，158-159；

吉德論尺度，188-189；

萊瓦蘇論數學，194-195；

蘇爾斯頓，239；

效用的相互依賴，134-135；

家庭，55，233；

抽象的最後效用，127；

 和需求曲線，136，171；

 是產品的指導，151；

 和成本的關係，152-153；

 虛假的邊際效用，157；

 奧斯皮茨和李賓論效用，169；

 集體曲線，170；

 和經濟政策，182；

 穩定性，195；

 和初級慾望，208；

 不可改變的曲線，208-209；

 又見：邊際效用遞減，經驗性效用函數；

 收入邊際效用，個人之間效用比較；

 邊際效用，效用尺度，序數效用；

格雷，A.，90，167，221，261；

格蘭塞阿尼，A.，260，262；

埃杰沃思，F. Y.：

 和馬歇爾，79，234；

 和邊際效用，93，104，108-109；

 和巴勒特，93-94；

 早年，93-95；

 運用心理物理學，95-100，101，102-103；

 蘇里的影響，98-100；

 獨立發現邊際效用遞減法則，100；

 使用三維效用函數，100，105；

 和經濟學，100-101；

 瞭解古爾諾、戈森和瓦爾拉斯，101；

 論尺度，101-104；

 論個人效用的比較，104；

 論無差異曲線，105-106；

 風格，106，108；

 論效用和指數，107；

 論效用和概率，107-108；

 青少年俱樂部的成員，130；

 論效用的相互依賴，134-135；

 論威斯蒂德，137；

 和奧斯皮茨和李賓，251；

 其他，111，118，120，121，124，127，120，177，182，

207，239，240；

埃森哈特，H.，218；

埃姆斯里，A. E.，124；

埃里拉，A.，203，205；

埃斯皮納斯，A. V.，260；

陶西，F. W.，79；

陶茨契爾，A.，262；

特魯布，M. W. F.，205；

桑巴特，W.，147；

索爾斯頓，L. L.，239；

索利特，L.，172；

萊斯利，T. E. C.，68-69；

萊克西，W.，140，180，246；

哥拉斯格每日先驅報，64；

「Grenznutzen」，145-146，197. 又見：邊際效用；

海德堡大學，144；

朗哈茲，W.，169，182；

朗菲爾德，M.，3，220；

莫利瓦爾，H.，17；

莫波特，P.，261；

莫里那利，G. de，256；

十一畫

商人資本，67；

康茨，H.，218；

謝夫勒，A. E. F.，163；

勒洛-博利，P.，202，256；

勒托特，C.，200；

基數效用；又見：效用尺度；

維也納時報，24-25；

維也納大學：

門格爾在該校，24，1441；

維塞爾和該校，143，144；

龐巴維克和該校，144；

1871—1889 年該校經濟學的同仁，162；

奧斯皮茨和李賓與該校無聯繫，169；

該校的環境，173-175；

該校的教學，175；

其他，164，165，169；

又見：奧地利學派

維塞爾，F. V.：

和門格爾，24，143-144，145，229；

早年，111，143~144；

和龐巴維克，143-144，155；

和杰文斯，145；

生平概略，145；

和瓦爾拉斯，145，148；

論邊際效用，145，148-151；

論成本，145，152-153；

提出「邊際」一詞145-146；

風格，146-147，148；

維爾布蘭茨，R.，262；

薩里達克斯，H.，263；

薩克斯，E.：

對維塞爾的影響，148；

生平，161-162；

論邊際效用，166-168；

其他，207，214，248，249；

薩伊，J. B., 26, 29, 36；
曼徹斯特學院，119；
曼徹斯特每日考察時報，61；
曼徹斯特歐文學院，13；
曼徹斯特衛報，61-62；
曼尼金，Th., 191；

十二畫

溫特菲爾德，L. V., 179；
溫伯格，O., 223, 225, 249；
道德與社會科學學院，194-196；
普拉托，G., 262；
普列考索斯，39, 213；
普賴斯，L. L., 89-90, 219；
普林什姆，A., 219；
普魯東，P. J., 33, 125, 151；
普通高等學校，28；
奧馬，C., 225；
奧托，A., 197-199；
奧爾斯，F., 179；
奧斯皮茨，R.，
　　和狄茲，140；
　　生平，161-163；
　　論邊際效用，168-172；
　　和瓦爾拉斯，171；
　　對帕累托和費雪的影響，171；
　　其他，165, 207, 249, 251；
奧地利學派：
　　埃杰沃思論該學派，109；
　　和 J. B. 克拉克，110；
　　和美國學派，114；

一貫性，142；
成員，161, 172, 248；
名稱不適宜，177, 178；
其他，207；
奧地利大學，177, 253；
奧地利國民經濟協會，161；
惠特克，E., 90, 261；
博讓，A., 204-205；
博利-G. L., 254；
博托利奧，A., 262；
博卡多，G., 179, 203, 205-206；
博納，J., 119, 215；
博寧西尼，P., 179；
斯潘，O., 165, 220, 221, 222, 262；
斯潘塞，H., 228；
斯派格爾，H. W., 263；
斯達克，W., 262；
斯達哈根，G., 262；
斯廷，L. V.：
　　和維塞爾，143；
　　和費力波維奇，166；
　　退休，173；
　　在維也納教學，173-174；
斯魯茨基，E., 213；
斯馬特，W., 166；
斯蒂格勒，G. J., 95, 223, 229, 247；
斯科特，W., 221, 261；
魯道夫，C. P., 166；
魯菲，E., 263；

魯賓，A.，219；

最後效用：

 最後效用比例，19；

 馬歇爾使用它，78，84；

 埃杰沃思論最後效用，107；

 肖論最後效用，127；

 稀缺性，29-32，41；又見：邊際效用；

十三畫

塞里格曼，E. R. A.，86，220；

數學：

 杰文斯和數學，7，18，73；

 詹寧斯論數學，13；

 和 W. 休厄爾，17；

 A. 瓦爾拉斯論數學，32；

 和最大化，57-58；

 和經濟學，65-66，254；

 紐科布論數學，67；

 T. E. C. 萊斯利論數學，69；

 馬歇爾和數學，87-88；

 埃杰沃思論尺度，101-102；

 威斯蒂德和數學，119，131；

 肖論數學，121，126；

 龐巴維克和數學，137-138；

 維塞爾和數學，150；

 奧斯皮斯與李賓和數學，169；

 瓦爾拉斯和數學，184；

 吉德論數學，188；

 列托特論數學，200；

 安東尼里論數學，206；

 其他，163，245，249，254；

替代性，53，105，233；

塔斯曼，H. J.，205；

稅收，35，148，205；

蒙基，M.，190；

蒙塔納里，A.，260-261；

鮑丁，L.，262；

鮑里拉，H. J.；

鮑迪奧，L.，205；

鮑克，O. F.，221，261；

鮑利，A. L.，240；

鮑利，M.，225；

福塞特，H.，17；

福古森，J. M.，221，261，262；

福克斯威爾，H. S.：

 論杰文斯，73，74；

 論馬歇爾，81；

 在經濟圈，120；

 在青年經濟俱樂部，130；

 和比頓，242；

 其他，124，127，129，182；

福里德蘭德，E.，25，229；

詹姆斯，Edmund，251；

詹姆斯，而 262；

詹金，F.，21-23，86；

詹寧斯，R.：

 和杰文斯，11；

 論利用數學，13；

 熟知威特利，13；

 論邊際效用遞減，13-14；

 論心理學，14-15；

對潘達里奧尼的影響，208；
其他，97，211，226；

十四畫
需求：
    與效用的聯繫，37，70，71，77，136，171；
    瓦爾拉斯論需求，45-46，59；
    杰文斯論需求，48-49，59，70，71；
    馬歇爾論需求，77；
赫弗德，C. H., 119，124；
赫維-巴齊，F. J., 202；
赫恩，W. E., 227；
赫弗德，C. H., 119，124；
赫維-巴齊，F. J., 202；
熊彼得，J. A.：
    論馬歇爾，87；
    論奧斯皮茨和李賓，172；
    論龐巴維克，247；
    其他，221，261，263；

十五畫
摩根斯坦，O., 143，213，259；
潘達尼奧里，M., 81，207-209，216，257，259；
德魯蒙德教授，2-6；又見：勞埃德；
西尼爾，威特利；

十六畫
讚比利，A., 203，205；
讚諾，G. A., 203，205；
霍塞利茲，B. F., 225，230；
霍達德，A., 191，255；

國家圖書館出版品預行編目（CIP）資料

邊際效用學派的興起 / [美] RICHARD · HOWEY 原著/ 晏智傑 譯. -- 第一版. -- 臺北市：財經錢線文化，2020.05
　　面；　公分
POD版

ISBN 978-957-680-409-0(平裝)

1.邊際效用學派

550.1871　　　109005516

書　　名：邊際效用學派的興起
作　　者：[美] RICHARD · HOWEY 原著/ 晏智傑 譯
發 行 人：黃振庭
出 版 者：財經錢線文化事業有限公司
發 行 者：財經錢線文化事業有限公司
E - m a i l：sonbookservice@gmail.com
粉 絲 頁：　　　　　網　址：
地　　址：台北市中正區重慶南路一段六十一號八樓 815 室
8F.-815, No.61, Sec. 1, Chongqing S. Rd., Zhongzheng Dist., Taipei City 100, Taiwan (R.O.C.)
電　　話：(02)2370-3310　傳　真：(02) 2388-1990
總 經 銷：紅螞蟻圖書有限公司
地　　址：台北市內湖區舊宗路二段 121 巷 19 號
電　　話：02-2795-3656　傳真：02-2795-4100　　網址：
印　　刷：京峯彩色印刷有限公司（京峰數位）

本書版權為西南財經大學出版社所有授權崧博出版事業股份有限公司獨家發行電子書及繁體書繁體字版。若有其他相關權利及授權需求請與本公司聯繫。

定　　價：550 元
發行日期：2020 年 05 月第一版
◎ 本書以 POD 印製發行